Liebe lässt sich lernen

Jörg Berger

Liebe lässt sich lernen

Wege zu einer tragfähigen Paarbeziehung

Jörg Berger
Schwetzinger Str. 51
69124 Heidelberg
kontakt@psychotherapie-berger.de

ISBN 978-3-642-37696-2 ISBN 978-3-642-37697-9 (eBook)
DOI 10.1007/978-3-642-37697-9

Die Deutsche Nationalbibliothek verzeichnet diese Publikation in der Deutschen Nationalbibliografie; detaillierte bibliografische Daten sind im Internet über http://dnb.d-nb.de abrufbar.

Springer Spektrum

Planung und Lektorat: Marion Krämer, Imme Techentin
Redaktion: Martina Wiese
Grafik: Dr. Martin Lay, Breisach a. Rh.
Einbandabbildung: Thinkstock; Ron Chapple Studios 126410718
Einbandentwurf: deblik, Berlin

Gedruckt auf säurefreiem und chlorfrei gebleichtem Papier

Springer Spektrum ist eine Marke von Springer DE. Springer DE ist Teil der Fachverlagsgruppe Springer Science+Business Media
www.springer-spektrum.de

Für Anna und Yannick

Vorwort

„Für Paartherapie müsste man einen Schwerarbeiterzuschlag verlangen." Mit diesen Worten machte sich vor Jahren eine Dozentin Luft, deren Seminar über Sexualtherapie ich besuchte. Sie wirkte mitgenommen. Ich versuchte mir vorzustellen, was sie vor unserem Seminar wohl erlebt hatte, und malte mir aus, wie es ablaufen würde, wenn Paare aus meinem Umfeld eine Paartherapie machen würden – Paare, die viel stritten und es schwer miteinander hatten. Wie würde es mir gehen, wenn ich diesen Paaren helfen sollte? Eine solche Rolle erschien mir alles andere als attraktiv.

Dass ich heute, 20 Jahre später, viel und gerne mit Paaren arbeite, hat sich unbeabsichtigt und beinahe zwingend aus meinen Erfahrungen ergeben. Bald nach dem nachdenklichen Moment an der Universität beobachtete ich in einem Praktikum zwei Psychotherapeuten, die mir eindrücklich vor Augen führten: Man kann eine positive Atmosphäre schaffen und Beziehungsmuster so geschickt unterbrechen, dass Paare selbst aus harten Kämpfen herausfinden. Wenn das gelingt, wird aus dem Schlachtfeld ein Spielfeld, in dem wieder Bewegung und Berührung möglich werden.

Später bin ich dem überwältigenden Einfluss von Paarbeziehungen immer wieder begegnet. Die Psychotherapie mit einer einzelnen Person wird zu einer Sisyphosaufgabe, solange ein Mensch in einer belasteten Paarbeziehung lebt. Wenn die Effekte einer Therapie nicht auch die Partnerschaft beeinflussen, bleibt der Therapieerfolg dürftig. Nichts hat größeren Einfluss auf einen Menschen, auf sein Lebensgefühl, sein Wohlbefinden, seine körperliche und seelische Gesundheit, als eine Paarbeziehung. Das habe ich in guten wie in schlechten Therapieverläufen immer wieder beobachtet und es deckt sich mit dem, was Studien belegen.

Auch meine persönliche Erfahrung stimmt damit überein. Ich darf seit 15 Jahren in einer Ehe leben, die mir eine Quelle von Glück und Geborgenheit ist, zugleich aber aufregend und überraschend bleibt. An der Seite meiner Frau erfahre ich Korrektur, erlebe, wie Wunden aus der Kindheit heilen, und es herrscht ein Klima, in dem ich als Persönlichkeit wachsen kann. Dagegen erinnere ich mich mit Beklemmung an eine Liaison während meiner

Studentenzeit, als ich mich mit einer Frau befreundete, die nett und attraktiv war, in ihren emotionalen Reaktionen aber etwa das Gegenteil von dem verkörperte, was ich brauche, um mich wohl zu fühlen. Trotzdem zog mich eine große Faszination zu ihr hin. Ich war einem Phänomen begegnet, das ich erst später verstehen konnte: Erotische Anziehungskräfte zielen auf die Wiederholung von Kindheitserfahrungen ab, sie wollen Vertrautes wiederfinden und Schmerzhaftes in der Wiederholung gutmachen. Ich möchte mir nicht ausmalen, wie mein Leben verlaufen wäre, wenn damals irgendetwas die Fortführung dieser Beziehung begünstigt hätte.

Aus meinen Erfahrungen habe ich einige Konsequenzen gezogen: Man kann belasteten Menschen vor allem dadurch helfen, dass man sie bei der Verbesserung ihrer Liebesbeziehung unterstützt. Noch hilfreicher ist es natürlich, so früh wie möglich zu vermitteln, was eine gelingende Paarbeziehung erfordert:

- ein sicheres Gefühl dafür, welche Menschen einem guttun, welche Bedürfnisse unbedingt gestillt werden müssen und wo man Kompromisse machen kann, mit welchen menschlichen Schwächen man umgehen kann und mit welchen nicht
- Mittel, um die Folgen verhängnisvoller Anziehung zu neutralisieren, wenn Gegensätze oder gemeinsame Defizite eine schöne Paarbeziehung verhindern
- Grundwissen und Grundfertigkeiten, die notwendig sind, um eine gelingende Liebesbeziehung aufzubauen und zu gestalten
- Werkzeuge, um die unvermeidlichen Probleme zu lösen, die in jeder Paarbeziehung entstehen.

Liebe lässt sich lernen – so lautet die zentrale These dieses Buches. Es ist aber nicht das trockene, praxisferne Lernen, dem wir manchmal in der Schule begegnet sind, sondern mehr das trainierende Lernen dessen, der eine Sportart oder ein Instrument erlernt. Auch beim Lernen in Paarbeziehungen kann es frustrierende, kleinschrittige Phasen geben, die ablaufen wie Aufschlagtraining beim Tennis oder Fingerübungen am Klavier. Schon nach kurzer Zeit stellen sich jedoch Erfolgserlebnisse und Spielfreude ein. Das zeigt sich auch in der Arbeit mit Paaren. Nach einigen Sitzungen entsteht in der Regel eine heitere Atmosphäre und Paare berichten immer mehr aus ihrem Alltag, was ihnen Spaß und Lust bereitet.

Was kann dieses Buch dem hinzufügen, was in Zeitschriften und anderen Büchern bereits veröffentlicht ist? Erstens etwas Ordnung und Überblick. Die paarpsychologischen Studien sind zu einer Fülle angewachsen, in der man sich leicht verlieren kann. Auch in den kommenden Jahren werden Paarforscher manches entdecken, was unsere Sicht auf die Liebe verändern und erweitern wird. In diesem Buch stelle ich grundlegende Kategorien vor, Schubladen sozusagen, in die Sie Ihr Vorwissen und Ihre Erfahrungen, aber auch künftiges Wissen einordnen können. Es gibt eine überschaubare Zahl an Grundthemen der Liebe, um die sich die bisherige und künftige Forschung dreht.

Zweitens habe ich versucht, Theorie und Praxis so eng wie möglich zu verbinden. Partnerschaftsratgeber leiten Paare an, wie die Kommunikation, der gemeinsame Alltag und die Intimität gelingen. Manchmal können Paare die Empfehlungen umsetzen, manchmal auch nicht, weil sie keinen Einfluss auf die Mechanismen gewinnen, auf denen ihre Beziehungsgestaltung beruht. Dafür bräuchte es ein tieferes und genaueres psychologisches Verständnis von den Abläufen in einer Paarbeziehung und den Gesetzmäßigkeiten, denen sie unterworfen ist. Das leistet die populärwissenschaftliche Paarliteratur. Die wiederum lässt Leserinnen und Leser manchmal alleine, wenn es um die Anwendung der oft komplexen Zusammenhänge geht. Aus diesem Grund versucht dieses Buch den Bogen von der Grundlagenforschung bis zur konkreten Anwendung möglichst vollständig zu spannen.

Drittens schreibe ich dieses Buch von einer bewahrenden Position aus. Der Zeitgeist führt Paare oft vor eine falsche Alternative: Entweder du akzeptierst, dass die Liebe häufig schmerzhaft und unbefriedigend ist – Geschichten aus deinem Bekanntenkreis und Soaps zeigen ja, dass es anderen auch nicht besser geht – oder du suchst dir irgendwann jemanden, der besser zu dir passt. „Lieber ein Ende mit Schrecken als ein Schrecken ohne Ende" wäre eine in Krisen anwendbare Lebensweisheit, gäbe es nicht noch einen dritten Weg, auf dem sich ungute Beziehungsmuster überwinden ließen. Auf diesem dritten Weg, der für jedes der großen Beziehungsthemen etwas anders aussieht, liegt ein besonderes Augenmerk dieses Buches. Natürlich gibt es Partner, die sich so destruktiv verhalten, dass mit ihnen kein dritter Weg zu gehen ist. Für viele Paare ist er jedoch zu finden, wenn sie eine entsprechende Anleitung erhalten.

Danken darf ich zuerst meiner Frau Myriam, die mir für dieses Buch viele Freiheiten eingeräumt und mich zugleich augenzwinkernd erinnert hat, darüber meine eigene Partnerschaft nicht zu vergessen. Außerdem verdanke ich meiner Frau (Bunsen-Gymnasium-Heidelberg) wertvolle Hinweise zu geschichtlichen Fragen. Unserer Freundin und meiner Kollegin Dr. Sonja Exner (Klinik Hohe Mark, Oberursel) danke ich für die inhaltliche und konzeptionelle Beratung, Dr. Alexandre Dupeyrix (Université Paris-Sorbonne) für die Beratung in philosophischen Fragen. Marion Krämer, Cheflektorin Psychologie des Springer Verlages, danke ich für die entspannte und fröhliche Zusammenarbeit, Imme Techentin für die geduldige Einführung in die formalen

Anforderungen des Manuskriptes. Sehr dankbar bin ich auch vielen Paaren, die mir den Vertrauensvorschuss und die Einblicke geschenkt haben, die ein Verständnis von Paarbeziehungen erst möglich machen. Die Fallbeispiele dieses Buches sind selbstverständlich anonymisiert, verfremdet und oft aus mehreren, ähnlich gelagerten Fällen zusammengesetzt.

Inhalt

1
Einleitung: Was wir über die Liebe wissen

Was Forscher über die Liebe wissen, deckt sich in vielem mit dem, was einem der gesunde Menschenverstand sagt. Das Thema Partnerschaft ist darüber hinaus in den Medien sehr präsent, die uns mit neuen Statistiken und Einsichten versorgen. Häufig bleibt dabei nur ein Problem: Unser Wissen über die Liebe ist in der eigenen Partnerschaft schwer umzusetzen. Wer wüsste nicht, wie man konstruktiv streitet? Trotzdem laufen viele Konflikte nach einem Muster ab, das mehr durch Gefühle als von der Einsicht bestimmt wird. Wer wüsste nicht, dass Blumen, Zärtlichkeit und Lob die Liebe stärken? Trotzdem halten uns verschiedene Einflüsse davon ab, der Liebe den Stellenwert zu geben, den sie verdient. Vor allem wegen der Kluft zwischen Theorie und Praxis lohnt es sich, ein wenig genauer anzusehen, was in Paarbeziehungen abläuft. Erst durch ein tieferes Verständnis und den Aufbau einiger Schlüsselkompetenzen bekommen Menschen Einfluss auf das, was im Liebesalltag automatisch abläuft.

In einigen Bereichen hat die Paarpsychologie aber auch Überraschendes zutage gefördert. Es gibt Befunde, die das vorherrschende Bild der Liebe infrage stellen. Solche Befunde erklären, warum der Zeitgeist in Liebesdingen manchmal ein schlechter Ratgeber ist und warum die Liebe in unserer Gesellschaft häufig scheitert. Ein Beispiel dafür ist eine Studie, die indische Psychologen 1982 veröffentlicht haben (Gupta und Singh 1982). In Indien gab und gibt es zwei gegensätzliche Formen von Paarbeziehungen. Viele junge Menschen heiraten den Partner, den die Eltern aussuchen. Andere lösen sich aus dieser Tradition und heiraten einen Partner ihrer Wahl. Eine einzigartige Situation für die Feldforschung: Wer ist nun glücklicher – Paare, die sich der Wahl ihrer Eltern fügen, oder Paare, die die Liebe zueinanderführt?

Die indischen Eheforscher begleiteten 50 Ehepaare bis zu zehn Jahre lang. Ihr Glück wurde regelmäßig mit einer Liebesskala gemessen, die auf neun Fragen beruht. Das Ergebnis der Studie verblüfft westlich geprägte Menschen. In den ersten Ehejahren fühlten sich die Paare mit Liebesheirat glücklicher. Allerdings holten die Paare in arrangierten Ehen Jahr für Jahr auf, ihre Werte auf der Liebesskala stiegen. Schon im fünften Jahr drehte sich das Verhältnis um. Nun waren Paare in arrangierten Ehen glücklicher als Paare, die einander frei gewählt hatten. In den nachfolgenden Jahren verstärkte sich die Liebe in arrangierten Ehen noch, während sie bei den Paaren mit Liebesheirat weiter abnahm. Auch neuere Studien zeigen, dass die Liebesheirat der arrangierten Ehe auf Dauer nicht überlegen ist (Schindler et al. 2006).

Solche Studien stellen unser Bild von der Liebe auf den Kopf: Was die Liebe gelingen lässt, muss etwas anderes sein als Verliebtheit, erotische Anziehung und gutes Zusammenpassen. Vermutlich haben die Paare in arrangierten Ehen realistischere Vorstellungen von der Liebe. Sie rechnen mit den Mühen, den kleinen Kränkungen und Frustrationen, die einem der Alltag der Liebe zumutet. Sie sind nicht überrascht, wenn die Liebe ihnen Geduld, Anpassung und Aufbauarbeit abverlangt. Dafür werden sie mit einer über die Jahre wachsenden Liebe belohnt. Für solche Aha-Effekte lohnt sich die Mühe und Akribie, mit der Paarforscher in ihre Wissensgebiete vordringen.

1.1 Die Spannungsfelder der Liebe

Unser Wissen über Partnerschaft ist auf die unterschiedlichsten Fachgebiete verteilt: die sozialpsychologische Grundlagenforschung, die Emotionsforschung, die Kommunikationsforschung, die Bindungsforschung, die Stressforschung und die Forschung der unterschiedlichen Psychotherapieschulen, womit nicht einmal alle relevanten Disziplinen genannt sind. Trotzdem kann man sich einen Überblick verschaffen, indem man die großen Beziehungsthemen betrachtet, in denen paarpsychologisches Wissen seine Anwendung findet. Zu den großen Themen der Liebe gehören Kommunikation, Gefühle, Bindung und Intimität, das Geben und Nehmen sowie die Lebensgestaltung eines Paares. Jedes der sechs Beziehungsthemen lässt sich als Spannungsfeld darstellen, das sich zwischen zwei Polen aufspannt:

- Kommunikation: Verstehen und Widerspruch
- Emotionen: Gefühle kontrollieren und Gefühle zulassen
- Intimität: Einswerden und Selbstbewahrung
- Austausch: Geben und Nehmen
- Bindung: Bindung aufbauen und Freiheit bewahren
- Lebensgestaltung: Eigensinn und Gemeinsinn

Diese polare Struktur entspricht genau den Konflikten, die sich in Paarbeziehungen entzünden. Einerseits sind es innere Konflikte: „Ich wünsche mir eine feste Bindung, will aber dabei so frei wie möglich bleiben." Andererseits sind es Konflikte zwischen den Partnern, wenn etwa ein Mann die Auffassung vertritt: „Du klammerst!" Und seine Partnerin dagegen hält: „Du entziehst dich!"

Stabile Paarbeziehungen finden ein dynamisches Gleichgewicht zwischen den Polen. Für das Thema der Kommunikation hieße das zum Beispiel: „Wir verstehen uns, aber wir können auch streiten und mit unterschiedlichen Sichtweisen umgehen." Instabilen Beziehungen fehlt die Beweglichkeit. Am Harmoniepol sitzen Paare fest, die zwar nie streiten, aber unzufrieden sind. Am entgegengesetzten Pol haften Paare, die viel und heftig streiten, weil jeder glaubt, Verständnis würde den Partner in seinem falschen Verhalten nur bestärken. Nur Beweglichkeit sorgt für ein Gleichgewicht, so wie wir uns in einer scharfen Kurve unwillkürlich zur Seite lehnen, um unser Gleichgewicht zu halten. In einer Partnerschaft bedeutet das zum Beispiel die Fähigkeit, in manchen Situationen ganz zum Pol des Verstehens zu gehen, in anderen aber ganz zum Pol des Widerspruchs, je nachdem, was die spezielle Situation erfordert.

Mit einem solchen dynamischen Gleichgewicht kommt man in der Liebe schon sehr weit. Es gibt aber Ausnahmesituationen, die noch mehr erfordern, nämlich die polare Integration gegensätzlicher Verhaltensweisen. Dies ist ein etwas komplizierter, aber sehr bedeutsamer Gedanke, auf den ich in diesem Buch immer wieder zurückkomme. Die Denkfigur dazu hat der Philosoph Georg Friedrich Wilhelm Hegel ausgearbeitet (siehe Box 1.1). Sie ist inzwischen in die psychologische Theoriebildung eingegangen und trägt Früchte in der psychotherapeutischen Praxis.

Die Integration der Gegensätze beim Thema Kommunikation hieße: aus dem Verstehen heraus widersprechen. Nehmen wir zum Beispiel einen Ehemann, der seine Frau über Jahre dominiert hat. Nun wehrt sich die Ehefrau, schießt aber über das Ziel hinaus. Sie tritt jetzt bei allen Abstimmungen kämpferisch auf, auch da, wo ihr Mann ihren Wünschen gerne entgegenkommen würde. Der Ehemann fühlt sich so in die Rolle eines Tyrannen gedrängt. Ein naheliegender Widerspruch würde so lauten: „Du stellst mich viel dominanter hin, als ich bin. Ich bin doch kein Tyrann. Sag mir doch ganz normal, was du willst." Ein solcher Widerspruch hat in der geschilderten Ehesituation schlechte Chancen, die Lage zu entspannen. Wie wird die Ehefrau diesen Widerspruch verstehen? Vermutlich als einen weiteren Versuch sie zu dominieren: „Ach, du gehst also auf meine Wünsche ein? Und wie ist es mit…?" Und nun führt die Frau erneut den Beweis, dass sie in den vergangenen Jahren dominiert worden ist. Sie möchte erst einmal darin verstanden werden, dass sie lange nachgegeben hat und jetzt das Recht hat, den eigenen Wünschen mehr Nachdruck zu verschaffen. Der Ehemann kommt hier nur weiter, wenn er den Gegensatz von Verstehen und Widerspruch überbrückt. Sein Widerspruch muss ein Verständnis ausdrücken, sein Verstehen muss dem Widerspruch seine Berechtigung geben.

Ein verständnisvoller Widerspruch könnte so klingen: „Ich glaube, du bist schon stärker, als du dich fühlst. Es stimmt, dass ich dich oft dominiert habe. Aber deine Argumente überzeugen mich auch und ich lasse mich gerne umstimmen, weil ich sehe, dass du recht hast."

Eine solche Botschaft kann eine verhärtete Situation entspannen. Dies ist allerdings kein Psychotrick, der auf einer geschickten Formulierung beruht. Es kommt vielmehr auf die Motive an. Im ersten Widerspruch will der Ehemann nicht mehr wie ein Tyrann behandelt werden. Das ist zwar ein berechtigter Wunsch, doch die Ehefrau wird sich in ihrem Anliegen nicht verstanden fühlen. Im zweiten Widerspruch hingegen geht es dem Ehemann in erster Linie um seine Frau. Er möchte sie spüren lassen, dass er sein Fehlverhalten eingesehen hat und ihre Wünsche bereits mehr berücksichtigt, als sie glaubt. Die Ehefrau wird sich verstanden fühlen und eher bereit sein, die eigene Überreaktion zu korrigieren. Ihr Ehemann hat zwar an seinem Widerspruch keinen Abstrich gemacht, ihn aber in ein Verstehen eingebunden.

Auch für die sechs weiteren Beziehungsthemen gilt: In vielen kritischen Situationen hilft nur ein Zusammenführen der Gegensätze. Die folgenden Kapitel beschreiben daher jeweils, wie sich eine charakteristische Kluft zwischen zwei Gegensätzen überbrücken lässt.

Box 1.1 Die Idee der Dialektik

Wie fast alle grundlegenden Ideen geht auch die Idee der Dialektik auf den griechischen Philosophen Platon (ca. 428–348 v. Chr.) zurück. Für Platon war die Dialektik eine Gesprächsmethode, die zu neuen Erkenntnissen führt. Rede und Gegenrede führen zu einem Widerspruch, den man durch eine neue Erkenntnis überwinden kann. Von Platon aus tritt die Dialektik ihren Weg durch die Philosophiegeschichte an. Sie wird vielfach neu interpretiert und auf die unterschiedlichsten Inhalte angewandt, zum Beispiel auf die Frage, wie sich Geist und Materie zueinander verhalten. Heute verstehen wir unter Dialektik einen Erkenntnisweg, der auf den deutschen Philosophen Georg Friedrich Wilhelm Hegel (1770–1831) zurückgeht: Eine Sichtweise (These) und ihr Gegenteil (Antithese) werden auf einer höheren Ebene aufgehoben (Synthese). Der Widerspruch wird auf diesem Weg zugleich bewahrt – seine Elemente gehen nicht verloren – und überwunden.

Diese Denkfigur lässt sich aus dem philosophischen Zusammenhang lösen und für die Psychologie fruchtbar machen. Konsequent hat das die amerikanische Psychotherapeutin Marsha Linehan getan, als sie die sogenannte Dialektisch-behaviorale Therapie entwickelte (Linehan 1996). Diese bietet einen

Behandlungsansatz für Menschen, deren Leben sich in Extremen abspielt. Sie leiden unter starken Gefühlsschwankungen – sind himmelhoch jauchzend oder zu Tode betrübt. Der dialektische Ansatz hat sich in der Behandlung extremer, stark wechselnder Gefühlszustände als Durchbruch erwiesen. Manche Menschen brauchen eine radikale Akzeptanz, um sich zu verändern, absolutes Vertrauen in ihr Potenzial, um sich aus völligem Unvermögen zu befreien, und eine respektlose Konfrontation, um sich wirklich verstanden zu fühlen. Diese Paradoxien lassen sich nur dialektisch verstehen. Auch in Paarbeziehungen finden sich viele Gegensätze. Daher ist die Denkfigur der Dialektik für Paare gerade dann hilfreich, wenn die Gegensätze unüberbrückbar scheinen.

Wer die Theorien und Befunde zum Thema Partnerschaft vollständig darstellen wollte, müsste heute eine Enzyklopädie schreiben. Doch einige Schlüsselideen reichen aus, um zu verstehen, worauf es bei den wichtigen Beziehungsthemen ankommt. Und nur einige Schlüsselkompetenzen genügen, um an einer tragfähigen Paarbeziehung zu bauen. Aus den vielen Forschungsgebieten, die das Thema Partnerschaft berühren, möchte ich drei herausheben: die Kommunikationsforschung, die Bindungsforschung und die Psychotherapieforschung. Auf allen drei Gebieten sind im vergangenen Jahrhundert Durchbrüche erzielt worden, die das Verständnis von Beziehungen revolutioniert haben.

Das Nachdenken über Kommunikation hat natürlich nicht erst im 20. Jahrhundert begonnen. Aber erst zu dieser Zeit setzte sich eine beunruhigende Erkenntnis durch: Ein erheblicher Teil unserer Kommunikation geschieht unbewusst. Diese Erkenntnis verdanken wir Sigmund Freud und der psychoanalytischen Tradition. Die wissenschaftliche Psychologie hat das Unbewusste lange als spekulativ zurückgewiesen, aber irgendwann war ihre Forschungsmethodik so verfeinert, dass sich auch unbewusste Vorgänge erfassen ließen. Heute sind sie ein selbstverständlicher Bestandteil psychologischer Theorien. Ohne das Wissen um unbewusste Kommunikation kann man Paarbeziehungen kaum verstehen. Viele Paare besitzen alle Fähigkeiten, die gelingende Partnerschaften tragen: Sie können einander zuhören und Verständnis äußern. Sie sind kritikfähig und bereit, aufeinander Rücksicht zu nehmen. Sie können Probleme gemeinsam angehen. Und doch gibt es Punkte, die sie immer wieder in Streit geraten lassen oder dazu führen, dass sie sich voneinander zurückziehen. Keiner von beiden kann sagen, was sich da eigentlich zwischen ihnen abspielt. Hier laufen unbewusste Prozesse ab, die eine Paarbeziehung ganz in ihre Gewalt bringen können. Doch mittlerweile verfügen wir über Schlüssel, die uns einen Zugang zu den unbewussten Vorgängen zwischen Paaren eröffnen.

Während die Kommunikationsforschung das Verständnis von Beziehungen grundlegend verändert hat, hat die Bindungsforschung das Menschenbild der Psychologie neu geprägt. Der Mensch wurde lange Zeit als Wesen gesehen, das in der Kindheit lernt und geprägt wird, sich dann aber von den Eltern löst und als Erwachsener die Wandlung zu einem unabhängigen Menschen vollzieht. Die Bindungsforschung hat entdeckt, dass der Mensch ein auf Bindung angelegtes Wesen ist, und zwar von der Wiege bis zur Bahre. Natürlich löst sich ein Mensch aus der Bindung zu seinen früheren Bezugspersonen, aber nur um als Erwachsener neue Bindungen einzugehen. Vom Vorhandensein und der Qualität dieser Bindungen hängt seine Lebensqualität als Erwachsener ab. Wer Bindungen vermeidet, verschlechtert sein seelisches Wohlbefinden, seine Gesundheit und seine Leistungsfähigkeit. Es gehört offenbar zutiefst zum Wesen des Menschen, in Bindungen zu leben.

Ein dritter großer Durchbruch glückte im vergangenen Jahrhundert der Psychotherapieforschung. Im deutschsprachigen Raum steht dafür das Buch *Psychotherapie im Wandel* des Schweizer Psychologieprofessors und Psychotherapieforschers Klaus Grawe. Es trägt den herausfordernden Untertitel: *Von der Konfession zur Profession*. Tatsächlich standen die verschiedenen Psychotherapieschulen lange wie Glaubensrichtungen nebeneinander. Jede beanspruchte für sich das richtige Verständnis von menschlicher Entwicklung und zwischenmenschlichen Beziehungen. Jede Schule sah in ihren Methoden den einzigen Weg zur Überwindung von Problemen. In dieser Situation setzte ab den Sechzigerjahren eine intensive Forschung ein, die Konzepte, Wirkweisen und Therapieerfolge systematisch überprüfte. Dabei mussten alle Therapieschulen Federn lassen: Alle sahen sich gezwungen, wesentliche Grundannahmen zu korrigieren und einzugestehen, dass sowohl ihre Konzepte als auch ihre Veränderungsansätze ergänzungsbedürftig waren. Die Auswirkungen dieser Entwicklung sind bahnbrechend: Uns steht heute eine Reihe hochwirksamer Methoden zur Veränderung emotionaler Reaktions- und Beziehungsmuster zur Verfügung, und wir wissen besser, welcher Veränderungsansatz zu welchen Problemen passt.

Darüber hinaus ist klar geworden, was nicht funktioniert und was man deshalb gar nicht erst versuchen sollte. Gerade in Partnerschaften erfahren Menschen, wie schwer Veränderungen herbeizuführen sind: Seine ironischen Spitzen haben sie schon immer verletzt. Warum kann er sie nicht einfach sein lassen? Nach einem Streit darüber bemüht er sich ein paar Tage, aber lange kann er solche Bemerkungen nie unterdrücken. Ihre Neigung, Vorschriften zu machen, hat ihn schon zu Beginn der Partnerschaft in einen trotzigen Rückzug getrieben. Warum formuliert sie ihre Wünsche nicht auf Augenhöhe, statt in die Rolle einer strengen Mutter zu verfallen? Gerne würde sie das ändern, aber sie kann die Macht der Gewohnheit nicht brechen. Verhaltensänderungen sind schwierig. Wie sie dennoch gelingen, lässt sich für jedes der großen Beziehungsthemen zeigen.

1.2 Schlüsselkompetenzen für die Liebe

Aus den wichtigsten Konzepten der Paarpsychologie lassen sich Schlüsselkompetenzen ableiten, die über die Tragfähigkeit der Liebe entscheiden. Über diese Kompetenzen gebe ich hier einen ersten Überblick. Jedes Beziehungsthema lässt sich mithilfe von zwei Schlüsselkompetenzen gestalten, die sich gegenseitig ergänzen. Aus welchen Fähigkeiten sich die jeweilige Schlüsselkompetenz zusammensetzt, finden Sie in Tab. 1.1.

Eine solche Aufstellung könnte man als Anforderungskatalog lesen und sich fragen: „Muss ich das alles können, damit meine Partnerschaft funktioniert?" Das muss man glücklicherweise nicht. Es gibt einige Menschen, die über nur wenige der aufgeführten Schlüsselkompetenzen verfügen. Ihre Lernbedingungen in der Kindheit waren zu schlecht, um emotionale und zwischenmenschliche Fähigkeiten aufzubauen. In der Schulzeit und im Erwachsenenalter haben sie sich entweder in eine Außenseiterrolle gefügt oder gelernt, mit unbefriedigenden Beziehungen zu leben. Oft fassen sie ihre Situation mit den Worten zusammen: „Ich bin beziehungsunfähig." Tatsächlich müssen sie im Erwachsenenalter nun Fähigkeiten erwerben, die andere schon in der Kindheit lernen. Im idealen Elternhaus, das es nicht gibt, gäbe es Lernbedingungen, die automatisch zum Aufbau aller genannten Schlüsselkompetenzen führten.

Die meisten Menschen liegen mit ihren emotionalen und zwischenmenschlichen Fähigkeiten in einem mittleren Bereich. Sie haben partnerschaftliche Kompetenzen zu einem gewissen Grad erlernt, in manchen Bereichen sind sie souverän, in anderen haben sie Schwächen. Ob das ausreicht fürs Liebesglück, hängt von der Partnerwahl ab. Manchmal führt sie Menschen zusammen, die es einfach miteinander haben: Sie sehen die Welt ähnlich, gehen Dinge in der gleichen Weise an, und wo der eine einen wunden Punkt hat, kann der andere dies gut ausgleichen. Solche Paare müssen sich keine Gedanken über Schlüsselkompetenzen machen – es sei denn, sie wollen ihr Glück noch steigern oder andere Paare unterstützen, die es schwer haben.

Die Partnerwahl kann aber auch Menschen zusammenführen, die sich durch ihr Temperament und ihr Verhalten gegenseitig aus dem Gleichgewicht bringen. Solche Beziehungen sind häufig sehr erotisch und abwechslungsreich, können ein Paar im Alltag aber vor erdrückende Probleme stellen. Hier

Tab. 1.1 Schlüsselkompetenzen für die Liebe

Thema	Schlüsselkompetenz	Bausteine
Kommunikation	Verstehen	die Gedanken und Gefühle des Partners verstehen
		annehmbar kommunizieren
	Widerspruch	schädliche Kommunikation erkennen und unterbrechen
		wirksam widersprechen
Emotionen	Gefühle kontrollieren	Zwangsprozesse unterbrechen
		starke Gefühle regulieren
	Gefühle zeigen	Gefühle erkennen
		Gefühle ausdrücken
Bindung	Bindung aufbauen	Bindungssignale des Partners beantworten
		Bindungsbedürfnisse ausdrücken
	Freiheit bewahren	Wunschbilder entmachten
		Bindungen an die Herkunftsfamilie lösen
Intimität	Einswerden	über sich hinausgehen
		ein guter Liebhaber sein
	Selbstbewahrung	aufregend anders sein
		die Integrität wahren
Geben und Nehmen	Geben	wirkungsvolles Geben
		überbrückende Großzügigkeit
	Nehmen	positiv nehmen
		neue Ressourcen erschließen
Sinn	Eigensinn	die Liebe vor Anpassungsdruck schützen
		gemeinsam Probleme lösen
	Gemeinsinn	eine positive Lebenseinstellung finden
		eine Bedeutung für andere finden

besteht die einzige Rettung darin, Schlüsselkompetenzen über das normale Maß hinaus zu entfalten. Auch andere Konstellationen erfordern ein höheres Maß an partnerschaftlichen Fähigkeiten: eine interkulturelle Beziehung, eine Beziehung zwischen Partnern, die aus unterschiedlichen Gesellschaftsschichten stammen, oder eine Paarbeziehung inmitten einer Großfamilie, wie es bei Landwirtsfamilien und Unternehmerfamilien vorkommt. Solche Situationen können sehr bereichernd sein, jedoch die Beziehungsfähigkeit eines Paares überfordern. Dann steht ein Lernprozess an – am besten gemeinsam, notfalls allein. In schwierigen Situationen kann man sich meist nur auf ein oder zwei Beziehungsthemen konzentrieren, wobei die folgenden Themen betroffen sein können.

Beim Thema **Kommunikation** stehen sich Empathie und Konfliktfähigkeit gegenüber. Verstandenwerden ist eine tiefe Erfahrung, die entspannt, stark macht und Zuneigung zu dem Menschen weckt, der mich versteht. Empathie vertieft die Beziehung und hilft mir, sogar dort auf meinen Partner einzugehen, wo mir seine Gefühle und sein Verhalten fremd erscheinen. Auf der anderen Seite sollen auch die eigenen Gefühle und Wünsche Platz in der Paarbeziehung haben. Nicht immer ist der Partner gleich mit ihnen einverstanden. Dann bedarf es der Fähigkeit, die Spannung auszuhalten und den Konflikt mit fairen Mitteln auszutragen, bis folgendes Ergebnis erreicht ist: Was mir unverzichtbar ist, kommt im gemeinsamen Leben zu seinem Recht, darüber hinaus kann ich Kompromisse schließen oder auch einmal verzichten. Empathie und Konfliktfähigkeit sind zum Beispiel für Paare wichtig, die das Gefühl haben, aneinander vorbeizureden, die einander nicht verstehen und deren Versuche scheitern, gemeinsam ein Problem zu lösen.

Beim Thema **Emotionen** geht es um die Kontrolle und das Ausdrücken von Gefühlen. In vielen Situationen ist es hilfreich, erst einmal das eigene emotionale Gleichgewicht zu finden, bevor man dem Partner seine Gefühle zumutet. Manche Wut und manche Angst haben gar nichts mit dem Partner zu tun, sondern mit Verletzungen aus der Vergangenheit oder mit aktuellen Erfahrungen außerhalb der Partnerschaft. Wer seine Gefühle erst einmal im inneren Raum hält und wahrnimmt, kann sie ordnen und dann dem Partner gezielt mitteilen, was in ihm vorgeht. Gefühle, die auf den Partner abgestimmt sind, bereichern mehr als „Dampf ablassen". Zugleich wird sich niemand, der seine Gefühle häufig unterdrückt, in seiner Beziehung wohl fühlen. Die Schlüsselkompetenzen Gefühle kontrollieren und Gefühle ausdrücken sind für Paare bedeutsam, die entweder leicht in Streit geraten oder negative Gefühle unterdrücken.

Auch das Thema **Bindung** beruht auf zwei gegensätzlichen Fähigkeiten: Bindung eingehen und Freiheit bewahren. Wer es zulässt, entwickelt zum Partner eine Bindung, die sie oder ihn zur wichtigsten Person im Leben macht und zur größten Quelle des Glücks werden lässt. Darauf beruhen Entspannung, Gesundheit und Zufriedenheit, die im Leben sicher gebundener Menschen vielfach nachgewiesen wurden. Bindung wirkt schnell wie ein Feind der Freiheit, und tatsächlich können aus Bindungen auch Verstrickungen werden. Diese kann man jedoch lösen und dadurch auch in einer tiefen Bindung Freiheit erleben. Das Thema Bindung und Freiheit ist besonders relevant für Paare, in deren Beziehung Sicherheit und Geborgenheit fehlen, oder wenn das Gefühl entsteht, nicht mehr frei zu sein.

Intimität ist durch den Gegensatz von Einswerden und Selbstbewahrung bestimmt. Einswerden erfordert Mut. Zwei müssen sich verlieren, bevor sie sich in einem Wir wiederfinden. Die leib-seelische Verschmelzung gehört zu den beglückendsten Erfahrungen in der Liebe. Sie braucht aber den Gegenpol der Selbstbewahrung. In der Reibung und Beziehung mit meiner Partnerin spüre ich mich selbst am deutlichsten. In der Begegnung mit ihrer Andersartigkeit muss ich mein Ich behaupten. Die Identitätserfahrung einer intimen Beziehung kann befreiend oder verstörend sein, je nachdem, wie gut sie gelingt. Einswerden und Selbstbewahrung spielt besonders für Paare eine Rolle, die zusammen sind, ohne sich nahezukommen, oder bei denen einer das Gefühl hat, sich im gemeinsamen Leben zu verlieren.

Beim Beziehungsthema **Austausch** bilden Geben und Nehmen die Pole. Geben ist das Säen auf den Acker der Liebe. Aus den regelmäßigen Investitionen erwachsen Glück und Zufriedenheit, persönliche Entfaltung und sogar sexuelle Erfüllung. Aber auch das Nehmen will gelernt sein, damit man das bekommt, was man wirklich braucht, und der Partner sich im guten Sinne gebraucht fühlt. Um das Geben und Nehmen geht es, wenn einer das Gefühl hat, zu kurz zu kommen, oder wenn die Großzügigkeit verloren geht.

Zuletzt stehen sich beim Beziehungsthema **Lebensgestaltung** Eigensinn und Gemeinsinn gegenüber. Jedes Paar darf eine einzigartige Paarbeziehung gestalten und sich ein einzigartiges gemeinsames Leben aufbauen. Dieser kreative Spielraum kann zu einer beglückenden Sinnerfahrung werden, es ist aber gar nicht so einfach, ihn zu nutzen. Der Einfluss des persönlichen Umfelds kann stark sein und diktieren, wie man zu leben und zu lieben hat. Auf der anderen Seite welkt die Liebe, wenn ein Paar versucht, sich selbst zu genügen. Es braucht den erfrischenden und sinnstiftenden Austausch mit dem Umfeld. Hier stellen sich alltägliche Fragen wie die nach gemeinsamen Freundschaften und die ganz große Frage nach einer gemeinsamen Sinnerfüllung. Im Spannungsfeld von Individualität und Gemeinsinn stehen Paare, die in ihrem Umfeld unter Anpassungsdruck geraten oder die sich die Sinnfrage stellen: „Es muss doch mehr in unserem Leben geben.“

1.3 Eine kleine Gebrauchsanweisung

Je nach Interesse lässt sich dieses Buch unterschiedlich lesen. Vielleicht gehören Sie zu den Leserinnen und Lesern, die Paarbeziehungen einfach spannend finden. Sie machen in der eigenen Partnerschaft und in denen anderer Beobachtungen, die Sie neugierig darauf machen, was sich zwischen Paaren abspielt. Dann werden Sie die Befunde der Paarpsychologie interessieren, von denen manche verblüffen, manche erschrecken und andere nachdenklich machen. Sie werden dieses Buch wie ein Sachbuch lesen. Ihr roter Faden durch das Buch können die großen Themen der Liebe sein, die Kapitel für Kapitel vorgestellt werden. Die thematische Gliederung hilft Ihnen, Ihr Vorwissen und Ihre Erfahrungen einzuordnen und mit den Anregungen dieses Buches zu verknüpfen.

Vielleicht gehören Sie aber auch zu den Paaren, die ein Problem drückt und die dafür eine Lösung suchen. Sie werden dieses Buch eher wie einen Ratgeber lesen. Die großen Themen der Liebe können einen Anhaltspunkt geben, in welchem Beziehungsbereich Ihr Problem liegt. Manchmal findet sich die Lösung nicht dort, wo man sie als Erstes sucht. Wenn zum Beispiel die Kommunikation nicht gelingt, muss die Lösung manchmal im Umgang mit Emotionen gesucht werden. Ein roter Faden durch das Buch sind in diesem Fall die Schlüsselkompetenzen, die die Liebe tragen, die sie vor schädlichen Einflüssen schützen und die helfen, Probleme zu lösen. Die Schlüsselkompetenzen beschreiben Fähigkeiten, die man erlernen muss, um eine schwierige Situation zu bewältigen. Auch Paare, die am Anfang ihrer Beziehung stehen und einen guten Start in ihr gemeinsames Leben suchen, können sich an den Schlüsselkompetenzen orientieren.

Möglicherweise gehören Sie auch zu einer dritten Zielgruppe dieses Buches. Sie begleiten Menschen, die vor partnerschaftlichen Herausforderungen stehen. Sie üben eine seelsorgerliche oder therapeutische Tätigkeit aus, stoßen in einem sozialen Beruf auf Partnerschaftsfragen oder haben vielleicht einfach Freunde, die in einer schwierigen Partnerschaftssituation stehen. Sie fragen sich, wie Sie Paare unterstützen können, und suchen dafür Anregungen. Dazu hangeln Sie sich am besten an einem dritten roten Faden entlang, der sich auch durch alle Kapitel zieht: die Spannungsfelder, die zum Wesen der Liebe gehören, wie das von Verstehen und Widerspruch. Wer das Spannungsfeld entdeckt, in dem ein Paar steht, kann Fehler vermeiden und gezielt unterstützen. Vorschnelle Ratschläge sind meist ein Versuch, Spannungsfelder einseitig aufzulösen: „Sage ihm einfach schonungslos deine Meinung!" hilft ebenso wenig wie der gegenteilige Ratschlag: „Der wird sich nicht ändern. Damit findest du dich besser ab." Hilfreicher ist, die Spannung gemeinsam auszuhalten und Schritte zu unterstützen, die beiden Polen eines Spannungsfeldes gerecht werden.

Aber auch unabhängig von einem speziellen Interesse soll der Aufbau des Buches helfen, den Überblick zu behalten: Sechs große Beziehungsthemen bauen ihre Spannung zwischen je zwei Polen auf und werden mit je zwei gegensätzlichen Schlüsselkompetenzen gestaltet.

Literatur

Gupta U, Singh P (1982) An exploratory study of love and liking and type of marriages. Indian Journal of Applied Psychology 19(2), 92–7

Linehan MM (1996) Dialektisch-Behaviorale Therapie der Borderline-Persönlichkeitsstörung, CIP Medien, München

Schindler L, Hahlweg K, Revenstorf D (2006) Partnerschaftsprobleme: Diagnose und Therapie. Therapiemanual. Springer Medizin Verlag, Heidelberg

2
Kommunikation: Verstehen und Widerspruch

Verstehen und Widerspruch sind Pole der Kommunikation, die einander entgegenstehen. Verstehen erfordert eine innere Haltung, die weich und berührbar ist. Widerspruch dagegen erfordert Festigkeit. Verstehen akzeptiert und geht entgegen, Widerspruch weist zurück und bewahrt Abstand. Manchmal kommt es besonders auf das Verstehen an, manchmal auf einen entschlossenen Widerspruch. Partnerschaften sind tragfähig, wenn sich Paare zwischen Verstehen und Widerspruch frei bewegen können. Ein gutes Gleichgewicht kann dabei unterschiedlich aussehen. Manche Paare streiten, gehen aber sonst gut aufeinander ein. Andere leben in harmonischen Beziehungen. Sie schaffen es auf stille Weise, sich gut aufeinander abzustimmen. Wenn eine Streitkultur für Paare gefordert wird, fühlen sich manche Paare unbehaglich und in Konflikte gedrängt, die ihnen gar nicht liegen. Die Paarpsychologie gibt ihrem Unbehagen Recht: Kein Paar muss streiten, wenn ihm die Abstimmungen auf behutsame Weise gelingen. Beides funktioniert: achtsame Harmonie genauso wie Streit, der durch Zeichen der Liebe wieder ausgeglichen wird (Gottman 1993). Es gibt Lebenssituationen, die in besonderer Weise Verständnis erfordern:

- Ein Partner erkrankt und kann den Alltagsanforderungen nicht mehr so gut gerecht werden.
- Ein Partner verliert einen nahestehenden Menschen und ist durch den Trauerprozess verändert.
- Ein Partner erlebt einen schmerzlichen beruflichen Rückschlag oder steht in einer andauernden beruflichen Drucksituation.

Solche Situationen haben gemeinsam, dass sie Gefühle und Bedürfnisse verändern. Sie schneiden Betroffene eine Zeitlang von der Normalität ab – von der normalen Belastbarkeit, von der normalen Unternehmungslust, von der normalen Fähigkeit, auf einen Liebespartner einzugehen. Solche Ausnahmesituationen kann man nur mit Einfühlungsvermögen nachvollziehen. Sie sind oft ein Meilenstein auf dem gemeinsamen Weg eines Paares. Hier festigt sich die Liebe. Hier kann aber auch ein Riss entstehen, der nur schwer zu kitten ist. Ich habe selten kühlere Trennungsentschlüsse gehört als die von Partnern, die sich in einer Ausnahmesituation unverstanden gefühlt haben: „Als ich ihn wirklich gebraucht hätte, war er mir nicht nahe und nicht für mich da. Da ist bei mir etwas zerbrochen."

Andere Lebenssituationen erfordern in besonderer Weise Widerspruch:

- Ein Partner gerät in eine selbstschädigende Abhängigkeit wie eine Essstörung, eine Alkoholabhängigkeit oder eine Internetsucht.
- Ein Partner gefährdet die gemeinsame Lebensgrundlage durch unrealistische Anschaffungen, er setzt seinen Arbeitsplatz aufs Spiel oder entzieht sich bei gemeinsamen Aufgaben seiner Verantwortung.
- Ein Partner gefährdet die Paarbeziehung durch uneindeutige Beziehungen zu Dritten, durch Jähzorn, verletzendes oder herabsetzendes Verhalten.
- Ein Partner wünscht etwas, dem man sich verweigern muss, zum Beispiel eine einseitige Unterordnung.

Was Schaden anrichtet, das darf man nicht dulden. Und doch kennen Sie sicher Beispiele von Partnerschaften, in denen schlimme Zustände über Jahre, manchmal selbst Jahrzehnte andauern. Der duldende Partner macht sich sogar mitschuldig an der Zerrüttung, weil er sich fügt und schädliches Verhalten so, ohne es eigentlich zu wollen, unterstützt. Fachleute haben dafür den Begriff der Co-Abhängigkeit geprägt: Einer gerät in eine schädliche Abhängigkeit, der andere unterstützt sie wider besseres Wissen, weil er dem Partner den entschlossenen Widerspruch erspart.

Angesichts schwieriger Situationen wird deutlich: Ein wirkungsvoller Widerspruch erfordert Fähigkeiten, die erlernt werden müssen. Das Gleiche gilt für das Verstehen. Um seinen Partner auch in schwierigen Situationen zu verstehen, braucht es Einfühlungsvermögen. Dieses Kapitel befasst sich damit, wie Verstehen und Widerspruch funktionieren, auf welchen Fähigkeiten sie beruhen, wie man sie erlernen und anwenden kann. Wie viel von der Kommunikation abhängt, hat der amerikanische Paarforscher John Gottman gezeigt. An der Art und Weise, wie ein Paar kommuniziert, lässt sich die Zukunft einer Beziehung voraussagen.

2.1 Fünf Vorzeichen scheiternder Liebe

Es klingt wie eine Anmaßung: „Schickt mir ein Ehepaar in mein Forschungslabor. Dort führt es 15 Minuten lang ein Konfliktgespräch, das wir auf Video aufzeichnen und auswerten. Auf dieser Grundlage sagen wir voraus, ob das Paar nach sechs Jahren noch zusammen ist oder nicht." Doch genau diesen Ansatz verfolgte das Forscherteam um den amerikanischen Psychologieprofessor John Gottman. Die Trefferquote war verblüffend: In neun von zehn Fällen stellte sich die Vorhersage als zutreffend heraus (Gottman 2008). Natürlich wurde diese Methode nie eingesetzt, um über die Zukunft eines Paares zu orakeln. Stattdessen wird sie als überzeugender Nachweis betrachtet, dass bestimmte Kommunikationsmuster das Schicksal einer Paarbeziehung bestimmen.

Worauf haben die Eheforscher geachtet, als sie die Videos der Konfliktgespräche beurteilten? Sie vermerkten vor allem, inwieweit die folgenden vier Verhaltensweisen auftraten: Kritik, Verachtung, Rechtfertigung oder Mauern. Je mehr ein Konfliktgespräch von solchen Verhaltensweisen bestimmt wird, desto gefährdeter ist die Paarbeziehung. Gottman nannte sie daher vier apokalyptische Reiter, angelehnt an die Untergangsboten aus der Offenbarung des Johannes, dem letzten Buch der Bibel.

Mit **Kritik**, dem ersten apokalyptischen Reiter, ist nicht die sachliche Kritik gemeint, die sich an einer Verhaltensweise des Partners stört. Schädliche Kritik richtet sich auf die Person des Partners. Sie kritisiert gleich den ganzen Charakter: „Du bist überempfindlich." Oder: „Du bist egoistisch." Sie verallgemeinert: „Immer unterbrichst du mich." Oder: „Nie denkst du an mich." Schädliche Kritik unterstellt auch böse Motive: „Dir ist deine Mutter wichtiger als ich." Kritik der ganzen Person macht den betroffenen Partner hilflos. Wie soll man sich so grundlegend ändern oder den Beweis führen, dass man so schlimm nicht ist? Die Kritik an der Person untergräbt das Gefühl, geliebt und geschätzt zu werden.

Der zweite apokalyptische Reiter heißt **Verachtung** und gilt als der gefährlichste Kommunikationsstil. Verachtung erniedrigt den Partner. Sie gibt ihm das Gefühl, minderwertig und unfähig, der Achtung und Liebe anderer unwürdig zu sein. Verachtung drückt sich in Sätzen wie diesen aus: „Du glaubst wirklich, dass du ausgerechnet dieses Mal pünktlich bist?" Oder: „Es wundert mich nicht, dass deine Kollegen nicht mit dir auskommen." Auch die Körpersprache kann Verachtung vermitteln: ein Augenrollen, ein beschämendes Lachen, ein angewiderter Gesichtsausdruck. Verachtung wirkt wie eine Säure, die das Selbstwertgefühl des Partners zersetzt und die Liebe auflöst. Sie stellt eine extreme leib-seelische Belastung dar. So hat man gezeigt, dass Partner, die einander mit Verachtung behandeln, häufiger an Infektionskrankheiten leiden (Gottman 2008).

Während sich in Kritik und Verachtung eine schädliche Aggression ausdrückt, geht es bei den zwei weiteren Kommunikationsmustern um Verschlossenheit. Der dritte apokalyptische Reiter, die **Rechtfertigung**, folgt einem kommunikativen Reflex: Wer sich angegriffen oder nicht verstanden fühlt, der rechtfertigt sein Verhalten. Er führt Gründe dafür an und versucht, seine Situation verständlich zu machen. Oft findet sich die Rechtfertigung auch im Verhalten des Partners: „Wenn du so nachlässig bist, muss ich dich doch kontrollieren." Rechtfertigung führt in Konflikten nicht weiter. Denn sie verschließt sich den Wünschen des Partners und dem, was an seiner Kritik zutrifft.

Beim **Mauern**, dem vierten apokalyptischen Reiter, zieht sich eine Seite aus der Kommunikation zurück. Schweigen, Wegschauen, mit unbewegter Miene dasitzen oder den Partner ignorieren sind Verhaltensweisen, die den anderen wie an einer Mauer abprallen lassen. Mauern ist ein Zeichen der Resignation, das sich bei jungen Paaren selten findet und sich erst im Verlauf von einer Beziehung einstellt.

Allein diese vier Kommunikationsstile erlauben die Vorhersage einer Trennung mit einer Trefferquote von 82 Prozent. Schließlich entdeckten die Eheforscher einen fünften Faktor, der ihre Vorhersage noch genauer machte: **Rettungsversuche**. Sie beobachteten Versuche von Paaren, die schädliche Kommunikation zu unterbrechen und wieder zueinanderzufinden, zum Beispiel durch einen Satz wie: „Warte bitte, ich muss mich erst einmal beruhigen." Auch ein Scherz oder eine Berührung können eine hochgeschaukelte Konfliktsituation retten. Paare, denen das gelingt, haben gute Aussichten auf eine glückliche Paarbeziehung, auch wenn sie manchmal schädliche Kommunikationsmittel einsetzen (Gottman 2008).

Die Liebe ist recht robust. Sie kann viele Unterschiede überbrücken und menschliche Schwächen des Partners ausgleichen. Aber schädliche Kommunikationsmittel zerstören die Liebe. Wer einen apokalyptischen Reiter durch seine Beziehung galoppieren sieht, sollte handeln und die Kommunikation verändern. Eingeschliffene Kommunikationsmuster lassen sich nicht von einem Tag auf den andern abstellen, doch jedes Gespräch, das etwas besser läuft, entfernt das Paar einen Schritt vom Abgrund. Während man schädliche Kommunikationsmittel schrittweise abbaut, kann man zugleich positive Erfahrungen herbeiführen. In weiteren Forschungsarbeiten fand Gottman nämlich heraus, dass sich belastende Beziehungserfahrungen durch schöne ausgleichen lassen. Zu diesen gehören zum Beispiel (Lösel und Bender 2003):

- eine offene Kommunikation
- zuhören
- positive Beziehungserfahrungen im Alltag
- positiver Gefühlsausdruck
- gemeinsame Aktivitäten
- Unterstützung durch Freunde oder Verwandte gewinnen
- Humor
- eine positive Lebenseinstellung ausdrücken

Jeder dieser Punkte lässt sich in positive Erlebnisse umsetzen. Diese müssen allerdings reichlich vorhanden sein – die positiven Erfahrungen sollten die negativen deutlich überwiegen. Das Verhältnis 5:1 ist als Gottman-Konstante bekannt geworden: Fünf positive Verhaltensweisen gleichen eine negative aus. Die Beobachtung von Paaren, die sich selbst als glücklich bezeichnen, hat zu dieser Glücksformel geführt. Wie eine positive Kommunikation in Gang kommt, beschreiben die nächsten Abschnitte.

Box 2.1 Schlüsselkompetenz Widerspruch

Wie kann ich schädliches Kommunikationsverhalten erkennen und stoppen?

- Ich erkenne schädliche Kommunikationsmittel.
- Ich unterbreche das Gespräch, wenn ich unfaire Kommunikationsmittel einsetze. Ich entschuldige mich gegebenenfalls und gehe zur fairen Kommunikation über.
- Ich unterbreche das Gespräch, wenn mein Partner unfaire Kommunikationsmittel einsetzt. Ich drücke kurz aus, dass ich mich nicht mehr wohl fühle, und bitte meinen Partner, seine Wünsche oder seine Kritik auf andere Weise zu äußern.

Probleme	**Lösung**
Meine Gefühle sind zu stark, ich kann dann nicht mehr kontrollieren, was ich sage.	Setzen Sie Strategien der Emotionsbewältigung ein (Kap. 3 Emotionen).
Mein Partner lässt sich nicht von unfairen Kommunikationsmitteln abbringen.	Setzen Sie weitere Widerspruchsstrategien ein (s. u.).
Mein Partner empfindet mich als belehrend, wenn ich ihn auf unfaire Verhaltensweisen aufmerksam mache.	In unfaire Kommunikation zu verfallen, ist menschlich und sollte beim Partner bis zu einem gewissen Grad toleriert werden. Erst wenn sein Verhalten an die Grenzen der Belastbarkeit führt, sollte man den Partner darauf ansprechen.

2.2 Einfühlung – der Schlüssel zum Herzen

Für die positiven Auswirkungen von Einfühlung gibt es überwältigende Belege. Einfühlung hilft anderen, ihr seelisches Gleichgewicht zu finden (Ickes 2003). Einfühlungsvermögen verringert zwischenmenschliche Probleme, spart geistige und emotionale Energie und steigert so die Leistungsfähigkeit (Goleman 2011). Einfühlsame Eltern ermöglichen ihren Kindern eine bessere Entwicklung, ihre Kinder werden selbst einfühlsamer und haben wenig emotionale Probleme (Feshbach 1997). Es überrascht daher nicht, dass sich die Einfühlung auch auf die Paarbeziehung auswirkt. Partner, die sich selbst als einfühlsame Persönlichkeiten beschreiben, geben in der Regel an, in ihrer Paarbeziehung „glücklich" oder „sehr glücklich" zu sein (Smith 2006). Partner, die im Experiment bei der Einfühlung eine hohe Trefferquote erzielen, sind mit ihrer Paarbeziehung zufriedener als weniger einfühlsame Versuchsteilnehmer (Ickes 2003).

Eine ausgeklügelte Studie hat Einfühlung messbar gemacht. Das überraschende Ergebnis: Je länger eine Paarbeziehung dauert, desto weniger gelingt es Paaren, sich ineinander einzufühlen. Der amerikanische Psychologieprofessor William Ickes lud Paare zu einem psychologischen Experiment in sein Labor ein. Ein Versuchsleiter begrüßte das Paar, verließ dann aber unter einem Vorwand den Raum und ließ es eine Zeitlang allein. Das Paar unterhielt sich während der Wartezeit und die Einfühlungsforscher erstellten unbemerkt eine Videoaufzeichnung des Gesprächs.

Nach seiner Rückkehr klärte der Versuchsleiter das Paar über den eigentlichen Zweck der Studie auf. Er interessiere sich für das Gespräch, das die beiden gerade geführt hätten, und würde gerne überprüfen, wie gut ihnen die gegenseitige Einfühlung gelinge. Wenn das Paar einwilligte, wurde es getrennt; dann spielte man jedem das Gesprächsvideo Satz für Satz vor. Beide mussten nun einschätzen, was der andere wohl bei seinen Worten gefühlt und gedacht hatte, und gaben ihrerseits Auskunft über ihre Gedanken und Gefühle bei den eigenen Gesprächsbeiträgen. Mit diesem Wissen ermittelten die Einfühlungsforscher eine Trefferquote von zutreffender und unzutreffender Einfühlung. Dieses Experiment wiederholte die Forschergruppe um William Ickes viele Male, mit Paaren, mit Freunden, aber auch mit Personen, die sich vor dem Experiment noch nie gesehen hatten.

Während junge Paare mit einer Trefferquote von 36 Prozent vergleichsweise gute Ergebnisse erzielten, gelang langjährigen Paaren die gegenseitige Einfühlung nicht besser als zwei Fremden. Die Eheforscher vermuten, dass langjährige Paare ein fest gefügtes Bild voneinander haben und nicht mehr richtig hinhören. Frauen erreichen in den Einfühlungsexperimenten erwartungsgemäß etwas höhere Trefferquoten. Das ändert sich, sobald man den Versuchspersonen Geld für jeden richtigen Treffer anbietet. Dann ziehen die Männer gleich – ein peinlicher Befund (Ickes 2003). Einfühlung hat also auch mit der Motivation zu tun. Möglicherweise sinkt die Motivation, sich ineinander einzufühlen, im Lauf der Partnerschaft. Auch das könnte die schlechtere Einfühlungsleistung von Paaren erklären, die schon länger zusammen sind.

Darüber hinaus gibt die Einfühlungsforschung Hinweise, wie sich die Einfühlung verbessern lässt. Je offener ein Paar kommuniziert, umso leichter fällt es den Partnern jeweils, sich einzufühlen. Blickkontakt, eine zugewandte Körpersprache und offene Mitteilungen machen die Einfühlung leichter. Außerdem lässt sich die Trefferquote trainieren. Wenn Versuchspersonen das Experiment wiederholt durchlaufen und dabei erfahren, wo sie richtig liegen und wo nicht, verbessert sich ihre Trefferquote um zehn Prozent. Weil selbst die einfühlungsstärksten Menschen nur mit jeder zweiten Einschätzung richtig liegen, dürfte ein Einfühlungszuwachs um zehn Prozent einen spürbaren Unterschied machen. Die wenigsten Menschen erwarten von ihrem Partner, dass er ihre Gedanken liest. Es genügt, sich in wichtigen Dingen verstanden zu wissen, die man wiederholt ausdrückt.

Weil manche Menschen bei den Einfühlungsexperimenten besonders gut abgeschnitten haben, haben die Forscher untersucht, worin das Geheimnis ihres Erfolges liegen könnte. Menschen mit hohem Einfühlungsvermögen sind eher misstrauisch als gutgläubig, sie geben sich nicht mit dem ersten Anschein zufrieden. Sie ziehen für das Verhalten eines Menschen mehrere Gründe gleichzeitig in Betracht und vergleichen das Verhalten einer Person mit früheren Erfahrungen, die sie schon mit ihr gemacht haben. Hierin scheint eine Erfolgsformel für die Einfühlung zu liegen: nicht beim ersten Anschein stehenzubleiben, sondern mehrere Beweggründe in Betracht zu ziehen und Erfahrungen mit dem sonstigen Denken und Fühlen einer Person zu berücksichtigen.

Vor diesem Hintergrund scheint es jedem möglich zu sein, das Einfühlungsvermögen zu steigern und dessen positive Auswirkungen zu ernten: gute Abstimmungen im Alltag, eine hohe Zufriedenheit mit der Partnerschaft und gegebenenfalls ein gutes Klima für die Entwicklung von Kindern.

Wer in seine Paarbeziehung investieren möchte, findet beim Einfühlungsvermögen einen guten Ansatzpunkt. Es ist aber nicht für jeden notwendig, der Einfühlung Priorität einzuräumen. Georg Felser, Professor für Wirtschaftspsychologie, hat die sozialpsychologische Grundlagenforschung zu Empathie und Verstehen zusammengefasst. Er kommt zu dem Schluss: „Ob man überhaupt so anspruchsvolle Fähigkeiten wie Einfühlungsvermögen braucht, entscheidet sich schon bei der Partnerwahl. Wenn sich hier bestimmte – übrigens empirisch keineswegs so unwahrscheinliche – Konstellationen finden, dann ist eine erfüllte und glückliche Partnerschaft möglich, ohne dass die Partner besondere soziale Kompetenzen besitzen müssen“ (Felser 2003, S. 360).

Hinter dieser Feststellung stehen sozialpsychologische Experimente, die untersuchen, wie wir zu unserem Verstehen kommen. Ihr Ergebnis: Wir setzen vor allem zwei Strategien ein, um andere zu verstehen. Bei der ersten Strategie gehen wir von der Überlegung aus, wie es uns selbst in einer Situation ginge, die ein anderer gerade erlebt. Dann korrigieren wir dieses Urteil ein wenig durch das, was wir über den anderen wissen. In aller Regel überschätzen wir dabei aber das Maß, in dem der andere so denkt und fühlt wie wir. Deshalb funktioniert diese Methode umso besser, je ähnlicher uns unser Partner ist. Sind Partner sehr unterschiedlich, entstehen durch diese Methode viele Missverständnisse. Eine zweite Methode des Verstehens besteht einfach darin, vom Durchschnitt auszugehen: Mein Partner wird wohl so denken und fühlen, wie es die meisten anderen in seiner Situation tun würden. Entsprechend gut funktioniert diese Methode bei Menschen, die ihren Geschmack, ihre Werte und ihr Lebensgefühl mit der Mehrheit anderer Menschen teilen. Auf diese Weise lässt sich angeben, für welche Paare Einfühlungsvermögen besonders wichtig ist. Wenn die Liebe Menschen zusammenführt, die in ihrer Persönlichkeit und Herkunft gegensätzlich sind, braucht es mehr Einfühlungsvermögen, damit der gemeinsame Alltag gelingt. In anderen Fällen heben besondere Lebenserfahrungen und Lebensumstände bestimmte Menschen aus der Masse heraus. Auch deren Partner müssen ein höheres Einfühlungsvermögen aufbringen.

Mit Günther und Rebekka kann ich Ihnen ein Paar vorstellen, dessen Zukunft vermutlich vom gegenseitigen Einfühlungsvermögen abhängt. Die beiden leiten ein kleines Altenheim, das einen guten Ruf genießt. In letzter Zeit sind aber Konflikte zwischen ihnen so stark geworden, dass sie sich selbst am Arbeitsplatz kaum noch verbergen lassen. Günther und Rebekka sind von ihren Persönlichkeiten her grundverschieden. Günther ist ein ruhiger Mensch, der gutmütig, besonnen und belastbar wirkt. „Ein Fels in der Brandung" nennt ihn Rebekka und wirkt dabei auch nach 20 Jahren noch ein wenig verliebt. Rebekka hingegen ist emotional und impulsiv. In manchen Momenten strahlt sie eine große Stärke aus, in anderen kann sie sehr verletzlich sein. Nicht selten gerät sie mit Mitarbeitern des Altenheims in Konflikt und Günther hat dann seine liebe Mühe, die Wogen zu glätten. Ein sexueller Missbrauch hat Spuren in Rebekkas Leben hinterlassen. Dieser hat sie zwar nicht gehindert, mit Günther eine leidenschaftliche Sexualität zu entfalten. Sobald etwas unstimmig wirkt, erwacht in Rebekka jedoch sogleich ein Misstrauen. Dann fühlt sie sich auch von vertrauten Menschen bedroht, betrogen und geschädigt.

Die Konflikte zwischen Rebekka und Günther schaukeln sich immer stärker auf. Rebekka stellt eine intensive Nähe her, in der sie ihre Enttäuschung und Wünsche wütend ausdrückt. Das bedroht und überfordert Günther, der sich zurückzieht und damit bei Rebekka weitere negative Gefühle auslöst.

Beiden fällt es schwer, die Verletzlichkeit des anderen zu verstehen, weil sie sich so unterschiedlich ausdrückt. Das ist Thema ihrer Ehetherapie. Rebekka lernt, den Rückzug von Günther nicht persönlich zu nehmen, sondern darin ein Zeichen zu sehen, dass er sich bedroht und überfordert fühlt. Sie akzeptiert zunehmend, dass Günther sein inneres Gleichgewicht im Alleinsein findet, und unterstützt sogar Zeiten des Rückzugs. Günther macht ihr das Verstehen leichter, indem er ausspricht, warum ihn Kritik manchmal bedroht und ihre Wünsche ihn manchmal überfordern.

Box 2.2 Schlüsselkompetenz Verstehen

Wie kann ich die Gedanken und Gefühle des Partners verstehen?

- Ich motiviere mich zu verstehen, was mein Partner wirklich denkt und fühlt.
- Ich verharre nicht bei meinem ersten Eindruck oder dem Anschein, den mein Partner gerade vermittelt.
- Ich ziehe mehrere Reaktionsmöglichkeiten meines Partners in Betracht und überlege, wie es ihr/ihm in ähnlichen Situationen gegangen ist.
- Ich überprüfe meine Einschätzung gelegentlich, indem ich nachfrage.
- Ich zeige mein Verstehen, indem ich meinen Partner dort unterstütze, wo sie/er mich gerade braucht, oder indem ich ausdrücke, dass es mir manchmal ähnlich geht.

Probleme	**Lösung**
Mein Partner ist so zurückhaltend, dass mir Anhaltspunkte für die Einfühlung fehlen.	Ermutigen Sie Ihren Partner behutsam zur Selbstöffnung durch eine aufmerksame, zugewandte Körperhaltung und durch Kommentare wie: „Du fühlst dich nicht so wohl, wenn …" Vermeiden Sie Fragen, die abrupt in den persönlichen Raum des andern eindringen („Was denkst du gerade?").
Mein Partner wehrt meine Einfühlungsversuche ab und tut, als würde ich mit meiner Einschätzung immer danebenliegen.	Manche Menschen fühlen sich durch Einfühlung bedroht. Sie kommen sich peinlich durchleuchtet vor oder fühlen sich durch forschende Blicke kontrolliert. Hier darf sich die Einfühlung nur indirekt zeigen, etwa durch ein beiläufiges Angebot der Unterstützung oder ein scheinbar zufälliges Anknüpfen an die momentane Befindlichkeit des Partners.

Auf der anderen Seite lernt Günther, auch hinter wütender Kritik einen Hilferuf zu sehen und zu entschlüsseln, welche Unterstützung sich Rebekka wünscht. Darüber hinaus lernt er zu verstehen, dass Rebekka auf manche Konfliktsituationen nicht „normal" reagieren kann, weil sie durch den Missbrauch eine besondere, prägende Erfahrung gemacht hat. (Natürlich arbeitet Rebekka auch daran, heutige Situationen nicht mehr so stark durch die Brille der Vergangenheit zu sehen.)

Man kann sich vorstellen, dass die wachsende Einfühlung die Verbundenheit zwischen Rebekka und Günther vertieft und ihre Konflikte entschärft. Spannungsfrei wird die Beziehung zwischen zwei so unterschiedlichen Persönlichkeiten wohl nie sein. Meistert ein solches Paar jedoch die höheren Anforderungen an das Einfühlungsvermögen, genießt es eine leidenschaftliche Beziehung mit vielen Möglichkeiten zur gegenseitigen Ergänzung.

Ein weiterer Befund aus der Einfühlungsforschung erfordert eine genauere Betrachtung: Je offener sich ein Paar mitteilt, desto besser gelingt die Einfühlung. Aber was heißt das genau? Wie kann ein Partner verständlich machen, was er meint, und wie versteht der andere es richtig? Das haben Kommunikationsforscher intensiv untersucht.

2.3 Wie glückliche Paare kommunizieren

Auch für deutsche Forscher sind Paare vor die Kamera getreten und haben einen Einblick in ihre Kommunikation gegeben (Schindler et al. 2006). Hier war die Aufgabe folgende: „Besprechen Sie ein Eheproblem. Äußern Sie Ihre Gefühle und Wünsche dazu und versuchen Sie, zu einer gemeinsamen Lösung zu kommen." Hinterher sahen sich unabhängige Beobachter die Gespräche an und führten Strichlisten über die Verhaltensweisen, die die Partner im Gespräch zeigten. Zusätzlich befragte man die Paare, wie sie ihre Ehe erleben, und teilte sie dementsprechend in drei Gruppen ein – in Paare mit niedriger, mittlerer und hoher Ehequalität. Je nach Ehequalität beobachteten die Paarforscher ganz unterschiedliches Verhalten.

Zufriedene Paare schauten den Partner häufiger an, lächelten mehr und sprachen mit warmer, zärtlicher Stimme. Sie sprachen häufiger über ihre eigenen Gedanken, Gefühle und Bedürfnisse. Sie vermittelten dem Partner öfter, dass sie ihn und seine Äußerungen akzeptieren. Unzufriedene Paare hingegen sprachen häufig unbeteiligt, mit scharfer, kalter oder lauter Stimme und nahmen eine vom Partner abgewandte Körperhaltung ein. Sie kritisierten ihren Partner, werteten ihn mit ihren Äußerungen ab, rechtfertigten das eigene Verhalten und stimmten seltener zu. Obwohl die zufriedenen und unzufriedenen Paare das gleiche Ziel hatten, ein gemeinsames Problem zu lösen, kommunizierten die einen so, dass sie ihren Partner positiv berührten, und die anderen so, dass sie ihren Partner emotional stark belasteten.

Wenn man genauer betrachtet, wie sich glückliche Paare verständlich machen, finden sich viele gute Anregungen für die Kommunikation. Die Arbeitsgruppe um den Psychologieprofessor Kurt Hahlweg beobachtete Sprecherfertigkeiten und Zuhörerfertigkeiten. Zu den Sprecherfertigkeiten gehören:

- Gefühle direkt ausdrücken („Ich fühle mich unbehaglich, wenn wir bei deinen Eltern sind.")
- Wünsche, Bedürfnisse und Interessen direkt ausdrücken („Ich möchte mehr Freiheiten haben.")
- konstruktive Lösungsvorschläge („Du kannst gerne Mittwoch ins Kino gehen.")
- Kompromissvorschläge („Wenn du kochst, wasche ich ab.")

Zu den Zuhörerfertigkeiten gehören folgende Verhaltensweisen:

- in eigenen Worten wiederholen, was der andere gesagt hat („Du hast dich dann geärgert.")
- interessierte und offene Fragen („Geht es dir jetzt besser?")
- wertschätzende Rückmeldungen („Ich finde es prima, dass du in letzter Zeit so viel gelesen hast.")
- Verständnis („Du musst dich mehr schonen.")
- Zustimmung („Da hast du recht.")
- Annahme von Verantwortung („Das hätte ich machen sollen.")
- zustimmende Einwürfe („Ja."; „Stimmt.")

Natürlich lässt es sich nicht ganz vermeiden, den Partner zu kritisieren, sich zu rechtfertigen oder zu sagen, dass man nicht der gleichen Meinung ist. Die belastenden Worte fallen jedoch nicht ins Gewicht, wenn sie in viele positive Mitteilungen eingebettet sind.

Weitere Studien lieferten Antworten auf folgende Fragen: Wie beeinflussen sich Paare im Gespräch? Führt positives Verhalten auch zu einer positiven Reaktion des Partners? Letzteres zeigt sich nur bei Paaren mit hoher Ehequalität. Glückliche Paare können sich sicher sein: Wenn einer sich öffnet, einen Wunsch äußert oder einen konstruktiven Vorschlag macht, wird er auf eine positive Reaktion treffen. Paare mit mittlerer und niedriger Ehequalität müssen mit negativen Reaktionen rechnen, selbst wenn sie positive Sprecherfertigkeiten zeigen. In vier von zehn Fällen ernten sie auf einen positiven Gesprächsbeitrag eine negative Reaktion wie Ablehnung und Kritik. Auch das scheint ein wichtiges Element in glücklichen Partnerschaften zu sein: Beide Partner nehmen positives Verhalten des anderen wahr und antworten positiv darauf. Vertrauen entsteht, wenn Offenheit und Lösungsvorschläge belohnt werden, Vertrauen geht verloren, wo Offenheit und Lösungsvorschläge auf Kritik oder Ablehnung stoßen.

Die Erkenntnisse der paarpsychologischen Kommunikationsforschung lassen sich auf eine kurze Formel bringen: „Kommunizieren Sie offen und drücken Sie Ihre Gefühle, Bedürfnisse, Wünsche und Vorschläge direkt aus. Vermeiden Sie indirekte Kommunikation: Verstecken Sie nicht hinter Kritik, Abwertung und Vorschriften, was Ihnen eigentlich auf dem Herzen liegt." Wenn der Partner die offene Kommunikation durch Verständnis, Akzeptanz und Kompromissbereitschaft belohnt, dann herrschen beste Bedingungen für ein langes Liebesglück.

Wer mit seinem Partner einmal einen heftigen Streit ausgetragen hat, weiß: In hitzigen oder bedrohlichen Situationen ist es unendlich schwer, sich an Kommunikationsregeln zu halten. Man kommt überhaupt nicht dazu, vernünftig über ein Problem zu reden. Die Emotionen kochen über und das Gespräch dreht sich um gebrochenes Vertrauen, geraubte Freiheit, verratene Liebe und verletzte Ehre. Oft müssen dann erst einmal die Gefühle versorgt werden; um diese dreht sich das nächste Kapitel. Manchmal hilft es aber auch, wenn ein Paar die Gefühle beiseiteschiebt und sich darauf einigt, erst einmal das Problem zu lösen, an dem sich der Konflikt entzündet hat. Folgende sechs Schritte haben sich dabei bewährt (Schindler et al. 2006; Fliegel 1994).

Schritt 1: Das Problem beschreiben Jeder Partner beschreibt, was ihn stört und unzufrieden macht und welche Gefühle das Problem auslöst. Dann beschreibt jeder Partner die ideale Lösung, also den Umgang mit einem Problem, der seinen Bedürfnissen am besten entspricht. In diesem ersten Schritt können die Ideallösungen beider Partner ganz unterschiedlich aussehen.

Schritt 2: Lösungen sammeln Abwechselnd bringen die Partner Ideen ein, wie das Problem vielleicht zu lösen ist. In diesem Schritt sollen die Ideen noch nicht bewertet oder diskutiert werden, weil sonst leicht eine Zensur entsteht, die die Suche nach Lösungen unnötig einengen würde. Je konkreter die Ideen sind, desto besser sind die Chancen auf eine Umsetzung. „Du könntest morgen noch kurz das Bad aufräumen, bevor du zur Arbeit gehst" verspricht mehr Erfolg als: „Du solltest ordentlicher sein." Außerdem lässt sich ein Tun leichter verwirklichen als ein Unterlassen. „Du könntest mich weniger kritisieren" ist schwerer zu verwirklichen als: „Wenn ich mich zu sehr kritisiert fühle, könnte ich das sagen und du könntest mir dann Verständnis zeigen."

Schritt 3: Lösungen besprechen In diesem Schritt werden Vorteile und Nachteile der unterschiedlichen Lösungsvorschläge abgewogen, kurzfristige und langfristige Folgen bedacht und schließlich überprüft, mit welcher Lösung

Tab. 2.1 Mit vier Feldern zur Problemlösung

	Vorteile	Nachteile
kurzfristig		
langfristig		

beide zufrieden sind. Manchmal ist es eine Hilfe, die Lösungen schriftlich zu bewerten, zum Beispiel mit dem 4-Felder-Schema wie in Tab. 2.1.

Schritt 4: Entscheidung für die beste Lösungsmöglichkeit Hier entscheidet sich ein Paar für die Lösung, die am besten scheint. Manchmal ist es eine überraschende Lösung, die beide erfreut, manchmal ein fairer Kompromiss, manchmal das kleinste Übel.

Schritt 5: Planung der Umsetzung Dabei ist festzulegen, wer welchen Anteil an der Lösung übernimmt. Bei manchen Lösungen ist es sinnvoll, die einzelnen Schritte genau festzuhalten und einen Zeitplan zu machen.

Schritt 6: Wie gut hat es funktioniert? Nach einer Testphase bespricht ein Paar, wie gut die Problemlösung funktioniert hat. Typischerweise greift eine Lösung nicht hundertprozentig. Dann ist es wichtig, die Teilerfolge zu würdigen. Vielleicht kann das Paar mit dieser Verbesserung nun gut leben. Vielleicht gibt es aber auch noch weiteren Veränderungsbedarf. Dann kann ein Paar die Schritte der Problemlösung noch einmal durchgehen. Möglicherweise waren die Ziele zu hoch gesteckt oder zu allgemein gehalten. Es kann auch sein, dass sich ein Partner durch die vereinbarte Lösung stärker belastet fühlt als der andere und daher die Motivation verloren hat. Diese Erfahrungen lassen sich bei einem neuen Anlauf berücksichtigen.

Box 2.3 Schlüsselkompetenz Verstehen

Wie kann ich annehmbar kommunizieren?

- Ich drücke meine Gefühle und Wünsche offen aus und vertraue erst einmal auf eine positive Reaktion meines Partners.
- Wenn wir uns nicht einig sind, suche ich nach Lösungen und mache Kompromissvorschläge.
- Kritik beschränke ich auf wenige, wichtige Situationen.
- Die Mitteilungen von meinem Partner beantworte ich mit Verständnis, Interesse, Zustimmung und Wertschätzung.
- Wo es angemessen ist, übernehme ich Verantwortung für ungutes Verhalten und entschuldige mich.

Probleme	Lösung
Ich sehe nicht ein, warum ich mich fairer verhalten sollte als mein Partner.	Positives Kommunikationsverhalten steckt nachweislich an. Voraussichtlich zieht Ihr Partner bald nach. Besser etwas Ungerechtigkeit auf hohem Kommunikationsniveau als Gerechtigkeit auf einem niedrigen.
Ich komme mir unecht vor, wenn ich mich zu positiven Verhaltensweisen zwinge, die gar nicht meinen Gefühlen entsprechen.	Positive Kommunikation entspricht nicht immer den Gefühlen, bestimmt aber der liebevollen Grundhaltung, die man dem Partner gegenüber hat. Wer sich eine Weile zu positiveren Verhaltensweisen zwingt, entwickelt bald auch positivere Gefühle.

2.4 Gesprächskultur und Kulturkampf

„Nichts enttäuscht uns tiefer als die Unmöglichkeit, nach unserem eigenen Wesen zu leben“, schrieb der Paartherapeut Michael Lukas Moeller (Moeller 1992, S. 46). Damit benennt er den tiefsten Grund für den Widerspruch. Paare beeinflussen einander. Wird dieser Einfluss zu stark, geben Partner manchmal auf, was ihre Persönlichkeit im Tiefsten ausmacht. Diesen Vorgang nennt Moeller Kolonialisierung – ein schreckliches und doch zutreffendes Bild für das, was sich in Paarbeziehungen abspielt: Ein Partner hält seine Lebensart für besser und versucht, sie auf das gemeinsame Leben auszudehnen. Damit drängt er die Kultur des anderen zurück – seine Sichtweisen und Vorlieben, seine Art, Beziehungen zu pflegen und den Alltag zu gestalten. Das Problem dabei ist den Betroffenen oft so wenig bewusst wie früher den Kolonialherren bei ihrem Eingriff in die fremde Kultur. Für die Umerziehung des Partners finden sich viele gute Gründe: Sie könnte sich besser organisieren und damit Zeit für wichtigere Dinge gewinnen; er könnte unternehmungslustiger werden und so mehr vom Leben haben; sie sollte sich die Dinge nicht so zu Herzen nehmen und würde mit mehr Biss weiter kommen; er könnte gesünder leben und unnötige Beschwerden loswerden. Es ist nicht leicht, sich einer Umerziehung zu verweigern, denn irgendwie hat der andere ja recht. Und irgendwie meint es jeder Partner gut. Dennoch entsprechen die genannten Erziehungsziele – Effizienz, Unternehmungslust, Biss oder Gesundheit – vielleicht gar nicht der Lebensart und den Prioritäten eines Partners. Und wenn er eines dieser Ziele übernehmen würde, ginge vielleicht verloren, was noch wichtiger ist. Hier liegt der Kern jeden Widerspruchs: „Du hast nicht das Recht, mir deine Lebensart vorzuschreiben." Daran muss man sich wohl in jeder Paarbeziehung von Zeit zu Zeit gegenseitig erinnern. Michael Lukas Moeller drückt es so aus: „Ich habe in der Welt des anderen nichts zu besorgen. Es ist eine Frage der Ethik, ja eine Frage der Menschenrechte, also ein Politikum im Paarleben, ob ich zu dieser grundlegenden Gleichrangigkeit bereit bin oder nicht. Nach meinen Erfahrungen stimmen alle Paare diesem Grundsatz zu – doch leider halten sie sich nicht daran. So gilt es also, diese alltägliche Doppelmoral einvernehmlich zu demontieren" (Moeller 1992, S. 145).

Aber wie sieht dann ein guter Einfluss aus? Schließlich muss es doch erlaubt sein, meinen Partner auch einmal für meine Vorlieben und Sichtweisen zu gewinnen. Guten Einfluss übt, wer sich seinem Partner offen mitteilt: seine Sehnsüchte und Wünsche zeigt, seine Sorgen und Ängste äußert. Offene Paare sprechen aus, was sie motiviert und lebendig macht, was sie schmerzt und traurig macht. Natürlich ist auch Bitten, Werben, Überzeugen und Verführen erlaubt, aber nur solange der Partner in seiner Reaktion frei bleibt. In einer unbelasteten Liebesbeziehung wird ohnehin jeder tun, was dem anderen Freude macht, vermeiden, was ihm Angst macht, und nur gelegentlich auf etwas Wichtigem bestehen. Zwang entsteht in einer Paarbeziehung, sobald folgende Machtmittel eingesetzt werden:

- Strafen durch negative Gefühle: wütende, enttäuschte oder beleidigte Reaktionen, wenn sich ein Partner nicht wunschgemäß verhält
- Strafen durch Abwendung: Schweigen, Rückzug oder Liebesentzug
- Strafen durch Rache: „Wenn du nicht tust, was ich mir wünsche, dann verweigere ich dir, was dir wichtig ist."
- Kampf: den anderen bedrängen, bis er nachgibt
- Abwertung und Beschämung: dem anderen schlechte Motive für sein Verhalten unterstellen, ihm negative Charaktereigenschaften zuschreiben, Geringschätzung für seine Lebensart ausdrücken
- Ängste wecken: schlimme Entwicklungen und Konsequenzen ausmalen, zu denen das Verhalten des Partners vermeintlich führt

Vielleicht ist Ihnen die Ähnlichkeit dieser Machtmittel mit den apokalyptischen Reitern von John Gottman aufgefallen. Ein Zusammenhang drängt sich auf: Wo unterdrückt wird, was einen Menschen im Tiefsten ausmacht, da geht die Liebe zu Ende. Michael Lukas Moeller (1937–2002) war Psychoanalytiker und Professor für Medizinische Psychologie in Frankfurt. Er spezialisierte sich auf Paarbeziehungen und entwickelte ein kraftvolles Hilfsmittel für die partnerschaftliche Kommunikation, das wesentliche Zwiegespräch. Diese Zwiegespräche laufen so ab: Ein Paar nimmt sich jede Woche 90 Minuten ungestörte Zeit, um miteinander zu reden. Dabei hält es einige Regeln ein, die dem Gespräch eine andere Tiefe geben als die üblichen Gespräche zwischen Paaren. Verboten ist alles, was den Partner direkt beeinflussen würde, wie Fragen, Bewertungen und Ratschläge. Stattdessen teilt jeder mit, was ihm in den Sinn kommt und welche Gedanken und Gefühle die Gesprächsbeiträge des anderen in ihm wecken. Thema darf alles sein, was einen selbst, den Partner oder die Beziehung betrifft. Das schließt alle denkbaren Themen ein – sie müssen nur einen persönlichen Bezug zu dem betreffenden Paar haben.

Dies mag zunächst einmal harmlos klingen, doch Zwiegespräche können eine Dynamik entfalten, die ein Paar an die Grenze seiner Belastbarkeit bringt. Die Gesprächsregeln sind von der Psychoanalyse beeinflusst, und so lässt der Wegfall von Störungen und Beeinflussung ein Vakuum entstehen, das bislang Unausgesprochenes ansaugt. In den Zwiegesprächen sprechen Paare an, was sie aus Rücksicht auf den Partner bisher verschwiegen haben. Sie offenbaren Empfindungen und Wünsche, derer sie sich schämen. Sie holen Momente des Glücks, der Dankbarkeit oder der Traurigkeit ans Tageslicht, denen im Alltag bislang keine Aufmerksamkeit galt. Paare, die Zwiegespräche führen, erschrecken über die Fremdheit und Unberechenbarkeit ihres Partners und zugleich über ihren eigenen Mut, zu sich selbst zu stehen. Zwiegespräche verändern die Bilder, die man sich von sich selbst, vom Partner und von der Beziehung gemacht hat. Was zum Vorschein kommt, ist schöner und aufregender als ein zwar eingespieltes, aber auch eingeschränktes Miteinander. Auf diese Weise helfen Zwiegespräche auch, sich immer wieder einem wechselseitigen Zwang zu entziehen, durch den die Lebensart des einen die des anderen zu verdrängen droht.

Ausprobieren sollte man Zwiegespräche erst, wenn man die ausführliche Anleitung von Michael Lukas Moeller, *Die Wahrheit beginnt zu zweit*, gelesen hat. Die Prinzipien der Zwiegespräche kann jedoch jeder nutzen, um die partnerschaftliche Kommunikation von Zwängen zu befreien: Ich kann meine Partnerin vor einer Vereinnahmung durch mich schützen, indem ich ihr gelegentlich ohne Fragen, ohne Bewertungen und ohne Ratschläge zuhöre. Interessierte Blicke, anteilnehmende Laute wie „Ja" oder „Mmm" oder Momente abwartenden Schweigens lassen jenes Vakuum entstehen, das meine Partnerin einlädt, sich offen mitzuteilen. Manches wird mir Angst machen, weil es quer zu meinen Sichtweisen, meinen Zielen und meiner Lebensart steht, aber im Grunde will ich ja in der Liebe ein herausforderndes Gegenüber finden und nicht einen anderen nach meinem Bilde formen.

Umgekehrt zwingt mich niemand, auf Fragen, Bewertungen oder Ratschläge meiner Partnerin zu reagieren. Ich kann stattdessen meinen Gesprächsfaden weiter spinnen. Ich kann mir einen Moment geistiger Abwesenheit erlauben, um zu spüren, was mich gerade wirklich bewegt. Ich kann mir aktiv

Raum nehmen: „Ich möchte diesen Gedanken noch zu Ende bringen." Oder: „Darüber muss ich nachdenken, um herauszufinden, was ich wirklich darüber denke." Möglicherweise bringe ich meine Partnerin durch das, was ich sage, aus dem seelischen Gleichgewicht, weil etwas in ihren Ohren fremdartig oder bedrohlich klingt. Das gehört zu den Risiken und Nebenwirkungen der Liebe; ich muss mich daher weder zurücknehmen noch schuldig fühlen, wenn ich angesprochen habe, was mich wirklich bewegt.

Wird das Gespräch wesentlich, tauchen Themen auf, die im Alltag untergegangen sind. Häufig sind dies schöne Themen. Plötzlich schiebt sich der Schleier der Selbstverständlichkeit beiseite und man blickt wieder dankbar auf das gemeinsame Leben. Dann staunen Menschen neu über das Wunder der Liebe, über die vielen Gesten der Zuneigung, die sie in ihrer Beziehung empfangen, und über die bereichernden Qualitäten des Partners. In solchen Momenten findet nicht nur dasjenige Wertschätzung, was der Partner gut und richtig macht, sondern seine Person.

Es tauchen jedoch auch herausfordernde Themen auf, die den doppelten Mut erfordern, einerseits zu sich selbst zu stehen und andererseits dem Partner einen Widerspruch zuzumuten:

Unbehagen Ein ungutes Gefühl kann einen lange verfolgen, ohne dass sich zeigt, worum es eigentlich geht. Wer diesem Unbehagen im Gespräch nachgeht, findet Worte, die den Grund für das ungute Gefühl benennen. Zum Beispiel: „Woher kommt dieses Unwohlsein, wenn ich mit deiner besten Freundin zusammentreffe? Sie ist doch nett und unterhaltsam. Aber irgendwie tritt sie mir als Mann auf die Füße. Ja, es sind die herabsetzenden Bemerkungen über Männer, die mir zu schaffen machen. Ich stehe dann da wie ein begossener Pudel. Mir fällt es schwer, mich dagegen zu wehren." Unbehagen führt zu dem Widerspruch: „Das macht mir Angst. Dem möchte ich mich so nicht mehr aussetzen."

Abneigung Im offenen Gespräch taucht häufig eine unterdrückte Abneigung auf. Zum Beispiel: „In den letzten Monaten hatte ich das Gefühl, dass du beim Sex gar nicht mehr richtig bei mir bist. Dann steige ich innerlich aus und warte nur noch, bis es zu Ende ist." Abneigung führt zu dem Widerspruch: „So will ich das nicht."

Das Gefühl, falsch gesehen zu werden Paare tauschen aus, wie sie einander sehen und welches Bild sie sich vom anderen machen. Manchmal kann man sich in einem Bild des anderen schmerzlich unverstanden fühlen. Zum Beispiel: „Ich finde, du stellst mich oft als passiv und entscheidungsschwach hin. Es stimmt – ich bin nicht so schnell wie du. Aber dann werde ich doch noch aktiv, wenn du mir die Dinge nicht vorher aus der Hand nimmst." Das Gefühl, falsch verstanden zu werden, führt zu dem Widerspruch: „So bin ich nicht."

Geständnisse Erstaunlich viel lässt sich vor dem Partner verbergen: sanfte Süchte wie Frustessen oder der Konsum von Interneterotik, Niederlagen am Arbeitsplatz, Enttäuschungen in Freundschaften, die gefährliche Anziehungskraft eines Dritten. Nicht jedes Geheimnis muss gelüftet werden, aber es gibt Heimlichkeiten, die zu einer Entfremdung von sich selbst und vom Partner führen. Verheimlichte Dinge drängen manchmal darauf, sich zu zeigen. Auch Geständnisse bedeuten einen Widerspruch: „Das verberge ich nicht mehr. Ich vertraue es dir an und ich mute es dir auch zu."

Schmerz Nach den traditionellen Geschlechterrollen muss der Mann stark sein und die Frau für eine herzliche, positive Atmosphäre sorgen. Beide Rollen lassen wenig Raum für Schmerz und Traurigkeit. Und doch gibt es im Leben viel zu betrauern – einen zerplatzten beruflichen Traum, eine zerbrochene Freundschaft, ein unglückliches Verhältnis zu den Eltern, einen persönlichen Makel, mit dem man nur schwer fertig wird. In Gesprächen, die wesentlich werden, taucht daher oft unterdrückter Schmerz auf. Er wendet sich gegen seine Unterdrückung: „Diesen Schmerz will ich weder unterdrücken noch verbergen."

Ist ein Widerspruch erst einmal ausgesprochen, zeigt sich auch, an welche Adresse er sich richtet. Mit manchem Widerspruch rennt man beim Partner offene Türen ein. Dann hat einem die Vergangenheit einen Streich gespielt und der Druck, etwas Unangenehmes auszuhalten, stammt gar nicht vom Partner, sondern von den Eltern, die in der Kindheit Ähnliches gefordert haben. Diese Entdeckung räumt unangenehme Gefühle aus dem Weg und lässt die eigenen Freiräume neu spüren.

In anderen Fällen richtet sich der Widerspruch gegen eine Schwäche des anderen, die dieser gar nicht aus einer wirklichen Überzeugung heraus offenbart. Vielleicht zeigt der Partner manchmal eine Überheblichkeit, die ihn selbst ins Licht rückt und sein Gegenüber in den Schatten stellt. Mit einem Widerspruch konfrontiert, sieht der Partner aber sofort ein, dass er nicht besser ist als andere. Im Grunde seines Herzens hat er keine überhebliche Haltung, auch wenn er manchmal in eine überhebliche Rolle verfällt. Der Widerspruch rückt die Dinge wieder zurecht und hat somit seine Funktion erfüllt.

Manchmal trifft der Widerspruch den Partner aber in seiner innersten Überzeugung. Er will einem wirklich etwas zumuten, was Angst macht oder Abneigung weckt. Er hält an einem unzutreffenden Bild fest oder will einen überzeugen, dass etwas doch gar nicht so schlimm sei. Dann baut der Widerspruch eine Spannung auf, unter der sich mit der Zeit etwas bewegen kann – beim einen, beim anderen oder bei beiden in Form eines Kompromisses. Im Beispiel der Partnerin, deren beste Freundin Männer schlechtredet, könnte das bedeuten: „Meine Partnerin will mir weiterhin Begegnungen mit ihrer Freundin zumuten, aber sie gesteht mir ein paar klare Worte gegenüber der Freundin zu. Unter diesen Umständen kann ich mich auf Begegnungen einlassen, auch wenn noch ein Rest an Unbehagen übrig bleibt."

2.5 Konflikte austragen und die Liebe bewahren

Wenn ich Menschen in der Paartherapie begegne, ist in ihrer Beziehung meist schon ein Schaden entstanden und zwar fast immer auf folgende Weise: Einer ist zum Opfer einer Schwäche des anderen geworden. Eine Frau hat quälende Jahre der Einsamkeit erlebt, weil sich ihr Mann an ihrer Seite mehr und mehr verschlossen hat. Ein Mann hat ein Leben auf engstem Raum geführt, weil seine Frau das Leben durch ihre Ängste eingeengt hat. Eine Frau fühlt sich in ihrer Ehe entrechtet, weil ihr Mann sie dominiert hat. Dann frage ich: „Wie haben Sie Ihrem Partner denn gezeigt, dass Sie unter seinem Verhalten leiden?" Meist bekomme ich dann eine Antwort wie diese: „Zuerst habe ich ihm mein Leid geklagt, später habe ich ihm Vorwürfe gemacht." Dies ist eine naheliegende Reaktion, jedoch kein wirksames Mittel, um einem Widerspruch Kraft zu verleihen. Ohnmacht zersetzt die Liebe. Menschen, die unter ihrem Partner leiden, sprechen nicht mehr liebevoll über ihn, auch wenn sie an der Beziehung festhalten. Die liebevollen Gefühle sind überdeckt von Zorn, Groll, Enttäuschung und Gekränktsein. Manchmal empfinde ich dann sogar ein Mitgefühl mit den Tätern, den verschlossenen, ängstlichen oder dominanten Partnern. Hätten sie sich nicht möglicherweise zu guten Ehepartnern entwickelt, wenn sie mehr Widerspruch und Korrektur erfahren hätten? Wie muss es sich anfühlen, die oder der Böse zu sein und seinen Partner unglücklich zu machen? Wer sich zum Opfer der Schwächen des Partners macht, schadet der Liebe. Und umgekehrt: Wer sich wehrt und widerspricht, schützt die Liebe.

Mit den folgenden Mitteln lassen sich Konflikte wirkungsvoll austragen. Sie haben sich in der Praxis vielfach bewährt.

Ich-Botschaften Sie gehen auf den Psychologen Thomas Gordon zurück. Ich-Botschaften kommunizieren Kritik in einer sehr sanften und zugleich sehr wirkungsvollen Weise. Sie bestehen aus zwei Teilen. Der erste Teil beschreibt möglichst neutral das Verhalten des Partners. Ihr zweiter Teil beschreibt eine persönliche Reaktion auf sein Verhalten:

- „Wenn du zwanzig Minuten zu spät kommst, fühle ich mich missachtet. Es kommt mir vor, als wäre ich so selbstverständlich für dich, dass alles andere wichtiger ist."
- „Diese Entscheidung hast du lange aufgeschoben. Das setzt mich unter Druck. Ich denke dann, ich soll für dich entscheiden, obwohl ich das gar nicht will. Außerdem habe ich Angst, dass wir uns gemeinsam blamieren, wenn wir so unschlüssig dastehen."

Die Ich-Botschaft vermeidet elegant, durch Kritik einen Partner in die Defensive zu bringen. Sie verallgemeinert nicht, sondern bleibt bei einer konkreten Situation. Sie unterstellt dem Partner keine negativen Charaktereigenschaften wie zum Beispiel Unpünktlichkeit. Sie lässt dem Partner frei, wie er auf die Mitteilung reagiert. Sie erweckt nicht den Anschein, den Partner erziehen zu wollen, sondern lässt ihn spüren, was sein Verhalten auslöst. Deshalb erzielen Ich-Botschaften bessere Ergebnisse als Kritik. Manchmal lassen sich die Reaktionen – der zweite Teil der Ich-Botschaft – am besten in einem Bild ausdrücken: „Ich bin mir wie ein Kind vorgekommen, das nichts zu sagen hat." „Ich fühle mich dann wie das fünfte Rad am Wagen." Manchmal hilft es auch auszusprechen, was aus der eigenen Lebensgeschichte anklingt: „Ich komme mir dann genauso ignoriert vor, wie ich es bei meinem Vater oft erlebt habe." „Das erinnert mich an die Versuche meine Mutter, auf mein Gewissen einzuwirken." Dann sieht ein Partner, dass er nicht in vollem Umfang für die Reaktion verantwortlich ist, die er ausgelöst hat, und erhält dennoch genügend Hinweise auf Dinge, die er ändern könnte.

Nein sagen Kann man einem geliebten Menschen einen Wunsch abschlagen? Das ist schwer. Deshalb distanzieren sich viele Menschen von ihrem Partner, wenn sie Nein sagen müssen. Sie ziehen sich in einen kühlen oder ärgerlichen Abstand zurück, von dem aus ein Nein leichter über die Lippen kommt. Das hat aber einen hohen Preis, denn ein kühler Abstand wirkt wie eine Ablehnung, ein ärgerlicher Abstand wie ein Angriff. Ein solches Verhalten schmerzt oft mehr als ein unerfüllter Wunsch. Ein einfühlsames Nein bleibt dagegen dem anderen nahe. Es sucht den Blickkontakt oder vielleicht eine Berührung. Es drückt Bedauern aus. Wo möglich, sucht es Wege, einen Wunsch auf andere Weise oder später zu erfüllen. Es zeigt Verständnis für eine traurige oder enttäuschte Reaktion auf das Nein. Es macht sich durch eine kurze Begründung verständlich.

Das alles macht es für den Partner leichter, ein Nein zu akzeptieren. Dennoch verfängt man sich beim einfühlsamen Nein-Sagen leicht in einem von zwei Fallstricken. Der erste mögliche Fallstrick ist die Begründung. Eine sachliche Begründung lädt nämlich manchmal zum Verhandeln und zum Widerstreit ein. „Ich habe zu viel anderes zu tun" fordert die Frage heraus: „Ist dir anderes wichtiger?" Ist die sachliche Begründung hingegen mit einer persönlichen verknüpft, so ist sie leichter zu akzeptieren: „Wenn ich jetzt noch etwas übernehme, dann verliere ich den Überblick und hätte Angst, Fehler zu machen." Ein anderer Fallstrick ist die Gefahr, sich nach einem einfühlsamen Nein vom Partner umstimmen zu lassen. Wer dem anderen beim Nein-Sagen nahe bleibt, ist auch empfänglich für Umstimmungsversuche. Wenn jedoch auch ein einfühlsames Nein nicht akzeptiert wird, ist Abstand angesagt; dann gilt es das Recht auf eigene Entscheidungen zu behaupten.

Sein Recht behaupten Welche Rechte gibt es in einer Paarbeziehung? Wer das definieren will, gerät leicht zwischen die Fronten des Geschlechterkampfes. Allgemein akzeptiert sind die Persönlichkeitsrechte. Jeder Partner behält in einer Paarbeziehung das Recht auf freie Meinungsäußerung und persönliche Entfaltung. Dieses Recht ist eingeschränkt, wenn Meinungsäußerungen bestraft werden, was in der Hitze eines Konfliktes leicht passieren kann. Persönlichkeitsrechte werden auch verletzt, wenn man einem Partner Rückzugsräume, Zeit für sich oder eigene Freundschaften streitig macht. Allgemein gültig ist zudem das Recht auf ein respektvolles Verhalten, was Beleidigungen, Abwertungen, Drohungen und unkontrolliertes Wüten ausschließt.

Welche Rechte haben Partner jedoch aneinander? Gibt es ein Recht auf regelmäßige Gespräche, auf die Erfüllung emotionaler Bedürfnisse, auf Rücksichtnahme oder auf Sex? Wenn Menschen eine dauerhafte Liebesbeziehung eingehen, beruht dies in der Regel auf einer unausgesprochenen Vereinbarung, die von beiden als selbstverständlich betrachtet wird: „Wir bleiben einander treu; um das zu erreichen, sorgen wir dafür, dass die emotionalen und sexuellen Bedürfnisse des anderen gestillt werden. In unserem Verhalten nehmen wir auf die wunden Punkte des anderen Rücksicht, bei unseren Entscheidungen bedenken wir die Auswirkungen auf den andern." Wer sich daher emotional oder sexuell über längere Zeit entzieht, verletzt die Rechte seiner Partnerin oder seines Partners. Auch wenn ein Partner sein Verhalten oder seine Entscheidungen nicht auf die Bedürfnisse des andern abstimmt, verletzt er Grundrechte der Paarbeziehung.

Spätestens beim Aufkommen von Unzufriedenheit in einer Paarbeziehung ist es Zeit, sein Recht gegenüber dem Partner zu behaupten. Dazu muss man eine klare und sichere Vorstellung von diesem Recht haben und entschlossen sein, es zu verteidigen. Über Vorlieben und Sichtweisen kann man diskutieren – Rechte sind unverhandelbar. Selbst wenn ich einen Fehler gemacht habe oder meiner Partnerin etwas schuldig geblieben bin, verliere ich meine Rechte in der Beziehung nicht.

Die folgende Anleitung ist in ihrer Wirkung durch Studien überprüft worden und hat schon vielen geholfen, ihr Recht zu behaupten (angelehnt an Hinsch und Pfingsten 2007): „Bleiben Sie ruhig. Suchen Sie den Blickkontakt. Sagen Sie konkret, was Sie vom anderen erwarten. Werten Sie den anderen nicht ab. Äußern Sie ruhig auch Verständnis für die Gefühle und die Sichtweise des anderen. Kommen Sie aber immer wieder auf das zurück, was Sie vom anderen einfordern. Wiederholen Sie es zur Not mehrfach, mit kleinen Variationen der Formulierung. Sie brauchen sich weder zu rechtfertigen noch zu entschuldigen. Wenn nötig, zeigen Sie Ihrem Partner die Folgen seines Verhaltens auf. Zeigen Sie Ihre Entschlossenheit, mit viel Ausdauer auf Ihrem Recht zu beharren." Den wichtigsten Effekt bei dieser Strategie vergleichen die Autoren – nicht mehr ganz zeitgemäß – mit einem „Sprung in der Schallplatte", wobei die Nadel immer wieder auf die vorige Rille springt und so endlos denselben Text produziert. Mit der gleichen Beharrung kann man gegenüber einem nicht einlenkenden Partner auf einem Recht bestehen; geringfügige Variationen versprechen dabei jedoch noch mehr Erfolg. Wie leicht und lange das geht, zeigt folgender Dialog, der sich beliebig verlängern ließe:

Partner A: „Ich möchte wichtige Dinge mit dir offen besprechen."
Partner B: „…"
Partner A: „Ich habe ein Recht darauf, dass du die Dinge irgendwann mit mir besprichst."
Partner B: „…"
Partner A: „Das mag sein. Trotzdem möchte ich wichtige Dinge mit dir besprechen können."
Partner B: „…"
Partner A: „Nein, natürlich sollst du den Zeitpunkt unseres Gesprächs mitbestimmen. Aber irgendwann will ich mit dir reden können. Das darf nicht tagelang aufgeschoben werden."
Partner B: „…"
Partner A: „Wenn du nicht mit mir sprichst, fühle ich mich hilflos und wütend. Deshalb ist es mir wichtig, dass wir regelmäßig offen reden können."

Es ist sehr unwahrscheinlich, dass die Partnerin oder der Partner ein in dieser Weise vertretenes Recht weiter ignoriert. Das würde wohl nur dann passieren, wenn ein Paar bereits in einem Zwangsprozess feststeckt, den ich im Kapitel über Gefühle beschreibe. In diesem Fall sind erst einmal Maßnahmen zur emotionalen Beruhigung der Beziehung gefragt. Wenn ein Mensch die Rechte seines Partners hartnäckig verletzt, ist er möglicherweise in einer Sucht gefangen, zum Beispiel in einer Alkoholabhängigkeit, einer Arbeitssucht oder suchtartigen Formen der Ablenkung, etwa im Internet. Natürlich kann auch eine Fremdverliebtheit eine ähnliche Dynamik entfalten wie ein Suchtverhalten und die Rechte des Partners stark beeinträchtigen. Dann zeigen erst Konsequenzen Wirkung.

Konsequenzen Manchmal verschließt sich ein Partner. An diesem Punkt endet der Dialog mit Worten, und es bleibt nur noch der Handlungsdialog: kluge Konsequenzen auf das Verhalten des Partners. Das lässt sich am einfachsten an einem Fallbeispiel aus der Praxis zeigen. Katja kommt zur Beratung, weil sich ihr Mann in eine Kollegin verliebt hat. Katja ist Mitte 40, attraktiv und im Controlling einer Versicherung erfolgreich. Im Gespräch mit ihr entsteht schnell eine angenehme, harmonische Atmosphäre. Katjas Mann hat sich in den letzten Jahren emotional zurückgezogen; als er sich jedoch auch sexuell entzogen hat, ist Katja hellhörig geworden. Auf Nachfrage hat ihr Mann schließlich eine erotische Beziehung zu einer Kollegin eingeräumt, die sich allerdings auf Zärtlichkeiten und verliebte SMS-Botschaften beschränke. Zu mehr komme es nicht, weil die Kollegin selbst verheiratet sei und eine weitergehende Intimität abblocke. Dieser Schwebezustand dauert schon ein halbes Jahr an. Katjas Mann möchte bei der Familie bleiben, aber er würde sich lieber trennen, als die schöne Erfahrung mit der Kollegin aufzugeben. Für Katja steht fest, dass es so nicht weitergehen kann. Doch welche Konsequenzen soll sie aus dieser Situation ziehen? Wenn möglich, will sie ihren Mann zurückgewinnen und daher nichts tun, was einer späteren Versöhnung im Weg stehen würde. Außerdem soll die Situation nicht eskalieren, weil sie zwei kleine Kinder haben und das Miteinander in der Familie noch gut funktioniert.

Katja hat sich schließlich zu folgenden Konsequenzen entschlossen:

- Katja konfrontiert ihren Mann gelegentlich mit den Gefühlen, die sein Verhalten bei ihr auslöst. Sie spricht aus, dass sein Verhalten für sie unzumutbar ist und dass sie die Situation auf Dauer so nicht akzeptieren wird.
- Katja hat die Ehesituation gegenüber den Freunden, Eltern und Schwiegereltern bisher noch vertraulich behandelt. Jetzt kündigt sie ihrem Mann an, dass sie mit der momentanen Situation ihrer Ehe offen umgehen will. Sie hat ein Recht darauf, sich nicht verstellen zu müssen und menschlichen Rückhalt in einer schwierigen Situation zu bekommen.
- Katjas Mann hat schon immer mehr Zeit für sich gebraucht. Katja hat ihm gerne den Rücken frei gehalten und im Haushalt und für die Kinder mehr gemacht. Jetzt besteht sie auf einer ausgeglichenen Aufgabenteilung. Wenn sie in der Ehe schon emotional auf dem Trockenen sitzt, braucht sie jetzt umso mehr herzliche Freundschaft und schöne Erlebnisse, bei denen sie auftanken kann.

- Katja wird abwarten, ob sich etwas verändert. Falls nicht, wird sie ihren Mann in den nächsten Monaten damit konfrontieren, dass sie zwar an der Ehe festhalten, aber nicht mehr mit ihm unter einem Dach leben möchte.

Das Fallbeispiel macht deutlich, worauf es bei Konsequenzen ankommt. Sie sind keine Strafe, die nach dem Motto ablaufen: „Du tust mir weh, also tue ich dir auch weh." Konsequenzen sind logische Reaktionen auf unzumutbares Verhalten. Sie treffen den Partner und fordern ihn heraus, Verantwortung für die Beziehung zu übernehmen. Gute Konsequenzen gehen mit einer emotionalen Erfolgsgarantie einher. Wer sich durch gute Konsequenzen schützt, wird sich selbstbewusster, stärker, wertvoller und attraktiver fühlen. Eine Erfolgsgarantie auf einen glücklichen Ausgang des Konfliktes gibt es leider nicht, doch man räumt einem Konflikt die größtmögliche Chance auf einen glücklichen Ausgang ein, wenn man die beschriebenen Strategien für einen wirkungsvollen Widerspruch einsetzt.

Box 2.4 Schlüsselkompetenz Widerspruch

Wie kann ich wirksam widersprechen?

- Ich übergehe Ratschläge, Fragen oder Bewertungen meines Partners, wenn sie mich von dem wegführen, was ich eigentlich sagen möchte.
- Ich nehme mir gelegentlich Raum, um über Unbehagen, Abneigung, Unverstandensein, Schmerz oder Traurigkeit zu sprechen.
- Wenn ich mich behaupte, dann setze ich sanfte Mittel ein, wie Ich-Botschaften, einfühlsames Nein-Sagen, kompetentes Recht-Durchsetzen und kluge Konsequenzen.
- Ich unterstütze meinen Partner darin, auch Dinge anzusprechen, die mir unangenehm sind, und sich selbst in der Beziehung treu zu bleiben.

Probleme	Lösung
Mein Partner reagiert abwehrend auf meine Offenheit. Wenn ich zu mir stehe, fängt er Streit an oder zieht sich zurück.	Tatsächlich kann offene, kraftvolle Kommunikation einen Partner vorübergehend aus dem Gleichgewicht bringen. Vermeiden Sie Eskalationen, indem Sie die sanftmöglichste Strategie des Widerspruchs einsetzen.

2.6 Die Dialektik: einfühlsame Konfrontation

In manchen Konfliktsituationen gibt es so wenig Spielraum, dass nur eine Kommunikation eine Chance hat, die die Gegensätze in sich vereint: die einfühlsame Konfrontation (Young et al. 2008). Sie widerspricht um des anderen willen, sie stimmt die Art und Weise der Konfrontation einfühlsam auf den andern ab. In der Ehe von Katja und ihrem Mann zum Beispiel gibt es nur kleine Spielräume für die Kommunikation. Katjas Mann ist fremdverliebt und hält daran fest – was gibt es da zu besprechen? Anfangs hat Katjas Mann Gesprächsversuche abgewehrt und sich zurückgezogen. Seit es Katja aber gelungen ist, ihren Mann besser zu verstehen, bleibt er im Gespräch. Katja hat nämlich verstanden, welche emotionalen Bedürfnisse ihres Mannes bisher unbefriedigt geblieben sind und wie sich ihr Mann im Lauf der Zeit von sich selbst entfremdet hat. Dieses Verständnis hat Katja ausgesprochen. Seither lässt sich Katjas Mann mit dem konfrontieren, was zutiefst seine Interessen betrifft: dass er schon immer unangenehme Situationen vermieden hat und sich so die Chance nimmt, Lösungen zu finden, die besser sind als die Flucht in eine Fremdverliebtheit; dass ein intensiver Flirt mit einer Frau, die an ihrer Ehe festhält und nicht mehr will, auf Dauer auch frustrierend sein muss; dass die Liebe des Mannes zu den gemeinsamen Kindern doch eigentlich stärker sein muss als die Sehnsucht nach prickelnden Gefühlen. Davon lässt sich Katjas Mann berühren, es macht ihn nachdenklich. Katja hat den richtigen Ansatzpunkt für die einfühlsame Konfrontation gefunden: Sie widerspricht um der Interessen ihres Mannes willen.

Ein weiteres Beispiel, das die einfühlsame Konfrontation erfordert, ist die Situation mit einem alkoholabhängigen Partner. Bei der Bekämpfung einer Alkoholabhängigkeit ist die Rolle der Angehörigen oft entscheidend. In Angehörigengruppen wie Al-Anon finden Mitbetroffene den Weg zu dem Punkt, von dem aus sie ihren Partner einfühlsam konfrontieren können: „Du bist zu schade, um dich vom Alkohol zerstören zu lassen. Wenn ich weiter so tue, als wäre nichts, dann unterstütze ich dein Trinken, ohne es zu wollen. Wenn du dir keine Hilfe suchst, werde ich dich verlassen. Ich will dir eine starke Motivation geben, dich aus der Macht des Alkohols zu befreien. Ich will den Mann wiederhaben, den ich liebe, und ich will, dass du mit mir glücklich wirst."

Die Beispiele zeigen, auf welche Weise einfühlsame Konfrontation auch in Extremsituationen Spielräume für eine gelingende Kommunikation schafft. Eine gute Kommunikation setzt zweierlei voraus: Die Gesprächspartner beherrschen ihre Gefühle so weit, dass sie nicht mit ihnen durchgehen; zugleich teilen sie sich aber auch in ihren Gefühlen mit. Von der Bedeutung und dem Umgang mit Gefühlen handelt das nächste Kapitel.

Literatur

Felser G (2003) Wahrnehmung und Kognitionen in Partnerschaften. In: Grau I, Bierhoff H-W (Hrsg.) Sozialpsychologie der Partnerschaft, 343–376, Springer Verlag, Berlin/Heidelberg

Feshbach ND (1997) Empathy: The Formative Years – Implication for Clinical Practice. In: Bohart A, Greenberg L (Eds.): Empathy reconsidered. New directions in psychotherapy. 33–59, American Psychological Association. Washington, DC

Fliegel S (1994) Verhaltenstherapeutische Standardmethoden. Ein Übungsbuch. Beltz Psychologie Verlag, Weinheim

Goleman D (2011) Emotionale Intelligenz. Deutscher Taschenbuch Verlag, München

Gottman JM (1993) A Theory of Marital Dissolution and Stability. Journal of Family Psychology Vol 7, No 1, 57–75

Gottman JM (2008) Die 7 Geheimnisse der glücklichen Ehe. Ullstein Verlag, Berlin

Hinsch R, Pfingsten U (2007) Gruppentraining sozialer Kompetenzen (GSK). Grundlagen, Durchführung, Anwendungsbeispiele. Beltz Psychologie Verlag, Weinheim

Ickes W (2003) Everyday mind reading. Understanding what other people think and feel. Prometheus Books, Amherst/New York

Lösel F, Bender D (2003) Theorien und Modelle der Paarbeziehung. In: Grau I, Bierhoff H-W (Hrsg.) Sozialpsychologie der Partnerschaft, 43–75, Springer Verlag, Berlin/Heidelberg

Moeller ML (1992) Die Wahrheit beginnt zu zweit. Das Paar im Gespräch. Rowohlt Verlag, Reinbek bei Hamburg

Schindler L, Hahlweg K, Revenstorf D (2006) Partnerschaftsprobleme: Diagnose und Therapie. Therapiemanual. Springer Medizin Verlag, Heidelberg

Smith T (2006) Altruism and Empathy in America: Trends and Correlates. National Opinion Research Center, University of Chicago

Young JE, Klosko JS, Weishaar ME (2008) Schematherapie. Ein praxisorientiertes Handbuch. Junfermann Verlag, Paderborn

3
Emotionen: Gefühle kontrollieren und Gefühle zeigen

Gefühle führen ein Paar zusammen, Gefühle führen es in Bewährungsproben. Eine tragfähige Beziehung beruht auf einem Gleichgewicht der Gefühle. Beide zeigen ihre Gefühle, kontrollieren sie aber auch, wo sie Schaden anrichten könnten. Wer Gefühle zeigen kann, fühlt sich lebendig und glücklich. Wer Gefühle ausdrückt, vermittelt auch ihre Botschaft. Zorn signalisiert zum Beispiel, dass einer dem anderen etwas Unangenehmes zugemutet hat oder an etwas hindert, was wichtig wäre. Wenn der Partner den Zorn versteht, kann er die Zumutung abmildern oder dem anderen helfen, zu seinem Ziel zu gelangen. Damit hat der Zorn seine Aufgabe erfüllt und legt sich. Jedes Gefühl hat dabei seine eigene Botschaft, sei es Freude, Stolz, Neid, Traurigkeit, Ekel, Scham, Enttäuschung oder Angst.

Gefühle können allerdings so stark werden, dass sie die Sicht der Dinge verzerren und zu Reaktionen verleiten, die man hinterher bereut. Daher muss man starke Gefühle manchmal kontrollieren.

Einige Situationen erfordern verstärkt, dass ein Partner dem anderen seine Gefühle zeigt:

- Ein Partner ändert sich. Beim Kennenlernen teilen sich Paare in der Regel viel von ihren Gefühlen mit und erfahren auf diese Weise, was den anderen wirklich ausmacht. Verändert sich ein Partner jedoch stark, muss sich das Paar neu kennenlernen – sei es nach einer Krise, einem beruflichen Umbruch oder einem Wandel der persönlichen Überzeugungen.
- Ein Partner macht Schweres durch und braucht eine besondere Gefühlszuwendung.
- Ein Partner verletzt die Spielregeln der Liebe. Wer hier nur den Verstand des Partners anspricht, wird vielleicht Einsicht, aber keine Veränderung bewirken. Der Partner muss spüren, was sein Verhalten auslöst: das Gefühl, betrogen, missachtet, herabgesetzt oder ausgenutzt zu werden. Solche Gefühle muss man deutlich genug zeigen, damit sie das Herz des Partners erreichen und dort etwas bewegen können.

Andere Situationen erfordern eine besondere Rücksicht auf die Gefühle des Partners. Hier dürfen sich Gefühle nur kontrolliert Ausdruck verschaffen:

- Vor allem ein Streit erfordert die Kontrolle von Gefühlen. In einer solchen Situation kann sich höchstens einer einen emotionalen Kontrollverlust leisten – mindestens einer muss einen kühlen Kopf bewahren. Andernfalls kommt es zu einer Eskalation, die Mikrotraumata setzt; damit sind überfordernde, bedrohliche Erfahrungen gemeint, die lange nachwirken und in unerwarteten Momenten wieder hochkommen.
- Menschen unterscheiden sich darin, wie gut sie Gefühle ertragen, und auch darin, welche Gefühle sie gut und welche sie weniger gut aushalten. Manche Menschen können Zornausbrüchen gut standhalten, ihnen macht aber Traurigkeit Angst. Bei anderen ist es genau umgekehrt. Es macht vieles einfacher, wenn Partner Gefühle einander nur in dem Maß zumuten, das der andere ertragen kann. Wer von den Gefühlen seines Partners überflutet wird, wird immer dünnhäutiger und fühlt sich der Situation immer weniger gewachsen. Wer dagegen Gefühlen in einem Maß ausgesetzt ist, das er bewältigen kann, lernt mit der Zeit auch mit stärkeren Gefühlen des Partners umzugehen.
- In jeder Beziehung können Gefühle entstehen, die sich gegen den Partner richten. Man schämt sich für den anderen, entwickelt eine Abneigung gegenüber seinen Eigenarten, empfindet Neid auf Vorzüge oder Verachtung für die Schwächen des Partners. Wenn überhaupt, dürfen sich solche Gefühle nur sehr taktvoll zeigen.

Ein gutes Gleichgewicht der Gefühle findet sich also zwischen dem Gefühlsausdruck auf der einen Seite und der Gefühlskontrolle auf der anderen, wobei je nach Situation mal die eine, mal die andere Seite wichtiger sein kann. Paarforscher haben untersucht, was passiert, wenn Paare aus dem emotionalen Gleichgewicht geraten: In einem schleichenden Prozess kehrt sich der Kreislauf positiver Beeinflussung um und wird zu einem Kreislauf negativer Beeinflussung, der nicht mehr auf Liebe, sondern auf Zwang beruht.

3.1 Der Zwangsprozess

Liebe bringt einen positiven Kreislauf in Gang. Positive Gefühle drücken sich in Zuneigung, Wertschätzung und Unterstützung aus. Sie wecken beim Partner wiederum positive Gefühle und positive Verhaltensweisen. So beginnt fast jede Paarbeziehung. Später verringert sich manchmal der Einsatz für den Partner, weil einer von beiden anderswo sehr gefordert ist oder weil erste Verletzungen und Enttäuschungen vorkommen. Dann kann etwas entstehen, was Paarforscher einen Zwangsprozess nennen (Schindler et al. 2006). In einem Zwangsprozess üben Paare aufeinander Druck aus, um den anderen zu dem zu bringen, was er nicht mehr freiwillig tut. Die häufigsten Mittel, mit denen Zwang ausgeübt wird, sind in Box 3.1 zusammengestellt.

Box 3.1 Zwangsmittel zur Beeinflussung des Partners

- kritisieren, Vorwürfe
- Schuldgefühle machen
- abwerten, schlecht machen
- bedrängen, nicht locker lassen
- Bedingungen stellen
- gezielt verletzen, wunde Punkte treffen
- schweigen, Liebesentzug, bestrafen
- einschüchtern, drohen

Partner kennen einander gut genug, um zu wissen, welche Zwangsmittel beim anderen wirken. Kurzfristig sind Zwangsmittel durchaus erfolgreich: Wer Zwang ausübt, erlebt, wie der andere seinen Wünschen wieder entgegenkommt. Wer auf Zwang hin nachgibt, beendet damit die unangenehme Situation und erlebt seinen Partner wieder positiver. Das Ausüben von Zwang und das Nachgeben werden auf diese Weise verstärkt und können sich zu einem Beziehungsmuster verfestigen – ein Zwangsprozess kommt in Gang. Natürlich hat dies negative Folgen für eine Paarbeziehung. Gefühle wie Zorn, Enttäuschung, aber auch Angst werden immer stärker. Außerdem nutzen sich Zwangsmittel ab. Menschen gewöhnen sich an Kritik, Vorwürfe und Strafen. Darum müssen die Zwangsmittel gesteigert werden, damit sie noch eine Wirkung haben. Es kommt möglicherweise zu einer Eskalation.

Wie kann ein Paar einen Zwangsprozess durchbrechen? Die Paarforscher und Psychologieprofessoren Ludwig Schindler, Kurt Hahlweg und Dirk Revenstorf schreiben dazu: „Um diesen Prozeß umzukehren, ist der ‚heldenhafte' Akt mindestens eines Partners erforderlich, dem anderen anhaltend wieder Vertrauensvorschuß einzuräumen. Dies würde […] bedeuten, daß er die Rate von positiven Verhaltensweisen erhöht, obwohl dafür kurzfristig nur negative und keine positiven Konsequenzen zu erwarten wären" (Schindler et al. 2006, S. 54). Obwohl es gar nicht zu den augenblicklichen Gefühlen passt, legt ein Partner die Zwangsmittel aus der Hand und zeigt stattdessen wieder seine Bedürfnisse, im Vertrauen, dass der andere freiwillig darauf eingeht. Gleichzeitig bemüht er sich, von sich aus auf die Bedürfnisse und Gefühle des anderen zu achten, um dessen Zwangsmittel überflüssig zu machen.

Weil dabei starke negative Gefühle zu überwinden sind, ist dies jedoch fast übermenschlich schwierig. Die zitierten Paarforscher sprechen, wie erwähnt, von einem heldenhaften Akt, und tatsächlich erleben wir Menschen als Helden, die starke Gefühle überwinden können – die verzeihen, wo alles nach Rache schreit, vertrauen, wo Bedrohung in der Luft liegt, Liebe zeigen, wo keine Erwiderung zu erwarten ist.

Der Weg in den Zwangsprozess und aus ihm heraus lässt sich an einer konkreten Situation veranschaulichen: Kathrin ist ein emotionaler, impulsiver Typ, Rolf zurückhaltend und reflektiert. Kathrin hat Rolf immer als aufmerksamen, fürsorglichen Mann erlebt, bis er sich in einer Phase beruflicher Belastung zurückgezogen hat. Seither hat sich Katrin in der Beziehung allein und vernachlässigt gefühlt. Sie hat Rolf Vorwürfe gemacht, gemeinsame Zeiten eingefordert und ihn sogar aus Tätigkeiten herausgerissen, um zu reden. Rolf hat daraufhin einen emotionalen Sicherheitsabstand zu Kathrin eingerichtet und ist ihr nur noch nahegekommen, wenn sie sich betont liebevoll verhalten hat. Eine Paartherapie hilft Kathrin und Rolf, den Zwangsprozess verständlich zu machen und Möglichkeiten zu entwickeln, einander die Gefühle zu zeigen, um die es eigentlich geht. Rolf spricht über die Schuldgefühle, die er aufgrund seines erhöhten beruflichen Engagements hatte, und dass er sich als schlechter Partner empfunden hat. Er kann Kathrin auch sein Bedürfnis nach Anerkennung offenbaren. Umgekehrt lernt Kathrin zu zeigen, wie schnell sie sich verlassen und für Rolf unwichtig fühlt. Nun ist es für beide leichter, Konflikte so auszutragen, dass sich der andere dabei wohler fühlt, und Kompromisse zu finden, die den Gefühlen beider gerecht werden. Auf diese Weise lassen sich auch die Zwangsmittel abbauen – Vorwürfe, Forderungen und Liebesentzug kommen immer seltener vor.

Der Zwangsprozess lässt sich sogar dann auflösen, wenn nur ein Partner den negativen Kreislauf verlässt. Die positive Wirkung einseitiger Verhaltensänderungen ließ sich in Partnerschaftsstudien nachweisen: Nicht gleich, aber nach einer Weile wird auch der Partner von der positiven Veränderung erfasst und zeigt ebenfalls angenehmere Verhaltensweisen (Schindler et al. 2006). Der Ausweg aus einem Zwangsprozess ist im Grunde einfach und logisch. Auch Paare in schier ausweglosen Situationen können ihn erkennen, wenn sie den Zwangsprozess in ihrer Beziehung durchschauen. Emotional gehört dieser Weg jedoch möglicherweise zu den schwierigsten Herausforderungen, vor denen ein Paar je gestanden hat. Etliche Paare geben hier auf und wählen die Trennung. Der Glaube an die Mittel der Liebe ist verloren gegangen. Die Druckmittel haben versagt. Doch auch in einer neuen Beziehung können Menschen in einen Zwangsprozess geraten, die Betroffenen trennen sich dann schneller und konsequenter. Bei der zweiten Ehe liegt die Scheidungsrate bereits zehn Prozent über der der ersten (Schindler et al. 2006). Wer dagegen einen Zwangsprozess überwindet, baut ein starkes Selbstbewusstsein im Umgang mit den eigenen Gefühlen auf und einen starken Glauben an die Tragfähigkeit einer Liebesbeziehung.

Box 3.2 Schlüsselkompetenz Gefühle kontrollieren

Wie kann ich Zwangsprozesse unterbrechen?

Wenn meine Partnerin/mein Partner einmal zu emotionalen Zwangsmitteln greift,
- überprüfe ich, ob meine freiwillige Gefühlszuwendung nachgelassen hat.
- frage ich nach den Bedürfnissen und Gefühlen, denen meine Partnerin/mein Partner durch Zwangsmittel zu ihrem Recht verhelfen will.
- gehe ich auf die Gefühle und Bedürfnisse ein, aber zu einem Zeitpunkt und in einer Art und Weise, die auch mir gerecht werden.

Wenn ich selbst zu emotionalen Zwangsmitteln greife,
- lege ich diese aus der Hand.
- drücke ich meine Gefühle und Bedürfnisse offen aus und vertraue darauf, dass meine Partnerin/mein Partner wieder freiwillig auf mich eingeht.
- motiviere ich meine Partnerin/meinen Partner, indem ich für jedes Entgegenkommen Wertschätzung zeige.

Probleme	Lösung
Wenn meine Partnerin Zwangsmittel einsetzt, sehe ich rot. Ich kann dann nicht mehr vernünftig reagieren.	Setzen Sie Strategien der Gefühlsregulierung ein (siehe nächster Abschnitt).
Mein Partner hat schon immer Zwangsmittel eingesetzt; ich glaube, er kann seine Bedürfnisse und Gefühle gar nicht offen zeigen.	Laden Sie Ihren Partner ein, seine Gefühle und Bedürfnisse offener zu zeigen. Setzen Sie Widerspruchsstrategien und einfühlsame Konfrontation ein (Kap. 2, Kommunikation), um zu vermitteln, welche Nachteile Zwangsmittel für beide Seiten haben.

3.2 Starke Gefühle kontrollieren

Die Stärke von Gefühlen lässt sich mit einem Emotionsthermometer veranschaulichen. Dessen Skala reicht von null Prozent, der unmerklichen, bis zu 100 Prozent, der unerträglichen Intensität eines Gefühls. Ab einer bestimmten Gefühlsstärke können Menschen nicht mehr klar denken und nicht mehr so handeln, wie es die Situation erfordert. Dieser Punkt wird bei 70 Prozent auf dem Emotionsthermometer angesetzt (Lammers 2011). Wenn diese Marke überschritten wird, lassen sich Paare zu Worten und Handlungen hinreißen, die sie später bereuen. Sie schützen sich durch instinkthafte Reaktionen: Kampf, Flucht oder Erstarrung (*fight, flight, freeze*). Dann streiten Paare, fliehen in den Rückzug oder reagieren auf nichts mehr. Auch die geistigen Fähigkeiten lassen nach. Unter starken Gefühlen neigen Paare zur Vereinfachung und stereotypem Denken (Lösel und Bender 2003), was das Lösen von Problemen erschwert.

Daher hängt der Ausgang eines Konfliktes davon ab, ob es zumindest einem gelingt, seine Gefühle zu besänftigen. Bei jedem Menschen gibt es charakteristische Anzeichen dafür, wann er die 70-Prozent-Marke auf dem Emotionsthermometer überschreitet. Das hängt von seiner Persönlichkeit ab und natürlich auch davon, um welches Gefühl es sich handelt. In Box 3.3 sind Beispiele dafür zusammengestellt. Wer zu heftigen Gefühlen neigt, sollte die Anzeichen kennen, die überstarke Gefühle begleiten. Dann lassen sich die Gefühle rechtzeitig regulieren. Wenn die Gefühlsintensität auf dem Emotionsthermometer auf eine Marke von 50 Prozent sinkt, werden Partner wieder handlungsfähig. Sie spüren ihre Gefühle noch intensiv, haben aber genug inneren Abstand, um sie fair und verträglich auszudrücken. Sie haben einen klaren Kopf, um Lösungen suchen zu können, die beiden gerecht werden. Die 30-Prozent-Marke wiederum beschreibt eine innere Verfassung, in der man emotional betroffen ist, aber souverän und mit Humor reagieren kann. Diesen Idealzustand erleben Paare in entspannten Momenten.

Box 3.3 Anzeichen für die Überschreitung der 70-Prozent-Marke auf dem Emotionsthermometer (individuelle Beispiele)

- steife Arme und Beine, ein schwummriges Gefühl im Kopf, Herzklopfen (Angst)
- ein Stechen in der Brust, das Gefühl, gleich weinen zu müssen, der Impuls, den Kopf und die Schultern zu senken (Traurigkeit, Schuldgefühle)
- eine Spannung in der Halsgegend, ein Druckgefühl im Kopf, eine hohe Körperspannung (Wut)
- ein Gefühl, wie nackt dazustehen, ein Brennen in Brust und Gesicht (Scham)

Für die Besänftigung starker Gefühle gibt es eine Reihe bewährter Strategien (Lammers 2011; Linehan 1996; Young et al. 2008):

Time-out Eine Unterbrechung schafft Abstand zu dem Auslöser der überstarken Gefühle. Manchmal genügt schon ein Ortswechsel, indem sich ein Paar einen Tee kocht, um auf dem Sofa weiterzureden, oder sich anzieht, um sein Gespräch bei einem Spaziergang fortzusetzen. Bereits solche kleinen Unterbrechungen können das emotionale Gleichgewicht wieder herstellen. Manchmal kann eine Pause notwendig sein. Eine Fortsetzung des Gesprächs kann fest vereinbart werden, besonders wenn sich der Partner durch die Pause alleingelassen oder sogar bestraft fühlt („Bin ich so schlimm, dass du es nicht mehr mit mir aushältst?"). In der Pause kann ein Paar Abstand finden und eventuell weitere Strategien zur Gefühlsberuhigung einsetzen.

Bewegung Weil starke Gefühle mit einer körperlichen Erregung einhergehen, hilft vielen Menschen Bewegung, um Gefühle abzubauen: joggen, spazieren, Gymnastik, tanzen, sich schütteln, den Körper mit den Händen abstreifen. Früher hat man empfohlen, Wut abzureagieren, indem man zum Beispiel auf ein Kissen schlägt. Heute gibt es allerdings viele Studien, die zeigen, dass Abreagieren problematische Gefühle verstärkt (Lammers 2011). Wirksamer ist, die Spannung in positive Bewegungen abzuführen.

Sinnesreiz Eine heiße oder kalte Dusche, ein heißes oder kaltes Getränk, ein starker und angenehmer Duft, im Garten barfuß gehen, sich Wind oder Regen aussetzen, einen scharfen Kaugummi kauen, laut Musik hören – intensive Sinnesreize lenken von Gefühlen ab. Die Gefühle werden in andere Bahnen gelenkt und man kann eine Situation wieder gelassener betrachten.

Entspannung Starke Gefühle sind immer mit Anspannung verbunden. Daher mildert Entspannung die Gefühle: eine entspannende Musik hören, ein Entspannungsbad nehmen, eine Weile nur auf den Atem achten, eine Weile ganz im Augenblick bleiben und sich nur auf die Sinneseindrücke konzentrieren, eine entsprechende Übung, etwa Muskelentspannung, machen. Kreative Tätigkeiten wie malen oder Musik entspannen genauso wie langsam ausgeführte, einfache Arbeiten, zum Beispiel im Haushalt oder Garten.

Kontakt Telefonieren, Gesellschaft suchen oder an einen belebten Ort gehen – andere Menschen bringen nicht nur auf andere Gedanken, sondern auch andere Gefühle. Vertrauten Menschen wird man dabei vielleicht erzählen, was einen bewegt; oft schafft aber erst ein Wechsel zu neuen Themen wieder Raum für andere Gefühle. Wenn gerade niemand verfügbar ist, helfen auch Briefe, Postkarten oder Fotos, um Verbindung mit einem vertrauten Menschen aufzunehmen.

Akzeptanz Paradoxerweise schwächen sich Gefühle ab, wenn man sie akzeptiert: „Es ist in Ordnung, dass ich verletzt (wütend, ängstlich, eifersüchtig…) bin. Jeder hat ein Recht auf seine Gefühle. Ich habe gute Gründe, so zu fühlen. Diesen Gründen gehe ich später nach, jetzt beruhige ich mich erst mal ein wenig."

Solche Strategien helfen, Gefühle zu beruhigen und dabei gut im Kontakt mit sich selbst zu sein. Positive Gefühlsbewältigung ist von Verdrängung zu unterscheiden. Frustessen, sich in Arbeit stürzen, Alkohol trinken, fernsehen, Stimulation durch Internet oder PC-Spiele dämpfen Gefühle zwar auch, sie führen aber weder zu Entspannung noch zu positiven Gefühlen. Sobald die gefühlsdämpfende Wirkung nachlässt, kommen die verdrängten Gefühle wieder an die Oberfläche. Die positive Gefühlsbewältigung kostet zwar zunächst etwas mehr Einsatz als die Verdrängung, hat dann aber nachhaltig positive Auswirkungen.

Wer seine Gefühle besänftigt hat, kann sich aktiv mit ihnen auseinandersetzen. Die Emotionstemperatur ist von 70 Prozent auf 50 Prozent gefallen. Der Partner erscheint wieder in einem realistischen Licht – er ist ein unvollkommener, aber geliebter Mensch mit Stärken und Schwächen. Die Gefühle zeigen zwar noch an, dass gerade etwas nicht in Ordnung ist, zugleich aber hat man das Wir im Blick: Die Beziehung ist wichtiger als das Problem, das gerade im Weg steht. Die Wahrnehmung weitet sich: „Mein Partner hat mir mit diesem Verhalten wehgetan oder mich enttäuscht, aber er/sie hat schon oft gezeigt, dass ihm/ihr meine Gefühle und Bedürfnisse wichtig sind." – „Mein Partner hat mit seinem Verhalten ein sehr unangenehmes Gefühl bei mir ausgelöst. Wie ich reagiere, hat aber auch mit meiner Persönlichkeit und meiner Geschichte zu tun." Eine solche Verfassung ermöglicht es, sich mit den Gründen für die eigenen Gefühle zu befassen.

Blitzgedanken Belastendes Verhalten unseres Partners ordnen wir sekundenschnell in eine Kategorie ein. Blitzgedanken begleiten diese Bewertung. Sie sind nicht immer bewusst; wer auf sie achtet, kann sie aber in der Regel identifizieren:

- „Das tut er, um mich zu verletzen."
- „Sie setzt mich unter Druck."
- „Er denkt wohl, er kann alles mit mir machen."
- „Das ist Erpressung."
- „Sie steht nicht hinter mir."

Solche automatischen Gedanken sind der erste Teil einer inneren Bewertung und können starke Gefühle auslösen. Dem folgt eine zweite Bewertung, die abschätzt, ob man in der Lage ist, mit einer belastenden Situation umzugehen. Falls ja, beruhigen sich die Gefühle, falls nein, verstärken sie sich. Dann kommt es zu Blitzgedanken wie diesen:

- „Das macht mich fertig."
- „Ich muss nachgeben, sonst halte ich das nicht aus."

Blitzgedanken verhelfen uns zu einem schnellen Urteil, doch in nahen Beziehungen ist ihr Urteil einseitig und oft kein guter Ratgeber. Wer seine Blitzgedanken mit etwas innerem Abstand betrachtet, kann ihr Urteil korrigieren und ausgewogener machen. Tabelle 3.1 zeigt, wie sich die oben erwähnten Beispiele korrigieren lassen.

Eine Korrektur der Blitzgedanken besänftigt die Gefühle – vor allem Druck, Angst, Hilflosigkeit und Wut gehen zurück. Jeder Mensch hat einige, für ihn typische, Blitzgedanken, die in schwierigen Situationen auftauchen. Wer seine Blitzgedanken erkennt und korrigiert, wird auch in hitzigen Situationen einen kühlen Kopf bewahren.

Lebensfallen In Lebensfallen stürzt ein Mensch, wenn er mit etwas konfrontiert wird, das einer unangenehmen Situation aus der Kindheit ähnelt. Dann öffnet sich im seelischen Boden ein Loch, durch das Gefühle aus der

Tab. 3.1 Blitzgedanken korrigieren

Blitzgedanke	korrigierte Reaktion
„Das tut er, um mich zu verletzen."	„Sein Verhalten verletzt mich." (Aber eine Absicht steckt nicht dahinter.)
„Sie setzt mich unter Druck."	„Sie setzt sich stark für ihre Wünsche ein." (Dazu hat jeder das Recht, ich werde in Ruhe überlegen, inwieweit ich darauf eingehen will.)
„Er denkt wohl, er kann alles mit mir machen."	„Er nimmt gerade wenig Rücksicht auf mich." (Trotzdem geht er grundsätzlich respektvoll mit mir um.)
„Das ist Erpressung."	„Er stellt Bedingungen und damit bin ich nicht einverstanden." (Aber er hat weder die Macht noch die Absicht, mich zu erpressen.)
„Sie steht nicht hinter mir."	„In diesem Punkt kann ich nicht auf ihre Unterstützung zählen." (In anderen Punkten schon.)
„Das macht mich fertig."	„So will ich das nicht ertragen." (Aber ich kann die Situation so gestalten, dass sie auch für mich erträglich wird.)
„Ich muss nachgeben, sonst halte ich das nicht aus."	„Es macht mir Angst, mich hier zu behaupten." (Trotzdem wird nichts Schlimmes passieren, wenn ich nicht nachgebe.)

Vergangenheit aufsteigen: Seine Gereiztheit erinnert sie an die Launenhaftigkeit ihrer Mutter und ruft sofort ein Gefühl des Ausgeliefertseins hervor; ihr Schweigen erinnert ihn an Erfahrungen des Liebesentzugs, plötzlich fühlt er sich sehr einsam in der Beziehung. Manchmal sind Lebensfallen sehr schwer zu entdecken; so kann sich hinter einem betont unabhängigen Verhalten die Angst verbergen, verlassen zu werden: „Wenn ich niemanden brauche, trifft es mich nicht so sehr, wenn er mich verlässt.“ Solche verborgenen Lebensfallen lassen sich oft nur in einer Psychotherapie entdecken. Die meisten Lebensfallen sind der Selbstbeobachtung jedoch zugänglich. Vermutlich werden Sie sich in der Beschreibung der folgenden Lebensfallen das eine oder andere Mal wiederfinden.

Lebensfallen heißen in der Fachsprache Schemata. Der amerikanische Psychotherapeut Jeffrey Young hat 18 Lebensfallen identifiziert, auf die sich nahezu alle zwischenmenschlichen Probleme zurückführen lassen (Young et al. 2008). Die elf häufigsten Lebensfallen sind in Box 3.4 beschrieben. Taucht in einer Paarbeziehung Angst auf, sind häufig die Lebensfallen Misstrauen, Verlassenheit oder Unterwerfung aktiviert. Auch bei Wut liegen diese drei Lebensfallen nahe, denn viele Menschen reagieren mit Wut, wenn sie sich bedroht fühlen. Die Wut ist dann ein sekundäres Gefühl, das besser auszuhalten ist als das primäre Gefühl Angst. Als primäres Gefühl zeigt sich Wut bei der Lebensfalle Anspruchshaltung.

Box 3.4 Schemata (Lebensfallen) nach Young (Young et al. 2008)

Verlassenheit Angst, von anderen verlassen oder im Stich gelassen zu werden. Macht empfindsam gegenüber Situationen, in denen ein Partner Abstand sucht oder abwesend ist.

Misstrauen Erwartung, von anderen schlecht behandelt zu werden. Weckt das Gefühl, machtlos und dem Partner ausgeliefert zu sein, und manövriert uns daher leicht in eine Opferrolle.

Emotionale Entbehrung Erwartung, nicht verstanden und unterstützt zu werden, wenig Liebe und gefühlvolle Zuwendung zu erhalten. Macht empfindsam gegenüber Unachtsamkeit des Partners und nachlassendem Engagement für die Liebe.

Unzulänglichkeit Gefühl, ungenügend und mit Makeln behaftet zu sein. Macht sensibel gegenüber Kritik.

Abhängigkeit Gefühl, ohne Rat und Hilfe anderer nicht zurechtzukommen. Weckt Angst, wenn ein Partner Rat und Hilfe verweigert, oder auch Wut darüber, abhängig zu sein.

Anspruchshaltung Gefühl, ein Recht auf einen perfekten Partner zu haben und in der Beziehung zuvorkommend und aufopferungsvoll behandelt zu werden. Weckt Zorn, Ungeduld und Verzweiflung, wenn der Partner dem Anspruch nicht gerecht wird.

Unterwerfung Erwartung, von anderen bestimmt zu werden und sich nicht behaupten zu dürfen oder zu können. Macht empfindsam gegenüber Willensäußerungen und Selbstbehauptung des Partners.

Selbstaufopferung Gefühl, das Wohl anderer über das eigene stellen zu müssen. Erzeugt Überreaktionen auf Bedürfnisse und Probleme des Partners, weckt Enttäuschung, wenn sich der Partner nicht ebenfalls aufopfernd verhält.

Streben nach Anerkennung Gefühl, eine ideale Partnerin, ein idealer Partner sein zu müssen. Macht empfindsam gegenüber Situationen, in denen Bestätigung und Anerkennung ausbleiben.

Überhöhte Maßstäbe Gefühl, in den eigenen Leistungen, der Lebensführung oder im Umgang mit anderen Menschen höchsten Maßstäben genügen zu müssen. Macht empfindsam gegenüber der Erwartung anderer und gegenüber Situationen, die uns mit unserer Unvollkommenheit konfrontieren.

Emotionale Hemmung Angst, eigene Gefühle zuzulassen und zu zeigen. Macht empfindsam gegenüber Situationen, die starke Gefühle wecken, oder Situationen, in denen eine Partnerin/ein Partner Gefühle einfordert.

Hinter einem starken Gefühl von Überforderung stehen oft die Lebensfallen überhöhte Maßstäbe und Selbstaufopferung, während Scham mit den Lebensfallen Unzulänglichkeit und emotionale Hemmung verknüpft ist. Schmerz und Traurigkeit verstärken sich vor allem durch die Lebensfallen Verlassenheit, emotionale Entbehrung und Streben nach Anerkennung. Im Einzelfall können Gefühle und Lebensfallen anders zusammenhängen; jede Lebensfalle beinhaltet ein ganzes Spektrum möglicher Gefühle.

Lebensfallen lassen sich verändern. Das erfordert jedoch eine intensive Arbeit mit psychotherapeutischen Methoden. Dies kann befreiend sein, ist aber oft gar nicht notwendig. Man kann Lebensfallen auch als Teil der eigenen Persönlichkeit annehmen und die durch eine Lebensfalle hervorgerufene spezifische Empfindsamkeit im Umgang mit belastenden Gefühlen berücksichtigen. Wie das praktisch aussieht, verdeutlichen die folgenden Beispiele.

- Simon zieht sich nach einem Streit wütend in sein Arbeitszimmer zurück. Emily spürt Panik in sich aufsteigen, weil Simons Verhalten an ihre Lebensfalle Verlassenheit rührt. Am liebsten würde sie Simon ins Arbeitszimmer folgen, doch in der Vergangenheit hat er darauf sehr abweisend reagiert. Emilys Gefühle werden sich beruhigen, wenn sie sich klarmacht: Simons Rückzug ist zwar unangenehm, doch die Verlassenheitsgefühle, die er auslöst, stammen aus ihrer Kindheit. In der Partnerschaft gibt es keinen Anlass zu der Sorge, dass Simon nun nicht mehr für sie da ist. Emily kann ihre Aufmerksamkeit auf Erlebnisse mit Simon lenken, bei denen am Tag nach einem Streit wieder alles in Ordnung war. Das wird die unangenehmen Gefühle nicht ganz zum Verschwinden bringen, verhindert aber eine unnötige Fortsetzung des Streits im Arbeitszimmer und verringert die Spannung so weit, dass sich Emily mit einer anderen Tätigkeit ablenken kann, bis die unangenehme Situation durchgestanden ist.
- Beate beschwert sich über die Unordnung im Keller. Obwohl Jonas gerade noch gut gelaunt war, überfällt ihn ein Gefühl von Druck und Zorn. Aus diesem Gefühl heraus hat sich Jonas früher heftig gegen Beates Wünsche gewehrt. Er könnte sich beruhigen, wenn ihm der Einfluss seiner Lebensfalle überhöhte Maßstäbe bewusst würde: Der Druck, die Dinge sofort und perfekt zu erledigen, kommt nicht von Beate, sondern aus seinem Elternhaus. Dann würde Jonas wahrnehmen, dass Beate auch zufrieden ist, wenn er die Aufgabe ein paar Tage später erledigt, und dass sie ein gutes Resultat genauso akzeptiert wie ein perfektes. Dieses Bewusstsein wird Jonas' Gefühle so weit besänftigen, dass er einen erneuten Streit verhindern kann und einen befriedigenden Kompromiss findet: auf Beates Wunsch eingehen, aber zu einem guten Zeitpunkt und mit einer Gründlichkeit, die nicht allzu viel Zeit kostet.

Wenn die persönlichen Hintergründe eines Gefühls geklärt sind, kühlt sich die Gefühlstemperatur meist weiter ab. Eine Intensität von etwa 30 Prozent auf dem Gefühlsthermometer ist ideal, um die Gefühle dem Partner zu zeigen.

Box 3.5 Schlüsselkompetenz Gefühle kontrollieren

Wie kann ich starke Gefühle regulieren?

Wenn meine Gefühle in einem Konflikt zu stark werden,
- setze ich Aktivitäten ein, die meine Gefühle beruhigen; wenn nötig, vereinbare ich dazu eine Pause.

- versuche ich meine Blitzgedanken zu erkennen und zu entschärfen.
- versuche ich die wunden Punkte aus meiner Lebensgeschichte zu erkennen, die in einer aktuellen Situation berührt werden, und Früheres und Heutiges auseinanderzuhalten.

Probleme	**Lösung**
In Konflikten läuft bei mir alles automatisch ab, mir fällt erst hinterher auf, was nicht gut gelaufen ist.	Welche Gedanken, Verhaltensweisen oder Körperreaktionen zeigen an, dass Ihre Gefühle zu heiß werden? Nutzen Sie dies als Signal, Strategien der Gefühlsregulation einzusetzen.
Mein Partner lässt Unterbrechungen im Streit nicht zu.	Erklären Sie ihr oder ihm in einer ruhigen Minute, dass Sie unter dem Einfluss starker Gefühle Dinge sagen oder tun, die Sie später bereuen. Vereinbaren Sie eine Art und Weise der Unterbrechung, die für beide akzeptabel ist, zum Beispiel mit einer fest vereinbarten Fortsetzung.

3.3 Die Botschaft der Gefühle verstehen

Wenn man Gefühle in ihren unterschiedlichsten Qualitäten sammelt, kommt man auf Listen mit über 100 Einträgen (Lammers 2011). So vielfältig sind unsere Reaktionen auf die Welt und besonders auf das, was wir in Beziehungen erleben. Emotionsforscher unterscheiden dabei zwischen primären und sekundären Gefühlen. Jedes primäre Gefühl zeigt an, wie wir eine Situation erleben und welche Bedürfnisse eine Situation weckt. Sekundäre Gefühle sind die Reaktionen auf ein primäres Gefühl. Das primäre Gefühl ist also das eigentliche Gefühl, das sekundäre Gefühl resultiert aus einem emotionalen Schutzmechanismus, bei dem ein zweites Gefühl, das besser auszuhalten ist, ein erstes, meist zarteres Gefühl überdeckt. Manchmal hilft es zum Beispiel, mit Wut auf eine bedrohliche Situation zu reagieren, weil Angst lähmen würde, Wut aber stark und handlungsfähig macht.

Um in der Partnerschaft die Botschaft eines Gefühls zu verstehen, ist es daher wichtig, das primäre Gefühl zu spüren und zu erkennen. Außerdem sind primäre Gefühle meist „weiche" Gefühle (*soft emotions*; Lutz und Weinmann-Lutz 2006), die vom Partner besser angenommen werden. Auf Angst kann ein Partner zum Beispiel leichter eingehen als auf Wut, Traurigkeit ist für einen Partner weniger belastend als das sekundäre Gefühl der Enttäuschung. Wenn daher „harte" Gefühle (*hard emotions*) auftauchen, wie Wut, Enttäuschung, Ablehnung oder Verachtung, lohnt es sich, das weiche und verletzbare Gefühl zu suchen, um das es eigentlich geht. Vor allem das weiche Gefühl will verstanden und beherzigt sein – dann löst sich eine schwierige emotionale Situation gut auf.

Die Vielfalt der Gefühle lässt sich ganz unterschiedlich ordnen. Manche Forscher schauen – mittels bildgebender Verfahren – ins Gehirn und beobachten, welche Gehirnareale aktiviert werden, wenn Gefühle im Spiel sind. Forscher dieses Ansatzes kommen auf sechs emotionale Regulationssysteme: Erkundung, Wut, Angst, Schmerz, Trauer sowie Gefühle, welche die Kooperation mit anderen Menschen begleiten (Grawe 2000). Andere gehen von den Gefühlen aus, die sich in allen Kulturen gleich ausdrücken, nämlich Überraschung, Freude, Ärger, Traurigkeit, Furcht und Ekel (Ekman 2010). Diese können sich zu komplexen Gefühlen zusammenfügen, in die auch gedankliche Bewertungen eingehen. So entstehen Empfindungen wie Stolz, Neid oder Verzweiflung.

Für das Thema Partnerschaft lassen sich Gefühle auch so ordnen, dass ihre Botschaft leichter zu entschlüsseln ist. Box 3.6 gibt eine Übersicht über Gefühle und ihre jeweilige Botschaft. Positive Gefühle, wie Glück, Freude, Zärtlichkeit und Zuneigung, machen keine Probleme. Je offener man solche Gefühle zeigen kann, desto besser ist ein Partner in der Lage, sie mitzuerleben und zu erspüren, was beim anderen positive Gefühle bewirkt, und umso öfter kann er selbst positive Gefühle wecken.

Box 3.6 Was Gefühle bedeuten

Gefühle angenehmer Berührtheit Freude, Glück, Vergnügen, Leidenschaft, Erregung, Lust, Dankbarkeit. Situationsbewertung: „Etwas berührt mich (höchst) angenehm." Mögliche Botschaft an den Partner: „Das genieße ich./Schenke mir mehr davon./Lass es mich still genießen./Ich möchte das Gefühl mit dir teilen."

Gefühle der Zuneigung Wärme, Zärtlichkeit, Liebe, Rührung, Mitgefühl, Wohlwollen. Situationsbewertung: „Ich fühle mich mit positiven Gefühlen zu dir/zu etwas hingezogen." Mögliche Botschaft an den Partner: „Das mag ich (an dir)."

Gefühle des Mangels Sehnsucht, Begehren, Heimweh, Leere, Langeweile, Neid, Ungeduld. Situationsbewertung: „Mir fehlt etwas." Mögliche Botschaft an den Partner: „Hilf mir zu finden, was mir fehlt./Gib mir, was mir fehlt./Tröste mich in meinem Mangel."

Gefühle des Verlustes Trauer, Traurigkeit, Kummer, Bedauern. Situationsbewertung: „Ich habe etwas Wichtiges verloren oder nicht bekommen, was ich sehr erhofft habe." Mögliche Botschaft an den Partner: „Tröste mich./Sei mir jetzt nahe./Schaffe mir einen Ersatz, der meinen Kummer lindert./Trauere mit mir./Halte in Ehren, was ich verloren habe."

Gefühle der Bedrohung Angst, Panik, Unsicherheit, Unruhe, Besorgnis, Schreck. Situationsbewertung: „Etwas kommt auf mich zu, vor dem ich mich bedroht fühle." Mögliche Botschaft an den Partner: „Wende dich der Bedrohung zu./Hilf mir, mit ihr zurechtzukommen./Beschütze mich./Beruhige mich./Räume aus dem Weg, was mich bedroht."

Gefühle der Begrenzung Wut, Zorn, Ärger, Empörung. Situationsbewertung: „Etwas/jemand schränkt meine Rechte und Möglichkeiten ein." Mögliche Botschaft an den Partner: „Hilf mir, das aus dem Weg zu räumen./Hilf mir, meine Rechte wieder herzustellen./Gehe mir aus dem Weg./Lass mich das tun, wie ich es will."

Gefühle der Beschädigung Schmerz, Kränkung. Situationsbewertung: „Etwas/jemand fügt mir Schaden zu." Mögliche Botschaft an den Partner: „Höre auf damit./Hilf mir, die Schädigung zu beenden./Tröste mich in dem, was mir zugefügt wurde./Hilf mir, den Schaden zu beheben oder auszugleichen."

Gefühle bedrohter Bindung Verlassenheit, Eifersucht, Zurückweisung. Situationsbewertung: „Die Zuneigung eines mir wichtigen Menschen ist in Gefahr." Mögliche Botschaft an den Partner: „Wende dich mir wieder zu./Unterstütze mich, eine wichtige Beziehung wiederherzustellen./Gib mir Halt, während eine wichtige Beziehung auf dem Spiel steht."

Gefühle verletzter zwischenmenschlicher Regeln Scham, Schuldgefühle, Peinlichkeit, schlechtes Gewissen. Situationsbewertung: „Ich habe etwas getan, was man nicht tut." Mögliche Botschaft an den Partner: „Verzeih mir./Sieh über das hinweg, was ich getan habe./Entlaste mich in meiner Scham./Entlaste mich in meinen Schuldgefühlen./Hilf mir, mein Ansehen wiederherzustellen."

Gefühle der Abneigung Ekel, Widerwille, Abscheu, Missbilligung, Missfallen, Verdruss, Unbehagen. Situationsbedeutung: „Das mag ich nicht. Dem möchte ich mich nicht aussetzen." Mögliche Botschaft an den Partner: „Das mag ich nicht./Lass das./Respektiere meine Abneigung./Hilf mir, das loszuwerden./Hilf mir, das fernzuhalten."

Gefühle der Angriffslust Hass, Missgunst, Verachtung, Rachegefühle. Situationsbedeutung: „Ich will das/denjenigen schädigen oder zerstören." Mögliche Botschaft an den Partner: „Ich bedrohe dich mit einem Angriff./Nimm dich in Acht./Verbünde dich mit mir, um gemeinsam zu zerstören, was meine Angriffslust geweckt hat." Ein selbstkritischer Ausdruck solcher Gefühle kann auch bedeuten: „Das beunruhigt mich. Hilf mir, von diesen Gefühlen Abstand zu gewinnen."

Gefühle des Mangels haben für die emotionale Abstimmung eine überragende Bedeutung. Denn Empfindungen wie Sehnsucht, Unerfülltsein und Begehren weisen auf Bedürfnisse hin, die ein Partner stillen oder bei deren Befriedigung er helfen kann. Menschen, die Gefühle des Mangels nicht zeigen, wirken in ihrer Partnerschaft nach einigen Jahren enttäuscht, verhärmt oder bitter.

Gefühle des Verlustes helfen, Verlorenes zu verschmerzen, Alternativen zu finden und sich wieder neu an dem zu freuen, was da ist. Trauer und Schmerz machen den Partner manchmal hilflos, weil er an der Situation ja auch nichts ändern kann. Dennoch sind Trost, Mitgefühl und Annahme in Zeiten des Verlustes eine unschätzbare Hilfe, die eine Partnerschaft sehr vertiefen kann.

Gefühle der Bedrohung regulieren die Geborgenheit, die in einer Partnerschaft entsteht. Sie zeigen dem Partner an, welche seiner Verhaltensweisen bedrohlich wirken und wann sein Schutz und seine Stärke gefragt sind, um auf eine Bedrohung von außen zu reagieren. Wenn dabei die emotionale Abstimmung nicht gelingt, fühlt sich ein Partner vom anderen bedroht oder im Stich gelassen. Manchmal kann auch der Partner nichts an einer bedrohlichen Situation ändern. Dann helfen moralische Unterstützung oder eine Ermutigung zum Selbstschutz, um Gefühle der Bedrohung zu lindern.

Auch **Gefühle der Begrenzung** sind ein wichtiges Regulativ in einer Paarbeziehung. Schon von den ersten Lebensjahren an reagieren Kinder mit Wut, wenn sie festgehalten oder aufgehalten werden (Ekman 2010). Wut sichert den Bewegungsspielraum, den ein Mensch braucht – auch in der Paarbeziehung. Wo Wut ignoriert wird, kann sie sich zum rasenden Zorn steigern; wo Wut verboten ist – etwa aus Schuldgefühlen heraus –, erstarren Beziehungen. Begegnet man Paaren, die offen und sensibel mit Wut umgehen, spürt man die positive Energie, die in einer solchen Beziehung fließt.

Für den Vorgang der **Beschädigung** hat unsere Sprache viele Bilder hervorgebracht: Vertrauen zerbricht, Menschen fügen einander Verletzungen zu, der Ruf wird ruiniert, das Ansehen beschädigt, eine berufliche Situation macht krank oder fertig. In solchen Situationen treten Schmerz und Gefühle der Kränkung auf. Sie zeigen an: Etwas Wichtiges wurde beschädigt. Schmerz und Kränkung zielen darauf ab, weiteren Schaden abzuwehren und entstandenen Schaden, wo möglich, zu beheben. Dazu kann auch ein Partner beitragen, besonders natürlich, wenn sein eigenes Verhalten Schmerz oder Kränkung ausgelöst hat.

Bindungen haben in unserem Gefühlsleben eine hohe Priorität. Entsprechend stark reagieren wir auf **bedrohte Bindungen**. Verlassenheit, Eifersucht oder ein Gefühl der Zurückweisung sind brisante Gefühle, die Menschen oft in sich aufstauen, bis irgendwann der Damm bricht. Dann lösen sie beim Partner meist Abwehr aus. Wenn sie sich früher zeigen, kann der Partner auf Verlassenheit mit Dasein antworten, auf Eifersucht mit besonderer Zuwendung, auf Gefühle der Ablehnung mit Annahme. So helfen die Gefühle bedrohter Bindung, die Beziehung da zu stärken, wo es notwendig ist. Wenn andere Menschen Gefühle von Verlassenheit oder Zurückweisung auslösen, kann der Partner sie durch Zeichen der Liebe abmildern, denn immerhin ist er die wichtigste Bindungsperson.

Scham und Schuldgefühle helfen, sich an die Regeln zu halten, die das menschliche Zusammenleben ordnen. Schamlose und gewissenlose Menschen genzen wir aus, weil wir ein Zusammenleben mit ihnen nicht ertragen. Scham und Schuldgefühle zeigen an, dass man etwas getan hat, was nicht in Ordnung ist. Erröten, ein gesenkter Blick, die flache Hand auf der Brust signalisieren, dass wir einen Fauxpas bekennen. In Paarbeziehungen stellt das die verletzte Ordnung wieder her. Einer ist betroffen über sein Verhalten, der andere verzeiht oder sieht darüber hinweg. Wer Scham nicht zeigt, riskiert, dass Peinliches ans Licht gezerrt wird, wer Schuldgefühle nicht zeigt, riskiert, dass Fehler aufgerechnet werden.

Gefühle der Abneigung sorgen für ein Gleichgewicht der Zumutungen. Meiner Partnerin zuliebe nehme ich manches in Kauf, was mir nicht angenehm ist: Ich lasse mich auf Menschen ein, die mir nicht sehr liegen, esse manchmal mit, was mir nicht schmeckt, setze mich Sichtweisen aus, die mir Unbehagen bereiten. Gefühle der Abneigung helfen, es damit nicht zu übertreiben. Sie zeigen mir und meiner Partnerin an, wann etwas nicht mehr, noch nicht oder so nicht erträglich ist. Wer Gefühle der Abneigung unterdrückt, verliert unter Umständen die Kontrolle über seine Gefühle – Gefühle der Liebe und Anziehung verschwinden, weil sich die Seele durch Gefühlstaubheit schützt, kleine Zumutungen führen zu gereizter Abneigung, weil die Seele wund geworden ist.

Gefühle der Angriffslust haben einen Sinn, wenn Menschen einer feindlichen Umgebung ausgesetzt sind. Im friedlichen Zusammenleben haben sie hingegen keine positive Funktion. Daher geht es darum, sie zu zivilisieren und in beziehungsdienliche Gefühle, wie Wut oder Schmerz, umzuwandeln.

Wenn ein Paar die Botschaft der Gefühle versteht und passende Antworten findet, gelingt die emotionale Abstimmung. Gefühle der Geborgenheit, Ausgelassenheit und Zuneigung stellen sich ein, ein Paar gewinnt emotionale Energie, Spannkraft und Belastbarkeit. Die Partnerschaft wird zu dem, was sich viele Menschen von ihr wünschen: ein behagliches Zuhause für die Seele, ein Ort zum Aufatmen und Krafttanken, eine Spielwiese für Spontanität, Humor und Lebendigkeit.

Manchmal muss man rätseln, was ein Gefühl zu bedeuten hat, womit es zusammenhängt und was es einem sagen will. Findet man die Auflösung, so erleichtert das nicht nur die augenblickliche Situation; man gewinnt auch einen Schlüssel für das Verständnis künftiger ähnlicher Situationen. Manchmal liegt die Herausforderung jedoch auf einer anderen Ebene. Partner spüren ein Gefühl zwar deutlich und wissen auch, was es sagen will, aber innere Hindernisse machen es schwer, sich mit diesem Gefühl zu offenbaren.

Box 3.7 Schlüsselkompetenz Gefühle zeigen

Wie erkenne ich meine Gefühle?

- Ich wende mich meinem Gefühl aufmerksam zu und beobachte die Gedanken und Körperempfindungen, die es begleiten.
- Bei negativen Gefühlen versuche ich herauszufinden, welches wichtige Bedürfnis gerade bedroht wird und warum mich eine Situation emotional betrifft.
- Wenn möglich, gebe ich dem Gefühl einen Namen oder fasse es in einen bildlichen Vergleich.
- Ich versuche herauszufinden, was mir das Gefühl sagen möchte und was ich (von meiner Partnerin/meinem Partner) brauche.

Probleme	**Lösung**
Ich spüre nur etwas Unbestimmtes, wie Anspannung oder eine schlechte Laune.	Dann handelt es sich um ein sekundäres Gefühl. Das primäre Gefühl zeigt sich vielleicht noch nicht, weil es moralisch fraglich oder zwischenmenschlich zu bedrohlich erscheint. Wohltuende Orte oder Menschen können die Erlaubnis bzw. Sicherheit geben, durch die sich das Gefühl zeigen kann, um das es eigentlich geht.
Ich will mich nicht fühlen, wie ich mich in manchen Situationen fühle.	Ihr Gefühl mag zu stark oder moralisch angreifbar sein, aber Gefühle haben immer einen guten Grund. Wenn Sie diesen herausfinden, ist es leichter, das Gefühl anzunehmen. Ob Sie aus dem Gefühl heraus handeln wollen oder nicht, können Sie ja selbst bestimmen.

3.4 Gefühle zeigen

Vor einigen Jahren habe ich viel Zeit auf Spielplätzen verbracht. Während meine Kinder kletterten oder im Sand spielten, wurde ich immer wieder Zeuge von kleinen Szenen, in denen Eltern auf ihre Kinder reagierten. Ich beobachtete Verhaltensweisen, mit denen Eltern heute typischerweise ihre Kinder erziehen (Winterhoff 2010): Sie beantworteten Fragen ihrer Kinder geduldig, gingen bereitwillig auf deren Wünsche ein und ließen sich häufig in ihr Spiel verwickeln – ein einsatzbereiter Erziehungsstil, der das Wohl der Kinder in den Mittelpunkt stellt. Beunruhigt hat mich nur, auf welche Art viele Eltern auf Gefühle ihrer Kinder reagieren: „Ach, deswegen musst du doch nicht weinen." „Wenn du weiter so ein Theater machst, gehen wir heim." „Jetzt zieht sie wieder die Schmolllippe." „Das ist doch kein Grund, sich so aufzuregen." Sympathische Mütter und Väter, mit denen ich mich gerade nett unterhalten hatte, wiesen die Gefühle ihrer Kleinen ab oder beschämten sie in ihren Gefühlsreaktionen. Wenn Kinder geborgen aufwachsen, nehmen sie durch solche Erfahrungen keinen Schaden. Und doch verinnerlichen sie diese Reaktionen, schämen sich später für ihre Gefühle und unterdrücken sie. Auch in Paarbeziehungen gehen viele Menschen gegen ihre Gefühle an, obwohl sie für eine gute emotionale Abstimmung nötig wären.

Die Zensur von Gefühlen Die unterschiedlichen Arten von Zensur lassen sich danach unterscheiden, ob sie mit Schamgefühlen oder Schuldgefühlen einhergehen. Scham und Schuldgefühle fungieren dabei als sekundäre Gefühle, die die eigentlichen, primären Gefühle unterdrücken. Wer sich für seine Gefühle schämt, empfindet sie als kindisch und übertrieben, und hat den Eindruck, die eigenen Gefühle seien dem Partner lästig oder peinlich. Dem kann man entgegenhalten: Wir lieben und respektieren gefühlvolle Menschen, auch Männer: Barack Obamas Tränen im Wahlkampf, Jogi Löws Zorn am Spielfeldrand, Thomas Gottschalks Betroffenheit angesichts des tragischen Unfalls bei „Wetten dass…?" – solche Gefühle sind Teil einer lebendigen und reifen Persönlichkeit.

Andere Menschen reagieren mit Schuldbewusstsein auf die eigenen Gefühle. Sie empfinden sich als böse, wenn sie zornig sind, und haben Angst, den Partner mit ihrer Traurigkeit oder Verletztheit zu belasten. Auch dieser Zensur kann man entgegentreten: Es gehört zum Preis einer Paarbeziehung, dass man sich auch einmal mit unangenehmen Gefühlen des Partners auseinandersetzen muss. Billiger ist Liebe nicht zu haben. Außerdem erfüllen auch negative Gefühle eine positive Funktion: Zorn klärt, Traurigkeit verbindet, Verletztsein führt zu einem tieferen Kennenlernen und zu einem achtsamen Miteinander. Auch der Partner profitiert davon, wenn sich das Zusammenspiel verbessert. Selbst ein reinigendes Gewitter tut der Beziehung gut, weil es dicke Luft beseitigt.

Wer zu seinen Gefühlen stehen kann, erträgt, wenn der Partner auf Gefühle einmal abwehrend oder mit Rückzug reagiert. Schließlich sollen sie beim anderen etwas bewegen und fordern ihn heraus. Dass dabei manchmal Schutzmechanismen des Partners ausgelöst werden, ist kaum zu vermeiden. Auch wenn ein Partner die Gefühle des anderen im ersten Moment abwehrt, wird er später meist positiv darauf eingehen. Wer aber selbst zur Zensur seiner Gefühle neigt, den wird eine abwehrende Reaktion des Partners in seiner Zensur bestätigen. Es wirkt, als seien die Gefühle unerwünscht oder unangenehm, obwohl der Partner das so natürlich nicht vermitteln möchte. Kaum jemand würde die Auffassung vertreten, dass Gefühle wie Zorn, Traurigkeit oder Scham in einer Partnerschaft verboten sind. Daher ist die Ursache meist in der eigenen Geschichte zu suchen, wenn es einmal den Anschein hat, als hätten Gefühle in der Paarbeziehung keine Berechtigung.

Eine Paarbeziehung, die Gefühle willkommen heißt, beugt Krisen vor. Unter der Oberfläche des gemeinsamen Alltags kann sich nichts zusammenbrauen, was sich später als Reizbarkeit oder Entfremdung äußern würde. Ein Zugeständnis dürfen wir der Gefühlszensur dennoch machen: Gefühle sind nicht das Maß aller Dinge, sie müssen nicht bestimmen, wie das Miteinander zu regeln ist. Ein Mann mag eine Abneigung gegen das Rauchen, die Gewohnheiten oder die Freunde seiner Frau entwickeln. Dieses Gefühl verdient eine gewisse Rücksicht, darf aber nicht das Regiment in der Beziehung führen. Eine Frau mag traurig sein, dass sich der Wunsch nach einem eigenen Haus oder einer größeren Reise nicht erfüllt. Das muss aber nicht zu Entscheidungen führen, die ein Paar in finanzielle Nöte bringt. Immer jedoch findet sich ein Kompromiss zwischen der Botschaft eines Gefühls und den Möglichkeiten eines Paares.

Die wahren Gefühle ausdrücken Wie schon erwähnt, bringen nur die primären Gefühle eine gute Gefühlsabstimmung in Gang; die sekundären Gefühle dagegen sorgen meist für Missverständnisse. Die folgenden Beispiele zeigen, wie man von sekundären zu primären Gefühlen gelangt.

- Heike hat im Restaurant gleich mehrere Extrawünsche an die Bedienung. Robert verspürt zunächst nur Ärger, weil sich Heike aus seiner Sicht nicht so benimmt, wie es die Situation verlangt. Ihm liegen schon Worte auf der Zunge, die seinem Ärger Luft machen würden: „Jetzt reicht es aber mit den Extrawünschen, oder? Sonst können wir uns hier ja nicht mehr blicken lassen.“ Nach einer kurzen Selbstbesinnung merkt Robert, dass er sich für Heikes Verhalten schämt. Wenn er dieses Gefühl zulässt, wird es sich körpersprachlich ausdrücken, vielleicht in einem verlegenen Blick, einer leisen Stimme oder einer Geste, die den Mund etwas verdeckt. Robert könnte seine Scham auch äußern: „Mir ist es peinlich, wenn wir solche Umstände machen." Über diese Mitteilung wird Heike natürlich nicht erfreut sein, aber spüren, worum es Robert geht, kann über das Thema mit ihm reden oder auf seine Gefühle eingehen.

- Björn wollte für Helga etwas in der Stadt erledigen, hat es aber vergessen. Helga fühlt sich zunächst enttäuscht und will schon beleidigt reagieren. Als sie überlegt, warum ihr das Versäumnis etwas ausmacht, kommt ihr das Wort „wertlos" in den Sinn. Sie fühlt sich von Björn behandelt, als wäre alles andere wichtiger als sie. Wenn Helga dieses Gefühl ausdrückt, wird Björn besser verstehen, worum es ihr geht, als wenn sie enttäuscht reagiert.

In den beiden Beispielen zeigt sich auch, was neben der Körpersprache wichtig ist: das Gefühl so genau wie möglich in Worte zu fassen. Manchmal lassen sich Gefühle einfacher in Vergleichen ausdrücken. Davon hält unsere Alltagssprache viele bereit. „Ich stand da wie Falschgeld" steht für ein Gefühl von Wertlosigkeit oder Zurücksetzung. „Ich bin dann wie schockgefroren" drückt ein Gefühl starker Unsicherheit oder Angst aus. „Als ob du mir die Pistole auf die Brust setzt" macht das Gefühl anschaulich, unter Druck gesetzt zu werden.

Zu seinen Gefühlen offen zu stehen, hat meist eine befreiende Wirkung. Man fühlt sich lebendiger und stärker als vorher, auch wenn manchmal auch eine Anspannung bleibt, wie der Partner wohl auf die Gefühle reagiert. Ein Vertrauen in die Macht der Gefühle gewinnt, wer sich zwei psychologische Gesetze bewusst macht. Gefühle können – besonders wenn sie stark sind – den Partner vorübergehend aus seinem emotionalen Gleichgewicht bringen. Dabei ist mit einer positiven Reaktion manchmal erst zu rechnen, wenn der Partner sein Gleichgewicht wiedergefunden hat. Manchmal lohnt es sich, später noch einmal nachzufragen, wie eine emotionale Reaktion beim Partner angekommen ist.

Zum anderen reagiert unser Nervensystem vor allem auf aktuelle Reize. So wird ein dringender Auftrag des Chefs das Verhalten eines Mannes stärker bestimmen als das, was seine Frau vor einigen Wochen zu seinen Überstunden gesagt hat. Natürlich weiß der Mann, dass er seine Frau mit ein, zwei freien Abenden in der Woche glücklich machen kann. Sein Verhalten wird das aber nur beeinflussen, wenn ihm seine Frau dies immer wieder in Erinnerung bringt. Gefühle haben eine regulierende Funktion, wie etwa die Tankanzeige im Auto. Wenn die Tankfüllung eine kritische Marke unterschreitet, meldet sich eine Signallampe. Ähnlich melden sich Gefühle immer wieder, wenn etwas nicht mehr im grünen Bereich liegt, und sollten sich auch wiederholt zeigen dürfen. Dann spürt die Partnerin oder der Partner, ob eine Belastung noch hinnehmbar ist oder schon nicht mehr.

Ein Gefühl hat seine Aufgabe erfüllt, sobald seine Botschaft angekommen ist. Manchmal ist die Botschaft offensichtlich: Wer trauert, braucht Trost. In anderen Fällen hilft es, dem Partner die Botschaft mitzuliefern: „Ich schäme mich. Bitte hilf mir, dass ich aus dieser peinlichen Situation herauskomme." Der Partner wird nicht immer perfekt reagieren können, aber schon sein Bemühen setzt ein Glücksgefühl frei: die Erfahrung, in den eigenen Empfindungen verstanden und unterstützt zu werden.

Box 3.8 Schlüsselkompetenz Gefühle zeigen

Wie drücke ich meine Gefühle aus?

- Ich lasse mein Gefühl so stark zu, dass es sich auch in meiner Stimme und meinem Gesicht zeigt.
- Ich stelle Blickkontakt und eine Gesprächssituation her, in der meine Partnerin/mein Partner meine Gefühle auch wahrnehmen kann.
- Ich benenne meine Gefühle und sage, falls möglich, was ich in dieser Gefühlslage gerade brauche und was ich mir von meiner Partnerin/meinem Partner wünsche.
- Wenn möglich, zeige ich primäre und weiche Gefühle, die für meine Partnerin/meinen Partner leichter anzunehmen sind als sekundäre und harte.
- In schwierigen Situationen drücke ich meine Gefühle nur in dem Maß aus, wie es meine Partnerin/mein Partner verkraften kann.

Probleme	Lösung
Mein Partner verschließt sich, sobald ich emotional werde.	Setzen Sie in emotionalen Situationen negative Kommunikationsmittel oder Zwangsmittel ein? Falls ja, bauen Sie diese zunächst ab. Möglicherweise hat Ihr Partner Angst vor Gefühlen, und zwar weniger vor Ihren als vor seinen eigenen, die Ihre Gefühle wecken (emotionsphobischer Konflikt; Lammers 2011). Helfen Sie Ihrem Partner dadurch, dass Sie Ihre Gefühle dosieren: Drücken Sie ein Gefühl intensiv, aber kurz aus und lassen Sie Ihrem Partner dann Abstand. Oder drücken Sie ein Gefühl sanft, aber wiederholt aus.

3.5 Die Dialektik: Gefühlsausbruch im sicheren Rahmen

In den meisten Situationen empfiehlt sich ein Mittelweg zwischen der Kontrolle und dem Zeigen von Gefühlen. Ich lasse Gefühle zu, aber nur so stark, dass sie mich nicht zu Worten oder Handlungen hinreißen, die ich später bereue. Ich zeige meine Gefühle offen, aber in einem Maß und einer Form, die mein Partner/meine Partnerin aushalten kann. Manchmal sind Gefühle aber derart aufgestaut, dass ich mit einem Dammbruch rechnen muss, wenn ich sie an irgendeiner Stelle austreten lasse. Manchmal sind Gefühle bodenlos – von einer heutigen Situation aus öffnet sich ein Abgrund unbewältigter Gefühle aus der Vergangenheit. Dann braucht es einen dialektischen Schritt, der den Widerspruch zwischen der Wahrung und dem Aufgeben emotionaler Kontrolle aufhebt. Er ermöglicht, was sich eigentlich ausschließt. Die Dialektik besteht darin, einen sicheren Rahmen zu schaffen, in dem sich die Gefühlskontrolle ausschalten lässt.

Vor knapp 20 Jahren war ich Praktikant bei einem Paartherapeuten, der mich sehr geprägt hat. „Es kann immer nur einer seine emotionale Suppe kochen" war einer seiner Grundsätze, den er auch Paaren vermittelte. Er unterstützte den einen darin, seinen Gefühlen in voller Intensität zu begegnen, während er dem anderen half, sein emotionales Gleichgewicht zu halten und den Partner zu unterstützen. Wenn ein Partner starke Gefühle durchlebt, muss der andere einen Schritt zurücktreten. Er darf sein emotionales Gleichgewicht nicht verlieren, sondern muss in diesem Moment für den Partner da sein, um Halt und Verständnis zu schenken. Hat der Partner dann später die Kontrolle über seine schwierigen Gefühle gewonnen, kann der andere seinerseits herauslassen, was ihn bei einem Thema bewegt.

Diese wechselnde Aufgabenteilung schafft Spielräume auch in Situationen, die bisher immer im Streit geendet haben. Dazu kann man den Partner einladen: „Mich beschäftigt gerade etwas, das sich sehr explosiv anfühlt. Ich weiß nicht, was da alles hochkommt und was mir alles rausrutscht, wenn ich mich da öffne. Kannst du das aushalten, ohne es persönlich zu nehmen? Ich weiß selbst nicht, wie ich zu dem stehe, was da in mir brodelt. Wenn es raus ist, kannst du ja auch sagen, wie es dir damit geht. Vorher muss ich mich vielleicht aber etwas beruhigen." Nach einer solchen Vorwarnung sollte es dem Partner möglich sein, sich zurückzunehmen und die Sicherheit zu schenken, die nötig ist, um die Gefühlskontrolle vorübergehend aufzugeben.

Dabei tauchen unter Umständen beunruhigende Gefühlsregungen auf: Neid, Eifersucht, Rachegefühle, Hass oder Selbsthass, lebensmüde Gedanken, Hilflosigkeit, eine radikale Infragestellung des bisherigen Lebens, der Ehe, der

Zukunft. Doch solche Erscheinungen sind nur Ausdruck von Gefühlen, sie sind nicht die letzte Wahrheit über das Leben und über die Beziehung. Sobald sich die Gefühle ordnen und beruhigen, verlieren sie ihre Absolutheit. Aus der Hoffnungslosigkeit wird dann vielleicht eine Traurigkeit über eine ganz bestimmte Sache, aus einem Hassgefühl der Entschluss, etwas Unangenehmes nicht mehr zu ertragen. Der Partner, der einen sicheren Rahmen schenkt, macht seine Sache gut, wenn er

- aufmerksam ist und mit Blicken, einer zugewandten Körperhaltung und vielleicht auch mit einer Berührung Nähe zeigt.
- die Gefühle annimmt, ohne sie zu bewerten oder Lösungen vorzuschlagen.
- eigene Ängste beiseitestellt, wie es zum Beispiel Eltern tun, wenn sie ihren Kindern in einer schwierigen Situation Sicherheit vermitteln wollen.
- eigene Wünsche, Gedanken und Gefühle erst mitteilt, wenn sich die starken Gefühle des Partners wieder beruhigt haben.

Diesen sicheren Rahmen kann man umgekehrt auch von sich aus seiner Partnerin oder seinem Partner anbieten. Dafür wird man eine Situation wählen, in der man sich selbst sicher und ausgeglichen fühlt. Dann kann man eine Einladung wie diese aussprechen: „Dir geht es gerade nicht gut in unserer Beziehung, oder? Erzähl doch mal und mach dir keine Sorgen, wie das bei mir ankommt. Ich werde es schon verkraften."

Im Beisein des Partners auch einmal explodieren oder zusammenbrechen zu dürfen, lässt viel Sicherheit und Geborgenheit entstehen. Es vertreibt gleich mehrere Ängste: die Angst vor der Macht der eigenen Gefühle, die Angst, dem Partner nicht zeigen zu dürfen, wie man wirklich ist, und die Angst, dass die eigenen Gefühle vom Partner zurückgewiesen werden. Es wächst ein Vertrauen, gemeinsam schwierige Situationen meistern zu können. Gefühle, die fließen dürfen, bringen eine Energie mit sich, die sich in der Stimmung, dem Körpergefühl und der Leidenschaft bemerkbar machen.

Im nächsten Kapitel geht es um das Thema der Bindung. Die positive Abstimmung von Gefühlen macht schon einen großen Teil der Bindung aus, die zwischen zwei Menschen entsteht. Aus vielen kleinen Gefühlserfahrungen webt sich ein festes Band oder es bleibt dünn und rissig, wenn die Gefühlsabstimmung nicht gut gelingt. Gleichzeitig erklären sich viele Gefühle, die in einer Partnerschaft entstehen, aus dem erfüllten oder bedrohten Bedürfnis nach Bindung oder Freiheit.

Literatur

Ekman, Paul (2010) Gefühle lesen. Wie Sie Emotionen erkennen und richtig interpretieren. Spektrum Verlag, Heidelberg

Grawe K (2000) Psychologische Therapie. Hogrefe Verlag, Göttingen

Lammers CH (2011) Emotionsbezogene Psychotherapie. Grundlagen, Strategien und Techniken. Schattauer Verlag, Stuttgart

Linehan MM (1996) Dialektisch-Behaviorale Therapie der Borderline-Persönlichkeitsstörung, CIP Medien, München

Lösel F, Bender D (2003) Theorien und Modelle der Paarbeziehung. In: Grau I, Bierhoff H-W (Hrsg.) Sozialpsychologie der Partnerschaft, 43–75, Springer Verlag, Berlin/Heidelberg

Lutz W, Weinmann-Lutz B (2006) Behandlungsstrategien und Techniken der Paartherapie. In: Lutz W (Hrsg.) Lehrbuch der Paartherapie. 57–79, Ernst Reinhardt Verlag, München

Schindler L, Hahlweg K, Revenstorf D (2006) Partnerschaftsprobleme: Diagnose und Therapie. Therapiemanual. Springer Medizin Verlag, Heidelberg

Winterhoff M (2010) Warum unsere Kinder Tyrannen werden oder: die Abschaffung der Kindheit. Goldmann Verlag, München

Young JE, Klosko JS, Weishaar ME (2008) Schematherapie. Ein praxisorientiertes Handbuch. Junfermann Verlag, Paderborn

4
Bindung: Bindung aufbauen und Freiheit bewahren

Die Zweijährige blickt sich in der fremden Wohnung um. Sie strampelt, lässt sich vom Schoß der Mutter auf den Boden heben und erkundet die Umgebung. Sie tastet sich am schulterhohen Couchtisch, dann an den Regalen entlang und ist schon fast durch die Wohnzimmertür verschwunden, da blickt sie sich um und läuft zu ihrer Mutter zurück. Die Mutter wuschelt der Tochter durchs Haar und lässt ihre große Hand auf der kleinen Schulter ruhen. Schon bald löst sich das Kind wieder und bricht zur nächsten Erkundung auf. Dieses Verhalten lässt sich bei allen Kindern beobachten und wird von Bindungsforschern „Sichere-Basis-Verhalten" genannt.

Eine solche Erfahrung prägt sich als Urbild von Beziehung ein: in einer sicheren Bindung Geborgenheit finden und auf dieser Basis die Welt erkunden dürfen. Dasselbe Bild bringen Menschen auch in ihre Paarbeziehung mit, und im positiven Fall fühlen sie sich in ihrer Bindung zugleich geborgen und frei. Leider machen nur etwa die Hälfte aller Kinder solch unbeschwerte Erfahrungen, um darauf eine sichere Bindung aufzubauen. Andere Kinder entwickeln ein zwiespältiges oder vermeidendes Bindungsverhalten. Die Bindungsmuster, die sich in der Kindheit ausprägen, bleiben in der Regel unverändert und wirken sich schließlich auf die Partnerschaft aus (Berkic und Quehenberger 2012). Ist die Bindung zu schwach, erlebt ein Paar wenig Nähe und Geborgenheit. Die Bindung kann aber auch zu stark sein – dann fühlen sich Menschen in ihrer Beziehung unfrei.

Bindungen beruhen ihrerseits ebenfalls auf zwei gegenläufigen Fähigkeiten: Auf der einen Seite steht das Vermögen, eine sichere Bindung aufzubauen, die beide Personen erfüllt und ihnen Geborgenheit schenkt. Auf der anderen Seite steht die Fähigkeit, Freiheit zu bewahren. Ungute Bindungen, mit denen sich ein Paar gegenseitig unfrei macht, nennt man Verstrickung. Diese entsteht, wenn der Einfluss der Herkunftsfamilie noch stark ist oder wenn sich die Partner wechselseitig mit ihren Erwartungen einengen. Dagegen haben Paare, die einander tief verbunden sind und sich in ihrer Beziehung dennoch frei fühlen, ein Gleichgewicht zwischen Bindung und Freiheit gefunden.

4.1 Auf dem Weg zu einer sicheren Bindung

Sicher gebundene Menschen gehen auf andere zu und knüpfen dauerhafte Beziehungen. Sie fühlen sich in ihren Beziehungen sicher und geliebt. Sie genießen und können es zulassen, dass ihr Wohlbefinden von Menschen abhängig ist, die ihnen viel bedeuten. Sie können auch umgekehrt zulassen, dass sich einige Menschen an sie anlehnen und sie im guten Sinne brauchen. Menschen mit einem unsicher-vermeidenden Bindungstyp haben Angst vor Nähe. Sie reagieren kühl und scheinbar desinteressiert auf andere. Sie haben Angst vor Abhängigkeit und betonen daher die Eigenständigkeit. Wer dagegen einen unsicher-ambivalenten Bindungstyp hat, sehnt sich zwar nach Nähe, kann sie aber nicht gut zulassen. Partner mit diesem Bindungstyp versuchen einerseits, Nähe herzustellen, ziehen sich dann aber wieder zurück oder verhindern auf andere Weise, dass eine tiefere Bindung entsteht. Zugleich fühlen sich unsicher-ambivalente Menschen von dem Gedanken beunruhigt, verlassen zu werden, und können manchmal grundlos eifersüchtig werden. Sie zweifeln an der Liebe ihres Partners, auch wenn es keinen Grund für solche Zweifel gibt (Nuber 2012).

Wie kommt es zu den genannten Unterschieden? Dieser Frage gehen Bindungsforscher seit über vier Jahrzehnten nach. Den Startschuss für intensive Forschung gab Mary Ainsworth, als sie 1978 den „Fremde-Situation-Test“ veröffentlichte. Die amerikanische Entwicklungspsychologin lud Mütter mit einem etwa einjährigen Kind in ein Untersuchungszimmer ein, das mit einem Stuhl für die Mutter und Spielsachen ausgestattet war. Das Kleinkind wurde zwei kurzen Trennungen ausgesetzt, um sein Bindungssystem zu aktivieren. Zunächst war das Kleinkind mit einer Fremden im Raum, die sich um das Kind kümmerte. Etwas später musste das Kind für drei Minuten allein im Raum sein, bis die Mutter wiederkam. Die Reaktion des Kindes auf die Trennung und auf die Rückkehr der Mutter wurde auf Video aufgezeichnet und ausgewertet.

Als sichere Bindung bewerten es Bindungsforscher, wenn Kinder auf die Trennung mit Unbehagen reagieren und sich nur ein wenig von der fremden Person beruhigen lassen. Wenn die Mutter wiederkommt, gehen sicher gebundene Kinder so schnell wie möglich zu ihr und lassen sich beruhigen. Dagegen zeigen Kinder, deren Bindung als unsicher-vermeidend bewertet wird, keinerlei Reaktion auf die Trennung. (Die Messung von Stresshormonen konnte in späteren Untersuchungen jedoch zeigen, dass die scheinbar unbewegten Kinder unter starkem Stress stehen; Grossmann und Grossmann 2004). Unsicher gebundene Kinder lassen sich von der fremden Person ablenken und ignorieren die Mutter, wenn sie wiederkommt. Eine dritte Gruppe von Kindern wird einer unsicher-ambivalenten Bindung zugeordnet. Sie reagieren mit verzweifeltem Weinen auf die Trennung und weisen die fremde Person ab. Nach der Rückkehr der Mutter lassen sie sich lange nicht beruhigen, weinen hilflos oder drücken Wut aus.

In nur zwölf Monaten ist ein Bindungsmuster entstanden, das für die meisten Kinder ein Leben lang bestimmend sein wird. Sicher gebundene Kinder zeigen im Kindergarten und in der Schule kaum Verhaltensauffälligkeiten oder emotionale Probleme. Sie spielen fantasievoll und können Konflikte mit anderen Kindern lösen. Im Jugendalter sind sie selbstsicherer und können mit ihren Gefühlen besser umgehen (Grossmann und Grossmann 2004).

Was ist in den ersten zwölf Lebensmonaten passiert, das sich in so schicksalhafter Weise auf das Leben eines kleinen Menschen auswirkt? Mary Ainsworth hat dafür den Begriff der mütterlichen Feinfühligkeit geprägt. Feinfühlige Mütter verstehen die Signale ihrer Kinder richtig und gehen auf die Bedürfnisse ihrer Kinder ein. Sie unterstützen die Selbstständigkeit ihres Kindes und reagieren mit Annahme. Wenig feinfühlige Mütter interpretieren die Signale ihres Kindes häufig falsch. Dadurch stimmen sie ihre Fürsorge nicht auf die Bedürfnisse des Kindes ab und zwingen ihm manchmal eine Zuwendung auf, die es nicht braucht und nicht will. Manchmal übersehen sie die Bedürfnisse ihres Kindes auch und weisen seine Suche nach Nähe zurück. Beim Spiel stören sie ihre Kinder häufiger als andere Mütter und verbauen ihnen Erfahrungen von Selbstständigkeit. Das hinterlässt Spuren im Bindungssystem eines Kindes.

Allerdings liegt die Verantwortung nicht allein bei den Müttern. Spätere Studien haben gezeigt: Auch das Verhalten der Väter wirkt sich auf die Bindung ihrer Kinder aus und zudem darauf, wie gut ihre Partnerinnen eine mütterliche Feinfühligkeit entwickeln können (Grossmann und Grossmann 2004). Außerdem spielen erbliche Einflüsse eine Rolle. Es ist leichter, ein ausgeglichenes Baby feinfühlig zu versorgen als ein Baby, das mit einem passiven, ängstlichen oder hochsensiblen Temperament zur Welt kommt.

Wie schon erwähnt, behalten die meisten Menschen ihr Bindungsmuster bis ins Erwachsenenalter; sicher gebundene Kinder entwickeln sich zu sicher gebundenen Erwachsenen, unsicher gebundene Kinder zu Erwachsenen mit unsicherer Bindung. Doch dieser statistische Zusammenhang lässt Ausnahmen zu. Schon wer als Erwachsener eine Partnerschaft eingeht, gewinnt etwas an Bindungssicherheit. Diese verliert er auch dann nicht, wenn es zu einer Trennung kommt (Neyer 2003). Im Laufe einer Ehe gleichen sich die Bindungstypen der Partner einander an – ein sicher gebundener Ehepartner kann heilsam auf eine unsichere Bindung des anderen einwirken. Leider ist auch der umgekehrte Einfluss möglich: Zuweilen beeinträchtigt der unsicher gebundene Partner das Bindungsgefühl und -verhalten seines Partners (Berkic und Quehenberger 2012).

Wie man eine Bindung erlebt und gestaltet, kann sich also durchaus verändern. Es lohnt sich daher, gute Bedingungen für positive Bindungserfahrungen zu schaffen. Forschungsergebnisse belegen eindrücklich, wie stark sich unterschiedliche Bindungstypen auf das gemeinsame Leben auswirken. Menschen mit einem vermeidenden Bindungsmuster – häufig Männer – haben gelernt, sich vor enttäuschendem oder vereinnahmendem Verhalten ihrer Eltern zu schützen. Das bestimmt auch ihre Partnerschaft. Sie achten wenig auf das Bindungsverhalten ihrer Partnerin, das heißt, sie nehmen ihre Annäherung und Fürsorge weniger wahr; zugleich entgeht ihnen, wenn sich ihre Partnerin abzuwenden beginnt. Werden sie verlassen, sagen Männer mit unsicher-vermeidender Bindung oft: „Das kam aus heiterem Himmel. Ohne Vorwarnung." Vermeidend gebundene Menschen reagieren auch weniger auf die Bedürfnisse ihrer Partnerin. Dadurch können sie unaufmerksam oder sogar gleichgültig wirken.

Zum gegenteiligen Verhalten führt ein unsicher-verstrickter Bindungstyp, der bei Frauen häufiger vorkommt. Menschen mit diesem Bindungstyp sind nicht gerne allein und achten sehr auf das Bindungsverhalten ihres Partners. Aufmerksam registrieren sie Zeichen von Zuwendung und Verlässlichkeit, sie bemerken aber auch jede Distanzierung und Unaufmerksamkeit des Partners. Dementsprechend schwanken ihre Gefühle zwischen Geborgenheit und Enttäuschung. Auf ihren Partner wirkt dieses Bindungsmuster manchmal anklammernd. Es scheint ihm, als würde seine Partnerin jede Geste auf die Goldwaage legen und zum Gradmesser seiner Liebe machen (Berkic und Quehenberger 2012).

Es kann daher sehr hilfreich sein, wenn man das Verhalten des Partners als Ausdruck seines Bindungsmusters versteht. Man braucht in der Regel nicht viel, um einem unsicher-verstrickten Partner das Minimum an Zuwendung und Verlässlichkeit zu schenken, das sein Bindungssystem beruhigt. Dann entsteht das Gefühl einer sicheren Bindung, die Überaufmerksamkeit lässt nach und es wird leichter, dem Partner auch einmal etwas Freiheit zu schenken. Entsprechend braucht ein vermeidend gebundener Partner sein unerlässliches Maß an Frei- und Schutzräumen. Dann fühlt er sich in der Bindung sicher, wird aufmerksamer und zugewandter.

Eine gute Bindung aufzubauen bedeutet zunächst, sich gegenseitig keine Erfahrungen zuzumuten, die sowohl das kindliche als auch das erwachsene Bindungssystem in Panik versetzen: aufgezwungene Nähe und Fürsorge, die an den Bedürfnissen vorbeigeht; häufiges Ignorieren von Bindungssignalen; eine unvermittelte Abwesenheit, die Angst auslöst. Stattdessen ist auch in der Paarbeziehung etwas gefragt, was der mütterlichen Feinfühligkeit entspricht: aufmerksam wahrnehmen, wenn der Partner seine Bedürfnisse zeigt, und möglichst sofort positiv auf diese Bedürfnisse eingehen (Stöcker et al. 2003).

Auch wenn die Bedürfnisse eines Erwachsenen vielfältiger sind als die eines kleinen Kindes, geht es um ähnliche Grunderfahrungen:

- „Ich tröste dich, wenn du traurig bist, staune über dich, wenn du stolz bist, verstehe und unterstütze dich, wenn du wütend bist, helfe dir, wenn du dich hilflos fühlst."
- „Wenn du Nähe und Geborgenheit brauchst, bin ich da für dich und lasse dich mit meinen Berührungen, Blicken und Worten spüren, dass ich dir nahe bin."
- „Ich halte von dir fern, was dir nicht guttut, und stelle mich verlässlich auf deine Seite."
- „Ich schenke dir Freiheit, damit du die Welt erkunden kannst. Ich traue dir das zu. Die Erlebnisse und die Freude woanders gönne ich dir und vertraue darauf, dass du gerne zu mir zurückkommst."

Selbst ein feinfühliger Elternteil kann seinem Kind solche Erfahrungen natürlich nicht unbegrenzt geben. Ein Kind muss sich auch mit unangenehmen Dingen auseinandersetzen. Es muss manchmal verzichten und sich mit den Bedürfnissen anderer arrangieren. Genauso wenig ist es möglich, die Bindungsbedürfnisse des Partners umfassend zu stillen. Oft genug sind Kompromisse zwischen unterschiedlichen Bedürfnissen auszuhandeln. Aber wer dort, wo es möglich ist, auf die Bindungsbedürfnisse seines Partners eingeht, wird ihr oder ihm das Gefühl einer sicheren Bindung schenken.

In einer Hinsicht ist es mit Erwachsenen allerdings komplizierter als mit Kindern. Was für einen Menschen Trost, Nähe oder Freiheit bedeutet, kann je nach Persönlichkeit sehr unterschiedlich sein. Einer möchte über das reden, was ihn bedrückt, ein anderer freut sich, wenn er von trüben Gedanken abgelenkt wird. Für den einen bedeutet Freiheit, auch einmal in der Gegenwart des anderen schweigen zu dürfen, ein anderer wünscht sich Rückhalt bei beruflichen Zusatzaufgaben. Als Partner bleibt einem nichts anderes übrig, als solche Bedürfnisse durch Versuch und Irrtum und durch Nachfragen zu erkunden. Mit der Zeit entsteht auf diese Weise gewissermaßen eine Bindungslandkarte des Partners, die hilft, einfühlsam und treffsicher auf seine Bedürfnisse einzugehen. Frauen fällt es vermutlich leichter, bindungsbezogene Informationen im Gedächtnis zu behalten. Doch wie schon erwähnt, hat sich in der Einfühlungsforschung gezeigt: Motivierte Männer können mit Frauen durchaus mithalten, wenn es um Einfühlung geht. Ähnliches ist auch für das Beziehungsverhalten zu vermuten.

Der feinfühligen Reaktion auf die Bedürfnisse des Partners (*care giving*) steht die aktive Suche nach Zuwendung gegenüber (*care seeking*). Auch darauf beruht der Aufbau einer sicheren Bindung: Ein Partner zeigt dem anderen offen, wann er Fürsorge braucht und für welche Art der Zuwendung er zugänglich ist.

Wie das auf natürliche Art und Weise geht, lässt sich wieder an Kindern studieren. Kinder weinen oder zeigen ihre Traurigkeit im Gesicht, wenn sie Trost suchen. Sie klammern sich an, wenn sie Schutz suchen. Sie führen stolz etwas vor, wenn sie Lob brauchen. Sie sagen „Hilf mir!“ oder „Lass mich alleine machen!“, je nachdem, welche Seite ihres Bindungssystems aktiviert ist. Schließlich zeigen Kinder auch, wenn die Zuwendung ankommt: Sie beruhigen sich, wenn man sie tröstet, sie strahlen über Lob, sie entspannen sich, wenn sie Hilfe bekommen.

Bei Verliebten beobachten wir dieses kindliche Bindungsverhalten fast im Original. In dieser ausgelassenen, spielerischen Beziehungsphase zeigen Menschen ihre Bindungsbedürfnisse sehr offen. Sicher gebundene Menschen finden später erwachsene Formen, ihre Bindungsbedürfnisse auszudrücken. Sie zeigen ihre Traurigkeit, ihre Sorge, ihren Stolz und ihre Hilfsbedürftigkeit. Sie sprechen über ihre Bedürfnisse nach Nähe, Zärtlichkeit oder Rückzug. Damit geben sie ihrem Partner die Chance, auf ihre Bindungsbedürfnisse zu antworten.

Menschen mit unsicherer Bindung drücken ihre Bindungsbedürfnisse oft nicht aus. Sie sind enttäuscht oder ärgerlich, wenn ihre Bedürfnisse ungestillt bleiben, geben ihrem Partner jedoch kaum eine Chance, ihre Bedürfnisse zu bemerken und auf sie zu antworten. Stattdessen wählen unsicher gebundene Menschen häufig indirekte Wege, ihre Bindungsbedürfnisse auszudrücken. Sie erleben zum Beispiel, wie sich ihr Partner in einer Weise verhält, die an ihren Bedürfnissen vorbeigeht. Daraufhin kritisieren sie ihren Partner, aber weil es sehr schwer ist, aus Kritik ein Bindungsbedürfnis herauszulesen, versteht der kritisierte Partner oft nicht, was er eigentlich falsch gemacht hat. Auch hinter Regeln, Vorschriften und Kontrollen verbirgt sich oft ein Bindungsbedürfnis. „Ich möchte, dass du nicht jedes Wochenende mit deinen Freunden weg bist“ ist ein Beispiel für ein Bindungsbedürfnis, das sich hinter einer Vorschrift versteckt. Geht es dabei um Zeit für Gespräche, um Momente der Nähe und Zärtlichkeit oder um gemeinsame Aktivitäten? Sobald sich das offenbart, kann ein Partner viel besser auf bestimmte Bedürfnisse eingehen, und sind diese gestillt, dürfte es kein Problem sein, wenn er noch ein paar Stunden mit Freunden verbringen möchte.

Wer in seiner Kindheit keine guten Bindungserfahrungen gemacht hat, kann üben, sich der Fürsorge seines Liebespartners zu öffnen (Stöcker et al. 2003):

- sich entspannen und sich einer Umarmung überlassen
- sich eine Berührung zu Herzen gehen lassen
- Lob annehmen
- sich von tröstenden Worten berühren lassen

- sich von der Zuversicht des Partners beruhigen lassen
- Hilfe als Zeichen der Liebe sehen
- vertrauen, dass der Partner Freiräume gerne gibt, und die geschenkte Freiheit genießen.

Es motiviert den Partner sehr, wenn er erlebt, wie seine Zuwendung beim anderen ankommt und positive Gefühle auslöst.

Auch wenn nur ein Partner ein sicheres Bindungsmuster mitbringt, entsteht in der Regel eine tragfähige Bindung (Berkic und Quehenberger 2012). Daher kann sich die Bindung selbst dann verbessern, wenn nur ein Partner die eigenen Bindungsbedürfnisse offen ausdrückt und die des anderen feinfühlig beantwortet. Er wirkt damit positiv auf das Bindungssystem und -verhalten des anderen ein.

Box 4.1 Schlüsselkompetenz Bindung aufbauen

Wie kann ich Bindungssignale meines Partners beantworten?

- Ich achte aufmerksam auf die Bindungsbedürfnisse meiner Partnerin/meines Partners und gehe einfühlsam auf sie ein.
- Bedürfnisse nach Abstand und Selbstbestimmung beantworte ich mit Loslassen und Akzeptanz.
- Durch Aufmerksamkeit, gelegentliches Nachfragen und feinfühlige Reaktionen ermutige ich meine Partnerin/meinen Partner, Bindungsbedürfnisse offen auszudrücken.

Probleme	Lösung
Mein Partner geht weniger auf meine Bindungsbedürfnisse ein als ich auf seine.	Vielleicht sollten Sie Ihre Bindungsbedürfnisse stärker ausdrücken, um ein Gleichgewicht herzustellen. Wenn nur ein Partner über einen sicheren Bindungstyp verfügt, investiert dieser allerdings mehr in die Bindung als der andere. Wenn sich das auf anderen Gebieten ausgleicht, ist das vielleicht akzeptabel. Andernfalls helfen Strategien aus Kap. 6 Geben und Nehmen.
Auch wenn ich mich noch so sehr bemühe, kann ich es meinem Partner in Bezug auf Nähe und Freiheit nicht recht machen.	Manche Menschen haben einen ambivalenten Bindungstyp; Nähe wird ihnen schnell zu eng, Freiheit fühlt sich ungeborgen an. Vermutlich wird sich Ihr Partner wohler fühlen, wenn er etwas mehr über Nähe und Freiheit bestimmen darf als Sie (vielleicht ist er dafür in anderen Beziehungsbereichen flexibler). Hilfreich ist auch, Bindung und Freiheit in kleinen Portionen anzubieten und vom einen immer wieder zum anderen zu wechseln, sodass sich die Beziehung nie zu weit auf die Pole Bindung oder Freiheit zubewegt.

Box 4.2 Schlüsselkompetenz Bindung aufbauen

Wie kann ich meine Bindungsbedürfnisse ausdrücken?

- Ich drücke mein Bedürfnis nach Nähe und Unterstützung in Worten und mit meiner Körpersprache aus.
- Ich lasse Gefühle zu, die meinem Partner zeigen, wie er auf mich eingehen kann.
- Ich spreche meine Bedürfnisse nach Freiraum und Selbstbestimmung aus.
- Ich öffne mich für die Unterstützung meiner Partnerin/meines Partners und zeige, wenn mir ihr/sein Verhalten guttut.

Probleme	Lösung
Ich weiß nicht, wie ich meine Bindungsbedürfnisse zeigen soll.	Schauen Sie es sich bei Menschen ab, die das gut können. Ahmen Sie solche Verhaltensweisen nach, auch wenn es sich anfangs kindlich oder peinlich anfühlt; Ihren eigenen Stil finden Sie mit der Zeit von selbst.
Meine Partnerin/mein Partner reagiert abweisend auf meine Bindungssignale.	Vermutlich hat Ihr Partner einen vermeidenden Bindungsstil. Hat das schon dazu geführt, dass Sie Bindungsbedürfnisse kritisierend oder fordernd äußern? Nehmen Sie auch kleine Zeichen der Unterstützung wahr und reagieren Sie positiv darauf. Erklären Sie in einem ruhigen Moment ganz sachlich, was Ihnen guttut und wie Ihr Partner auf Sie eingehen könnte.

4.2 Die Bindung vor dem Einfluss Dritter schützen

Eine sichere Bindung schützt vor Anziehungskräften außerhalb der Partnerschaft; sicher gebundene Menschen gehen seltener fremd. Eine gesunde Wachsamkeit scheint dennoch angebracht. Der Sexualforscher Gunter Schmidt führte 2003 eine große, repräsentative Studie durch. Aufgrund von Daten des Einwohnermeldeamtes wählte er zufällig Personen aus und bat um Interviews zu sexuellem Verhalten. Immerhin 30 Prozent der Kontaktierten (700 Personen) stimmten einem ausführlichen Interview zu. Nach dieser Erhebung trifft ein Seitensprung etwa ein Drittel aller Paare. Wenn man Flirts oder eine Fremdverliebtheit berücksichtigt, dürften die meisten Paare einmal mit einem Dritten konfrontiert sein, der die Bindung bedroht. 83 Prozent aller Befragten wollen mit ihrem Partner ein Leben lang zusammenbleiben. 92 Prozent wünschen sich sexuelle Treue (Schmidt et al. 2003). Doch Seitensprünge sind Gelegenheitstaten, in drei Viertel aller Fälle ergeben sie sich im Kollegen- und Freundeskreis (Hollweg und Krischer 2006). Nur selten werden Seitensprünge bewusst gesucht. Sie brechen daher auch in Beziehungen ein, die von beiden als emotional und sexuell glücklich erlebt werden. Beruflicher Frust oder eine Lebenskrise können ebenfalls anfällig für Versuchungen aus dem direkten Umfeld machen.

Unser Bindungssystem verfügt über eine Alarmanlage, die über die Bindung wacht: Eifersucht. Dieses wachsame Gefühl genießt keinen guten Ruf. Es wird mit Misstrauen oder einem besitzergreifenden Charakter in Verbindung gebracht. Obwohl es natürlich auch grundlose Eifersucht gibt, reagiert sie in aller Regel treffsicher auf Situationen, die die Bindung bedrohen. Wie leistungsfähig dieser Teil unseres Bindungssystems ist, zeigt eine Seitensprungstudie. Fast die Hälfte von 3000 Betrogenen hat den Seitensprung des Partners selbst aufgedeckt. Aus einem unguten Gefühl heraus haben Betroffene Nachforschungen angestellt und so herausgefunden, was in der Beziehung nicht mehr stimmt (Hollweg und Krischer 2006).

Seitensprünge und Fremdverliebtheit ergeben sich meist aus einer der folgenden Situationen:

Erstes Szenario In einer Paarbeziehung ist die Sexualität eingeschlafen. Auch die emotionale Nähe etwa im vertrauten Gespräch wird von einem oder beiden gemieden. Dieser Intimitätsmangel macht einen Partner für Intimität außerhalb der Beziehung empfänglich. In einer Versuchungssituation erscheint der Mangel zudem als Rechtfertigung, sich außerhalb zu nehmen, was in der Paarbeziehung fehlt. Diesem Risiko lässt sich vorbeugen, indem sich ein Paar die Intimität neu erschließt. Das erfordert unter Umständen eine kraftvolle, aber einfühlsame Kommunikation, um dem Partner den Intimitätsmangel und dessen Gefahren bewusst zu machen. Möglicherweise ist es im Bereich der Intimität zu Verletzungen oder verunsichernden Erfahrungen gekommen; mit diesen beschäftigt sich das nächste Kapitel.

Zweites Szenario Ein Partner ist schon immer locker mit dem anderen Geschlecht umgegangen. Diese Lockerheit verdeckt im Ernstfall, dass es sich bereits um einen intensiven Flirt handelt. Sie ermöglicht die Nähe, in der ein erotischer Zündfunken überspringen kann. Dem lässt sich durch Grenzen vorbeugen, die man sich im Umgang mit dem anderen Geschlecht setzt. Wo gute Grenzen verlaufen, ist eine Typfrage und hängt zudem vom sozialen Umfeld ab. Wer emotional oder erotisch leicht entflammbar ist, sollte striktere Grenzen wahren als ein nüchterner Mensch. In einem Umfeld, das Seitensprünge toleriert, ist größere Wachsamkeit angebracht als in einem wertkonservativen Umfeld. Gute Grenzen im Umgang mit dem anderen Geschlecht legen fest, welche Treffpunkte angemessen sind, wie viele Berührungen zugelassen werden, wie tief die Gesprächsthemen gehen und ob flirtendes Verhalten nur Spaß oder ein Spiel mit dem Feuer ist. In der Regel bemerkt die

Eifersucht sehr treffsicher, wo Grenzen überschritten werden: So wird ein Mann, der seiner Frau selten zeigt, was in ihm vorgeht, diese eifersüchtig machen, wenn er plötzlich einer Schulfreundin viel von sich erzählt. Teilt sich ein Mann dagegen offen mit, wird seine Frau die Offenheit gegenüber einer Dritten lockerer sehen. Tatsächlich entsteht in der Beziehung zur Schulfreundin viel Intimität, wenn sich lange Verborgenes offenbart, und wenig Intimität, wenn der Mann mitteilt, was er anderswo auch preisgibt. Das spürt seine Partnerin intuitiv und ihre Gefühle zeigen entsprechend an, wo die guten Grenzen verlaufen.

Drittes Szenario Unerwartet bricht über einen Partner eine Fremdverliebtheit herein. Er hat sich in seiner Beziehung wohl gefühlt, alles war in Ordnung. Und doch ist in einer Begegnung ein Funke übergesprungen, der Gefühle für eine dritte Person entzündet hat. Gibt es eine Vorbeugung dagegen? Ja – ein gegenseitiges Versprechen zur Offenheit in einem solchen Fall. Wachsame Paare sind realistisch und rechnen mit einer solchen Situation. Sie sichern sich gegenseitig zu: „Ich kann mit einer solchen Situation umgehen, ich werde dich nicht verurteilen, sondern zusammen mit dir überlegen, wie wir unsere Liebe am besten schützen können."

Und was, wenn es doch passiert? Gibt es Liebe nach einem Seitensprung? Die Antwort auf diese Frage ist von unterschiedlicher Gewichtung, je nachdem, an wen sie sich richtet. Wer an der Schwelle zum Seitensprung steht, muss hören: Ein Seitensprung verletzt das Vertrauen und die Bindungssicherheit in einer Weise, die möglicherweise nie mehr ganz zu heilen ist. Der Psychologe Ragnar Beer kommt nach der Befragung von 3000 Betrogenen zu dem Schluss: „Wenn die Menschen wüssten, welchen Ärger und welches Leid sie durch einen Seitensprung sich selbst und ihrem Partner einhandeln, würden die allermeisten wohl darauf verzichten und ihre Kraft lieber in ihre Beziehung investieren" (Hollweg und Krischer 2006, S. 144).

An Betrogene gerichtet lässt sich sagen: Ja, es kann weitergehen. Doch ein Seitensprung ist ein Bindungstrauma. Die verletzten Gefühle, die schmerzlichen Fantasien, die quälende Frage nach dem Warum werden wieder und wieder aufsteigen. All das will gesehen und verschmerzt werden, bis das Trauma verarbeitet ist. Damit die Verletzungen heilen, muss der Partner allerdings dafür sorgen, dass neues Vertrauen entstehen kann: den Kontakt zur dritten Person abbrechen, sich der emotionalen Aufarbeitung des Seitensprungs stellen und einer Wiederholung glaubhaft vorbeugen. Es wird nicht mehr die gleiche Liebe und nicht mehr das gleiche Leben sein. Die Bindung, deren Riss wieder heilt, ist vielleicht nicht mehr so strapazierfähig wie vorher, kann aber trotzdem Halt und Glück schenken. Menschen, die etwas Wertvolles verloren und wiedergewonnen haben, wissen es zu schätzen und gehen achtsam damit um.

Unser Augenmerk lag bisher darauf, wie sich eine starke Bindung aufbaut und wie sie zu schützen ist. Die folgenden Abschnitte betrachten den anderen Pol der Bindung: die Freiheit. Wie können zwei Menschen, die in der Liebe gebunden sind, dennoch frei bleiben in ihren Gedanken und Gefühlen, in ihrer Persönlichkeit und ihren Entfaltungsmöglichkeiten?

4.3 Vom Wunschbild zur Freiheit

Die kalifornische Psychologin Diane Felmlee befragte 300 Personen, die sich gerade getrennt hatten: „Wegen welcher Eigenschaften oder Verhaltensweisen Ihres Partners haben Sie sich getrennt?" Darüber hinaus stellte Felmlee noch eine zweite Frage: „Wegen welcher Eigenschaften oder Verhaltensweisen hat Sie Ihr Partner zu Beginn der Beziehung angezogen?" Bei der Auswertung der Antworten entdeckte die Psychologin ein Phänomen, das sie verhängnisvolle Anziehung (*fatal attraction*) nannte: Die Eigenschaften, die zur Trennung führten, waren nur die Kehrseite der Eigenschaften, an denen sich anfangs die Liebe entzündet hatte (Felmlee 1998). So verliebte sich ein Mann in eine fürsorgliche Frau, die er später als unerträglich bemutternd erlebte. Jede gute Eigenschaft hat ihre Schattenseiten. Diese nehmen Verliebte in der Regel aber nicht wahr. Die erotische Sehnsucht sucht in einem Partner oft etwas, das einem selbst fehlt und einen in wunderbarer Weise ergänzt. Einerseits lebt die Erotik von solchen anziehenden Unterschieden. Andererseits können genau diese Unterschiede zu verstrickten Bindungen führen.

Diane Felmlee fand fünf Beziehungsthemen, bei denen es besonders häufig zu verhängnisvoller Anziehung kommt:

- Spaß und Ernst
- Bindung und Unabhängigkeit
- Stärke und Verwundbarkeit
- Originalität und Vorhersehbarkeit
- sexuelle Ansprechbarkeit und sexuelle Zurückhaltung

Wie die verhängnisvolle Anziehung zu einer verstrickten Bindung führt, zeigt die Ehe von Manfred und Elisabeth. Die aufregenden Unterschiede ihrer Liebe sind die von Spaß und Ernst. Manfred hat fast immer gute Laune und kann das Leben genießen. Er segelt, tanzt und hat einen großen Bekanntenkreis, in dem sich immer interessante Unternehmungen ergeben. Das hat Elisabeth angezogen, deren Temperament ernst und etwas schwermütig ist. Umkehrt hat Manfred ihre Disziplin und Verantwortungsbereitschaft bewundert. Manchmal hatte Manfred das Gefühl gehabt, ziellos durchs Leben zu gehen, und sich gefragt, ob er sich die Verantwortung für eine Familie zutrauen sollte. An Elisabeths Seite schien das alles kein Problem mehr zu sein. Sie waren ein perfektes Team.

Im Lauf ihrer Ehe trat aber genau jene Wende ein, die Diane Felmlee in ihren Untersuchungen entdeckt hat. Elisabeth begann, sich an Manfreds Lebensstil zu stören. Sie fühlte sich von ihm bei Entscheidungen alleingelassen und kritisierte seinen lockeren Umgang mit Zeit und Geld. Umgekehrt fühlte sich Manfred von Elisabeths Sparsamkeit und Zielstrebigkeit eingeengt. Warum musste sie alles so verbissen sehen? Außerdem machte er eine beunruhigende Beobachtung: Kam er nach einem unangenehmen Tag im Büro mit schlechter Laune nach Hause, dann war auch die Stimmung in der Beziehung trübsinnig. Warum sollte allein Manfred für gute Stimmung verantwortlich sein? Konnte Elisabeth ihn nicht auch einmal aufmuntern und von trüben Gedanken befreien? So begann auch Manfred Elisabeth zu kritisieren.

Die anziehenden Unterschiede sind zur Fessel geworden. Beide empfinden sich im doppelten Sinne als unfrei. Einerseits fühlt sich jeder auf eine Rolle festgelegt – Elisabeth auf das Tragen der Verantwortung, Manfred auf das Schaffen einer guten Stimmung. Andererseits fühlen sich beide zunehmend unter Druck, etwas zu tun, was ihnen gar nicht liegt. Manfred soll verantwortungsbewusster und zielorientierter leben, Elisabeth soll sich einen lockeren Lebensstil aneignen und gute Laune ausstrahlen, auch wenn ihr gar nicht danach zumute ist. In solchen verstrickten Beziehungssituationen kommen zuweilen Trennungsgedanken auf.

Wie kann man in einer Situation wie dieser wieder zur Freiheit finden? Fünf Schritte lösen die Verstrickung auf, ohne die Bindung zu gefährden.

Zur eigenen Wahl stehen Finde ich einen willensstarken Menschen anziehend, so darf ich nicht klagen, wenn er sich auch mir gegenüber durchzusetzen versucht. Binde ich mich an einen sanften Menschen, darf ich ihm später nicht vorwerfen, dass ich mich an ihm nicht reiben kann. Das wäre genauso, als wenn ich in Südfrankreich über Hitze klage, an der Nordsee über den Wind oder in Schweden über die Mücken. Jede Wahl trägt ihr eigenes Glück in sich und ihre eigenen Zumutungen. Die Erinnerung an die eigene Wahl kann ein neues Freiheitsgefühl wecken: Die Eigenschaften meines Partners führen mich zwar manchmal in Situationen, in denen ich nicht das tun und erleben kann, was ich möchte. Aber das ist eine Folge meiner freien Entscheidung für diesen Partner. Was seine Persönlichkeit angeht, muss ich sie oder ihn nehmen, wie sie oder er ist. Es wäre unfair, einen Menschen zum Partner zu wählen und dann einen Teil von ihm als unzumutbar abzulehnen.

Ein Partner, der sich in seinen Charaktereigenschaften angenommen fühlt, wird mehr Freiheit in der Bindung erleben – die Freiheit, sich nicht verbiegen oder verleugnen zu müssen, den Spielraum, den Menschen erleben, wenn sie mit ihren spontanen Worten und Verhaltensweisen bejaht werden. Zugleich kann ein Partner, der sich angenommen fühlt, leichter einmal über den eigenen Schatten springen.

Dem Partner gezielt entgegenkommen Erwartungen des Partners können zu Fesseln werden: immer die oder der Starke sein müssen, immer sexuell aufgeschlossen sein, immer ein offenes Ohr haben oder sich für kleine Fehler entschuldigen müssen. Manchmal engen Erwartungen ein. Dann kann es klug sein, ihnen gezielt entgegenzukommen. Eine interessante Perspektive dazu liefert die Wahrnehmungspsychologie, die den Halo-Effekt entdeckt hat (Zimbardo et al. 1999). Das englische Wort *halo* bezeichnet das Scheinwerferlicht auf der Bühne: Ein Lichtkegel leuchtet einen bestimmten Teil der Bühne aus. Diesen Bereich sehen wir scharf und klar, andere Bereiche bleiben dunkel und entgehen damit unserer Wahrnehmung. Menschen achten auf bestimmte Dinge, die ihnen besonders wichtig sind, und von diesen Dingen aus schließen sie auf das Ganze.

Manche Menschen brauchen beispielsweise Ordnung in ihren intimsten Lebensbereichen. Socken im Schlafzimmer, Chaos im Bad wecken bei ihnen ein starkes Unbehagen. Wenn ihr Partner hier Ordnung hält, werden sie ihn für einen angenehm ordentlichen Menschen halten, selbst wenn es in Keller und Garage einmal drunter und drüber geht. Weitere Verhaltensweisen, die häufig im Brennpunkt der Aufmerksamkeit liegen, sind: vor anderen wertschätzend behandelt werden, kleine Geschenke erhalten, überraschende Zeichen von sexuellem Interesse, Momente ungeteilter Aufmerksamkeit oder Lob für Leistungen empfangen.

Wer auf solchen Gebieten punktet, kann sich auf anderen Unaufmerksamkeit und Unvollkommenheit erlauben. Dazu muss man nur herausfinden, worauf das Augenmerk des Partners liegt. Man könnte es als berechnend oder unauthentisch empfinden, auf den Halo-Effekt zu setzen. Man kann darin aber auch eine liebevolle Klugheit sehen, die Bindung und Freiheit in ein Gleichgewicht bringt.

Delegationen zurücknehmen Unter einer Delegation versteht man in der familientherapeutischen Tradition einen unbewussten Auftrag, den man einer anderen Person erteilt. Delegiert werden Aufgaben, die eine Person selbst nicht erfüllen kann oder vor der sie zu viel Angst hat. Verhängnisvolle Anziehung beruht auf einer wechselseitigen Delegation: Hartmut nimmt die Rolle des Starken in der Beziehung ein, weil Jasmin das Kämpfen nicht liegt. Jasmin erhält die Rolle einer loyalen Unterstützerin, weil es Hartmut verunsichern würde, jemand Starkes an seiner Seite zu haben. Delegationen machen unfrei, denn Hartmut darf nicht schwach, Jasmin darf nicht stark sein – andernfalls entstehen Spannungen und Enttäuschung in der Beziehung. Wer erkennt, dass er seinem Partner eine Aufgabe zuschiebt, die ihm selbst Angst macht, kann ihn aus dieser Delegation entlassen und sich stattdessen selbst einer schwierigen Aufgabe stellen. Hartmut bemerkt vielleicht, dass er von Jasmin eine Loyalität fordert, die er umgekehrt nie zu geben bereit wäre. Er kann Jasmin aus der Rolle der Jasagerin entlassen und sie auffordern, ruhig auch einmal das zu sagen, was ihr nicht passt. Beide werden dadurch freier: Jasmin darf auch einmal ein starkes Gegenüber sein und Hartmut gewinnt die Möglichkeit, sich an Jasmin anzulehnen und ihr zu folgen, wenn sie die besseren Argumente hat.

Delegationen nicht annehmen Niemand kann einen zwingen, eine Rolle weiter zu spielen, in die man im Lauf der Beziehung geschlüpft ist. Mit einem schlichten Bekenntnis zur eigenen Befindlichkeit lässt sich eine unpassende Rolle ablegen: „Ich freue mich, wenn ich dich mit guter Laune aufheitern kann, aber heute bin ich selbst traurig und brauche Erholung." Damit weigert man sich, die Delegation anzunehmen. Der Drang, sich dafür zu rechtfertigen, kann stark werden wie ein Juckreiz, aber niemand muss sich entschuldigen, wenn er einmal nicht die Rolle spielt, die für den Partner am angenehmsten ist.

Ab und zu kämpft ein Partner allerdings darum, dass der andere die delegierte Aufgabe weiterhin übernimmt: Jennifer braucht starke Reize, um sich lebendig zu fühlen, und sucht ständig nach Erlebnissen. Eigentlich steht sie vor der Aufgabe, ihre Erlebnisfähigkeit zu vertiefen, sodass sie auch alltägliche Reize genießen kann. Diese Aufgabe delegiert sie jedoch an Max, und zwar in folgender Weise: In ihrer gemeinsamen Geschichte hat Jennifer von Max schon häufig verlangt, er müsse ein besserer Liebhaber werden: schickere Nachtwäsche tragen, zuhause männlicher auftreten, das Liebesspiel überraschend eröffnen, auf seine Figur achten. Jennifer weist Max die Verantwortung zu, für Stimulation zu sorgen. Diese Delegation muss Max nicht annehmen, wie folgender Dialog zeigt:

„Max, ich möchte offen mit dir sein. Seit wir Kinder haben, bist du so weich. Du bist viel mehr Papa als Mann. Ich brauche aber einen Mann."

„Was meinst du damit?"

„Ich wünsche mir einen Mann, der abends schick und gepflegt ist, der gut riecht und eine knisternde Atmosphäre schafft. Jemanden, der Männlichkeit ausstrahlt."

„Ich bin schon oft auf solche Wünsche eingegangen, Jennifer. Ich bin sicher, dass ich dir da schon mehr biete als die meisten anderen Männer. Aber ich möchte nicht dafür verantwortlich sein, dass du in Stimmung kommst. Ich kann auch scharf auf dich sein, wenn du in einer Schürze am Herd stehst."

„Darf ich mir denn keinen richtigen Mann wünschen? Ja, die meisten Männer sind schlaff. Aber willst du dich damit entschuldigen?"

„Ich finde weder mich noch die meisten anderen Männer schlaff. Ich will nicht einem Wunschbild vom idealen Mann hinterherlaufen müssen. Das turnt nämlich mich ab."

Max weigert sich, Jennifers eingeschränkte Erlebnisfähigkeit durch immer stärkere Reize auszugleichen. Dadurch löst er sich aus einer Verstrickung und gewinnt Freiheit zurück, auch als Liebhaber. (Natürlich gibt es diese Verstrickung auch in umgekehrten Rollen, wenn ein Mann seine Partnerin darauf festlegt, sexy zu sein.)

Entflochtene Lebensbereiche schaffen Manchmal verwandeln sich anziehende Unterschiede in belastende Unterschiede: Friederike schätzt Hannos Stärke, erlebt ihn aber zunehmend als verletzend. Umgekehrt schätzt Hanno Friederikes Feinfühligkeit, er hat aber zunehmend das Gefühl, sie wie ein rohes Ei behandeln zu müssen. In einer solchen Situation braucht jeder Partner einen Freiraum, in dem er ausleben kann, was zu seiner Persönlichkeit gehört. Hanno und Friederike haben das intuitiv herausgefunden: Seit sich Hanno in einer Bürgerinitiative engagiert, wo mit harten Bandagen gekämpft wird, kann er Friederikes Behutsamkeit neu schätzen. Sie versteht ihn, wenn er einmal mitgenommen ist, und so kann sich Hanno in gewissen Situationen auch schwach zeigen. Auf der anderen Seite hat Friederike Selbsterfahrungswochenenden besucht und einen Workshop zum biografischen Schreiben mitgemacht. Dort war ihre Sensibilität gut aufgehoben. Zugleich hat sie dort Stärke gewonnen und empfindet Hannos raue Seiten weniger bedrohlich. Entflochtene Lebensbereiche verhelfen zu mehr Freiheit und ermöglichen, Unterschiede wieder als positive Ergänzung zu erleben.

Box 4.3 Schlüsselkompetenz Freiheit bewahren

Wie kann ich Wunschbilder entmachten?

- Wenn mich eine Eigenschaft meines Partners stört, suche ich nach der positiven Kehrseite, die diese Eigenschaft hat.
- Wenn ich meinen Partner dazu bringen möchte, sich zu verändern, überprüfe ich, welcher Herausforderung ich damit aus dem Weg gehe und ob ich diese nicht bewältigen kann, wenn ich mich ihr stelle.
- Wenn mich mein Partner in eine bestimmte Rolle drängt, lehne ich auf sanfte Weise ab und erkläre, warum die Rolle nicht zu mir passt.

Probleme	Lösung
Irgendwie verwickeln wir uns in ungute Muster, aber ich durchschaue sie nicht.	Oft durchschauen Freunde und andere nahestehende Menschen Beziehungsmuster schneller als ein Paar selbst. Sie können wertvolle Hinweise geben.
Ich weiß, dass ich meinen Partner zu oft ändern will. Aber es gelingt mir einfach nicht, ihn so zu nehmen, wie er ist.	Den Partner aus einem Wunschbild in die Freiheit zu entlassen, kann starke Ängste auslösen. Diese lassen sich mit den Strategien aus Kap. 3 Emotionen bewältigen.

4.4 Bindungen an die Herkunftsfamilie

„Darum wird ein Mann Vater und Mutter verlassen und seinem Weibe anhangen, und sie werden sein ein Fleisch", heißt es schon im ersten Buch Mose. Ein Mensch löst sich aus der Bindung zu seinen Eltern und wird auf diese Weise frei dafür, eine neue Bindung einzugehen. Lange sind die Eltern die wichtigste Quelle von Liebe, Bestätigung und Fürsorge. Irgendwann löst sich ein Mensch davon. Er lernt, auch einmal ohne enge Bezugspersonen auszukommen, oder erschließt sich neue Quellen der Zuwendung. Darüber hinaus löst sich ein junger Mensch von den Werten und Lebenszielen seiner Eltern. Manches behält er aus Überzeugung bei, in anderen Dingen wählt er eigene Werte und Ziele. Für diese Freiheit muss er vielleicht einen Preis zahlen, wenn die Eltern mit Kritik, Sorge oder Missbilligung auf den Weg ihres Kindes sehen.

Je besser die Ablösung gelungen ist, desto leichter fällt es einem Paar, folgende Fragen zu klären: Wie viel Einblick sollen Eltern und Schwiegereltern in unser Leben haben? Wie viel Rat und Kritik dürfen sie äußern? Wie eng soll der Kontakt zu ihnen sein? Macht es uns unfrei, wenn wir finanzielle oder praktische Unterstützung annehmen? Welche Erwartungen sind damit verbunden? Diese Fragen sind nach einem Grundsatz zu beantworten, der eigentlich eine Binsenweisheit ist: Je wohler man sich mit Eltern oder Schwiegereltern fühlt, desto mehr wird man sie in das gemeinsame Leben einbeziehen. Je mehr man sich kritisiert, hinterfragt, kontrolliert, verletzt oder enttäuscht fühlt, desto weniger wird man sich dem Einfluss von Eltern öffnen.

Und doch gibt es viele Situationen, in denen eine ungelöste Bindung zu den Eltern besteht. Dann gelingt es einem Paar nicht, Nähe und Abstand zu ihnen so zu gestalten, wie es heute angenehm und passend ist. Ängste, Schuldgefühle oder auch alte Sehnsüchte binden in unguter Weise an die Eltern. Das wirkt sich dann auch auf die Paarbeziehung aus – die Eltern werden zu einem häufigen Gesprächsthema des Paares und sind dadurch in seiner Beziehung viel gegenwärtiger, als wünschenswert ist. Manchmal entzünden sich Konflikte an dem Thema, wie man das Verhältnis zu Eltern oder Schwiegereltern gestalten soll. So kann eine ungelöste Bindung an die Herkunftsfamilie die Freiräume eines Paares einengen. Folgende Ablösungsschritte helfen, solche Bindungen zu lösen.

Konflikte austragen Eltern erwachsener Kinder sind nicht mehr dieselben, die sie früher waren. Sie haben viele Erfahrungen gemacht, sind im Zusammenleben mit den Kindern gereift. Deshalb gibt es heute auch da eine Chance auf Veränderung, wo Eltern früher unbeweglich waren. Wer seinen Eltern mitteilt, was ihn stört und womit er sich nicht wohl fühlt, bewirkt eine Klärung. Oft gehen Eltern auf Gefühle und Bedürfnisse ihrer erwachsenen Kinder ein. Dann kommt es zu einer Ablösung: Aus dem Kind, das sich mit den Eigenarten seiner Eltern abfinden musste, wird ein gleichberechtigtes Gegenüber.

Manchmal beharren Eltern auf ihrer angestammten Autorität. Sie beanspruchen für sich nach wie vor, im Recht zu sein, und stellen ihre Vorstellungen über die Wünsche des erwachsenen Kindes. Auch das bringt eine Ablösung in Gang. Angesichts dieser Haltung spürt ein Paar: Der Einfluss der Eltern tut dem gemeinsamen Leben nicht gut. Wir brauchen Grenzen, die diesen Einfluss eindämmen. Das kann sich in der Häufigkeit von Telefonaten und Besuchen ausdrücken, darin, wie offen ein Paar aus dem eigenen Leben erzählt, oder darin, wie viel praktische oder finanzielle Hilfe es annimmt. Letzteres kann ein schmerzlicher Ablösungsschritt sein: auf Hilfe verzichten, die mit einer unguten Nähe oder Verpflichtung verbunden wäre.

Vergeben und Wünsche loslassen Eltern werden an ihren Kindern schuldig und bleiben ihnen manches schuldig. Das hinterlässt beim Kind manchmal den Wunsch nach Wiedergutmachung und die Sehnsucht, irgendwann einmal von den Eltern das zu empfangen, was gefehlt hat. Schuld und Mangel können auf diese Weise eine Bindung an die Eltern erzeugen, die ein Leben lang bestehen bleibt. Daher gehört zur Ablösung das Vergeben und das Loslassen alter Wünsche an die Eltern.

Schuld ist wie eine offene Rechnung, die den Gläubiger mit dem Schuldner verbindet. Die Bindung zwischen einem Gläubiger und Schuldner wird erst gelöst, wenn der Schuldner seine Schuld beglichen hat oder von einem Gericht für die unbeglichene Schuld bestraft wurde. In Beziehungen stehen uns diese beiden Wege nicht offen; somit bleibt nur ein dritter: die Schuld erlassen. Vergebung drückt sich in folgender Haltung aus: „Ihr habt mich beschämt (geschlagen, entmutigt, unter Druck gesetzt, benachteiligt, als Partnerersatz gebraucht …). Aber das trage ich euch nicht mehr nach. Ihr braucht es nicht wiedergutzumachen. Ihr müsst eure Schuld nicht einmal einsehen. Ihr seid frei davon. Wo euer Verhalten noch Auswirkungen auf mein Leben hat, kümmere ich mich selbst darum. Ich werde anderswo Hilfe und Verständnis finden." Auf diese Weise löst sich eine Bindung, deren Einfluss auf die Partnerschaft nicht zu unterschätzen ist. Natürlich bedeutet Vergebung nicht, sich dem, was früher verletzend war, weiterhin auszusetzen. Ein angemessener Abstand schützt dann vor den Schwächen und Fehlern der Eltern.

Viele erwachsene Kinder sehnen sich nach einer Zuwendung von einem Elternteil, die ihnen als Kind gefehlt hat: Anerkennung, Annahme, Großzügigkeit, Vertrauen oder Nähe. Dafür lassen sie sich immer wieder auf einen Kontakt ein, der meist mit einem schmerzlichen Gefühl endet. Wer sich seine Wünsche an die Eltern eingesteht, wird zu dem Ergebnis kommen: „Wahrscheinlich wird mir mein Vater nie die Anerkennung geben, nach der ich mich immer gesehnt habe. Ich lasse diesen Wunsch los. Auch wenn mich das traurig macht, braucht mir mein Vater keine Anerkennung mehr zu schenken. Ich finde sie heute anderswo." Dadurch löst sich eine Bindung zu den Eltern und es ergibt sich ein Grad an Nähe, der zum jetzigen Leben passt. Auf diese Weise verringert sich der Einfluss der Eltern.

Das kann ganz praktische Auswirkungen auf eine Partnerschaft haben: Sabrina hat sich mit ihren Eltern auseinandergesetzt. Seither muss sie am Wochenende nicht mehr fünf Kilometer joggen, den Kulturteil der Zeitung lesen und mit den Kindern durchs Museum ziehen – alles Dinge, die Sabrinas Mutter gut und wichtig findet. Ihr Mann Victor merkt, wie die Wochenenden entspannter werden und sich leichter Aktivitäten finden lassen, die allen Freude machen.

Die Eltern ehren Paradoxerweise löst sich die Bindung, wenn ein Mensch seine Eltern ehrt. Auch die Kinder sind in der Schuld der Eltern, weil sie mehr empfangen haben, als sie je zurückgeben können. Erwachsene Kinder, die in der Beziehung zu ihren Eltern Unangenehmes ertragen, tun das meist aus Schuldgefühlen heraus. Die Schuld gegenüber den Eltern lässt sich nur auf eine Weise aufwiegen: durch Dankbarkeit – für unermesslichen Einsatz und für die Liebe, selbst wenn diese unvollkommen war oder schädliche Verhaltensweisen nicht verhindert hat. Die Bedeutung der Eltern anzuerkennen und das Gute zu würdigen, das sie ihren Kindern mit auf den Lebensweg gegeben haben, löst diese aus der Schuld. Dann können sie ihnen als Erwachsene mit Achtung gegenübertreten und die Beziehung zu ihnen so gestalten, wie es den jetzigen Bedingungen am besten entspricht.

Das kann von herzlicher Verbundenheit bis zu respektvollem Abstand reichen. Dass man die Eltern ehrt, kann sich darin ausdrücken, dass man an einem passenden Ort ein Bild von ihnen aufhängt. Es kann sich darin äußern, dass man gut über sie spricht, oder in Zeichen der Dankbarkeit, mit denen man die Eltern bei entsprechenden Anlässen beschenkt. Gerade wenn das Verhältnis belastet ist, liegen solche Gesten nicht nahe. Dennoch stellt sich in der Regel rasch ein befreiendes Gefühl ein, sobald die Eltern einen ehrenvollen Platz im eigenen Denken und Fühlen sowie in der Partnerschaft einnehmen.

Je besser die Ablösung von der „Familienbande" gelingt, desto freier entfaltet sich die Bindung zum Partner. Manchmal haben die Partner allerdings unterschiedliche Vorstellungen davon, wie viel Nähe zu Eltern und Schwiegereltern angemessen ist. Wenn ich nach der Geschichte eines Paares frage, höre ich manchmal: „Und als wir dann verheiratet waren, haben ihre/seine Eltern immer noch jeden zweiten Tag angerufen. Das hat mich irgendwann wütend gemacht." Gerade wenn das Verhältnis zu den Eltern gut ist, ist die Versuchung groß, sich noch an sie anzulehnen, auch wenn die Partnerschaft längst der Mittelpunkt des eigenen Lebens ist. Daraus können Bündnisse entstehen, die man in der familientherapeutischen Tradition „Koalitionen"nennt:

- Anne leidet darunter, dass Jens sehr viel arbeitet. Ihr Vater ist städtischer Angestellter und hatte abends Zeit für die Kinder. Jens hat das Gefühl: „Keiner in Annes Familie unterstützt meinen beruflichen Weg. Zwischen den Zeilen kommt immer rüber, dass ich weniger arbeiten soll."
- Thomas kommt aus einer sparsamen Familie, seine Eltern haben die Nachkriegszeit erlebt. Helga liebt schöne Dinge und gibt Geld aus für Dekoration, Kleidung und andere Dinge, die Freude machen. Das fordert Thomas heraus, der schon mit einem Bausparvertrag in die Ehe ging. Wenn Helga bei Thomas' Eltern zu Besuch ist, stimmen diese ein Lob auf die Sparsamkeit an. Thomas sagt nichts dazu – es wirkt, als würde er still zustimmen. Noch Tage danach hat Helga ein schlechtes Gewissen, wenn sie etwas kauft.

Auch wenn solche Koalitionen nicht bewusst geschlossen werden, wirken sie sich doch auf die Paarbeziehung aus. Wer als Paar solche Koalitionen erkennt, kann diese kündigen und die Partnerschaft zum wichtigsten Bündnis machen. Es befreit eine Partnerschaft, wenn die stärkste Loyalität zum Partner besteht. Manchmal muss ein Paar einen Konflikt austragen, bei denen unterschiedliche Familientraditionen aufeinandertreffen, wie beim Zusammenprall von Sparsamkeit und Großzügigkeit. Bis sich hier ein guter Kompromiss findet, kann es hilfreich sein, den Kontakt zu den Eltern und Schwiegereltern etwas einzuschränken. Dann spüren beide Partner: Wir tragen den Konflikt in einem fairen Kräfteverhältnis aus und ohne Rücksicht auf die Vorstellungen unserer Eltern. Wenn das gelingt, fühlt sich keiner durch die Bindung an die Schwiegerfamilie unfrei.

Nicht selten werden Schwiegertöchter und Schwiegersöhne von den Schwiegereltern in ihrer Lebensart hinterfragt – zuweilen offen, häufiger versteckt. In solchen Situationen sollten sich die Söhne und Töchter auf die Seite ihres Partners stellen, selbst wenn ihnen die Haltung der Eltern nähersteht als die ihres Partners: „In diesem Punkt brauchen wir keinen Rat von euch. Da finden wir unseren eigenen Weg, der zu uns passt." „Gerade deshalb liebe ich sie/ihn, weil sie/er das ganz anders angeht als wir in unserer Familie." Loyalität schützt die Freiheit des Partners vor den Bindungen an die Schwiegerfamilie. Zugleich macht sie auch das Kind von Eltern freier, das sich aus familiären Koalitionen löst, die oft eine lange Geschichte haben. In Familien erstrecken sich Bündnisse oft über mehrere Generationen und verschiedene Zweige der Familie. Sparsame verbünden sich gegen verschwenderische Familienmitglieder, schwache gegen übermächtige. Manchmal werden Menschen – persönlich und in ihrer Partnerschaft – erst dann frei, wenn sie sich aus familiären Koalitionen lösen.

Box 4.4 Schlüsselkompetenz Freiheit bewahren

Wie kann ich Bindungen an die Herkunftsfamilie lösen?

- Ich gestalte die Nähe zu meinen Eltern und Schwiegereltern so, wie es der Qualität unserer Beziehung entspricht.
- Wo mir die Lebensart meiner Herkunftsfamilie näher ist als die meines Partners, löse ich mich und baue mit meinem Partner etwas Neues auf, was uns beiden entspricht.
- Wo der Einfluss meiner Schwiegereltern stark ist, bestehe ich darauf, dass wir etwas Neues, Eigenes gestalten.

Probleme	Lösung
Meine Partnerin/mein Partner will nicht wahrhaben, wie stark der Einfluss der Eltern auf sie/ihn noch ist.	Geben Sie Ihrem Partner Zeit für einen Ablösungsprozess, statt ihm das Gefühl zu geben, sich zwischen Ihnen und den Eltern entscheiden zu müssen. Nutzen Sie stattdessen Widerspruchsstrategien aus Kap. 2 Kommunikation, um sich für einen angemessenen Abstand zu den Schwiegereltern und einen neuen, gemeinsamen Lebensstil starkzumachen.

4.5 Die Dialektik: frei sein zur Bindung

Bindung und Freiheit können in einen Konflikt geraten, der unauflösbar scheint. Ein Flirt lockt und lässt die Bindung an den Partner als Fessel erscheinen. Das Leben, das man sich wünscht, und das Leben, das mit dem Partner möglich ist, scheinen einander auszuschließen. Eine dialektische Sichtweise kann in der Bindung die höchste Form menschlicher Freiheit entdecken. Immer wieder ist in der Philosophie die Frage gestellt worden, ob der Mensch einen freien Willen hat. Befunde aus der Gehirnforschung haben diese Frage neu aufgeworfen. Experimente zeigen, wie sich im Gehirn schon Weichen stellen, bevor ein Mensch eine bewusste Entscheidung trifft (Grawe 2004).

Die moderne Psychotherapieforschung beantwortet die Frage nach der Willensfreiheit pragmatisch: Unser Verhalten wird von sogenannten Attraktoren bestimmt, motivationalen Mustern, die unser Verhalten in eine bestimmte Richtung ziehen (Grawe 2000). Mit viel Willensanstrengung lässt sich ein solcher Attraktor unterdrücken, mit nachlassender Willenskraft bestimmt er wieder unser Verhalten. Der Mensch erreicht erst dann eine Wahlfreiheit, wenn er andere, schwächer ausgeprägte Attraktoren stärkt, um sein Verhalten daraufhin in diese Richtung umzulenken. So kann der Attraktor Jähzorn unwiderstehlich sein, weil er andere gefügig macht und ein Gefühl der Stärke verleiht. Erst wenn ein neuer Attraktor aufgebaut ist, zum Beispiel, in fairer Weise für sein Recht zu kämpfen, gelingt es, das Verhalten auf eine neue motivationale Bahn zu lenken.

Der Ursprung unserer Motivationen ist uns nicht immer bewusst. Daher erscheint manchmal etwas als Freiheit, was in Wirklichkeit Ausdruck eines schon lange bestehenden Reaktionsmusters ist. Ein Alkoholiker empfindet es möglicherweise als Freiheit, wenn er abends eine Flasche Rotwein trinken darf. Spricht ihn seine Partnerin auf das Trinken an, fühlt er sich eingeengt und wehrt sich gegen die Beschneidung seiner Freiheit. Sobald sich der Alkoholiker mit seiner Abhängigkeit auseinandersetzt, verkehrt sich seine Sichtweise ins Gegenteil: Im Trinken besteht die Unfreiheit, und nicht trinken zu müssen würde Freiheit bedeuten. Ganz ähnlich kann fremdgehen dürfen, ohne Rücksicht Karriere machen dürfen oder seine Gefühle herauslassen dürfen als Freiheit erscheinen, während diese Verhaltensweisen in Wirklichkeit Ausdruck eines inneren Zwanges sind. Dies unterstreicht ein Befund aus der Bindungsforschung: Menschen mit unsicherer Bindung öffnen sich als Jugendliche früher sexuellen Kontakten und gehen in ihren Partnerschaften häufiger fremd (von Sydow 2012). In der Regel wird solches Verhalten als Ausdruck sexueller Freiheit erlebt. In Wirklichkeit folgt es aber einem Bindungsmuster, das in den ersten Lebensjahren entstanden ist.

Viele Studien kommen zum selben Ergebnis: Eine Partnerschaft ist für die meisten Menschen die größte Quelle von Glück (Küpper 2003; Grau 2003). In diesem Sinne kann man einen Menschen als frei ansehen, der seine Partnerschaft an erste Stelle setzt. Wer um seiner Karriere willen seine Partnerschaft dauerhaft belastet, wer außereheliche Bestätigung sucht, wer sich aus Angst vor seinem Partner zurückzieht, wäre aus dieser Perspektive unfrei, im Sinne seiner tiefsten Interessen zu handeln.

Diese Sichtweise eröffnet Auswege aus scheinbar ausweglosen Konflikten zwischen Bindung und Freiheit. Die größere Freiheit offenbart sich in einem Verzicht zugunsten der Bindung. Partner können sich fragen: Was treibt mich zu einem Schritt, der meine Bindung belasten würde? Warum erscheint mir ein Verzicht nicht zu verkraften? Bin ich hier wirklich frei, so zu entscheiden, wie es schon immer meinen Vorstellungen vom Leben entsprochen hat? Wer sich in einer solchen Weise Rechenschaft gibt, spürt manchmal, was sie oder ihn antreibt: Ehrgeiz oder eine Suche nach Anerkennung, ein Sicherheitsbedürfnis oder Fluchtimpulse angesichts ungelöster Probleme. Wer diese Motive erkennt und entmachtet, gewinnt seine Freiheit zurück, Entscheidungen im Sinne der Bindung zu treffen.

Eine dialektische Sichtweise kann auch einnehmen, wer einmal für die Bindung kämpfen muss: „Mehr Glück als in unserer Beziehung kannst du durch andere Dinge nicht finden. Setze unsere Liebe an die erste Stelle. Du wirst sehen, dass noch genug Freiraum für anderes bleibt und dass du auch am meisten davon hast, wenn es uns gut miteinander geht." (Diese Sichtweise verfängt natürlich nur, wenn der Partner die Beziehung bejaht und nicht etwa an Trennung denkt.)

Gleichzeitig hilft die dialektische Sicht auch, das notwendige Maß an Freiheit zu schützen, das jede tragfähige Liebe benötigt: „Ich brauche ein gewisses Maß an beruflicher Erfüllung und persönlichen Freiräumen, um mit mir im Reinen zu sein. Nur wenn ich mit mir im Reinen bin, kann ich mich dir wirklich zuwenden. Du hast mehr von mir, wenn du mir Freiräume lässt. Wenn du mich zu eng bindest, bekomme ich Angst und fühle mich von vielem abgeschnitten, was mich lebendig macht. Und dann bin ich dir ein schlechter Partner/eine schlechte Partnerin."

Intimität, das Thema des nächsten Kapitels, wird von einer sicheren Bindung getragen. Wo sich Liebe in sexueller Gemeinschaft ausdrückt, entsteht eine tiefe seelische Bindung. Das Bedürfnis nach Intimität kann aber auch zur Gefahr für die Bindung werden, wenn es sich auf eine andere Person ausrichtet. Obwohl Bindungen und Intimität einander beeinflussen, folgt die Intimität ihren ganz eigenen Gesetzen.

Literatur

Berkic J, Quehenberger J (2012) Bindungsspezifische Mechanismen der Emotionsregulation bei Langzeit-Ehepaaren. In: Brisch KH (Hrsg.) Bindungen – Paare, Sexualität und Kinder, 36–60, Klett-Cotta Verlag, Stuttgart

Felmlee D (1998) Fatal Attractions. Loss and Contradictions in Intimate Relationships. A Sourcebook. In: Harvey JH Perspectives on Loss, 113–124, Routledge Chapman & Hall

Grau I (2003) Emotionale Nähe. In: Grau I, Bierhoff H-W (Hrsg.) Sozialpsychologie der Partnerschaft, 285–314, Springer Verlag, Berlin/Heidelberg

Grawe K (2000) Psychologische Therapie. Hogrefe Verlag, Göttingen

Grawe K (2004) Neuropsychotherapie. Hogrefe Verlag, Göttingen

Grossmann K, Grossmann KE (2004) Bindungen – das Gefüge psychischer Sicherheit. Klett-Cotta Verlag, Stuttgart

Hollweg K, Krischer M (2006) Exklusiv-Studie. Der Seitensprung. Focus 19/2006,140–151

Küpper B (2003) Was unterscheidet Singles und Paare? In: Grau I, Bierhoff H-W (Hrsg.) Sozialpsychologie der Partnerschaft, 77–110 Springer Verlag, Berlin/Heidelberg

Neyer FJ (2003) Persönlichkeit und Partnerschaft. In: Grau I, Bierhoff H-W (Hrsg.) Sozialpsychologie der Partnerschaft, 165–190, Springer Verlag, Berlin/Heidelberg

Nuber U (2012) Was Paare wissen müssen. 10 Grundregeln für das Leben zu zweit. Fischer Taschenbuch Verlag, Frankfurt am Main

Schmidt G, Starke K, Matthiesen S, Dekker A, Starke U (2003) Beziehungsformen und Beziehungsverläufe im sozialen Wandel. Zeitschrift für Sexualforschung 16 (Heft 3) 195–231

Stöcker K, Strasser K, Winter M (2003) Bindung und Partnerschaftsrepräsentation. In: Grau I, Bierhoff H-W (Hrsg.) Sozialpsychologie der Partnerschaft, 137–164, Springer Verlag, Berlin/Heidelberg

Sydow K von (2012) Bindung und Partnerschaft: Forschungsergebnisse und Implikationen für die Paar- und die Einzeltherapie. In: Brisch KH (Hrsg.) Bindungen – Paare, Sexualität und Kinder, 61–79, Klett-Cotta Verlag, Stuttgart

Zimbardo P, Gerrig RJ, Hoppe-Graff S (Hrsg.) (1999) Psychologie. Springer-Lehrbuch, Berlin

5 Intimität: Einswerden und Selbstbewahrung

> Unser Leben ist aber auf allen Ebenen und immer antinomisch angelegt; alles Leben spielt sich zwischen polaren, jedoch sich ergänzenden Impulsen ab. So steht der Liebesbereitschaft, der liebenden Hinwendung auf anderes als uns selbst, unser Selbsterhaltungstrieb gegenüber, nach dem, wie das Sprichwort sagt, jeder sich selbst der Nächste ist. Zwischen diesen beiden Urgewalten spielt sich letztlich unser Leben ab: Auf der Seite der Liebesbereitschaft im weitesten Sinne liegt unser Bedürfnis nach Kommunikation, nach Hingabe und dem Austausch zwischen Ich und Nicht-Ich, nach jenem grenzüberschreitenden Transzendieren, das uns uns selbst vergessen lässt; und auf der Seite der Selbsterhaltung liegt unser Bedürfnis nach Selbstbewahrung und Abgrenzung, nach Unabhängigkeit und Autonomie unserer Persönlichkeit, letztlich nach Selbstverwirklichung. Selbstbewahrung und Selbsthingabe sind wohl die beiden tiefsten Strebungen unseres Lebens (Riemann 2011, S. 19).

So beschrieb der Psychoanalytiker Fritz Riemann das Spannungsfeld der Intimität. Auf der einen Seite steht der Wunsch, der geliebten Person so nahezukommen, dass sich die Grenzen von Ich und Du auflösen und ein Wir entsteht. Paare erleben das als Momente der Verschmelzung oder auch als das andauernde Erleben, eine Einheit zu sein. Auf der anderen Seite stiftet gerade die Intimität tiefe Identitätserfahrungen. Wo ich die Hüllen meines Körpers und meiner Seele fallen lasse, wo ich mich den Blicken und Berührungen der geliebten Person aussetze, erfahre ich meine Einzigartigkeit. Wenn ich in der Intimität festhalte, was zutiefst zu mir gehört, entsteht nicht nur eine erotische Spannung, sondern ich spüre gerade in der Berührung und Reibung, wer ich wirklich bin.

Auf dem Weg zur Intimität gibt es besonders viele Stolpersteine. Paare, die nach ihren ungelösten Problemen gefragt werden, nennen am zweithäufigsten sexuelle Probleme. An erster Stelle steht das Problem mangelnder Zuwendung, das bei vielen Befragten wohl auch einen Mangel an intimer Nähe bedeutet (Schindler et al. 2007). Intimität kann man als Krönung der Liebe betrachten. Sie gelingt, wenn die Kommunikation, das Gefühlsleben und die Bindung ausreichend entwickelt sind. Jeder Schwachpunkt im Aufbau einer tragfähigen Paarbeziehung betrifft auch die Intimität.

Die gesellschaftlichen Bedingungen sind heute denkbar schlecht, um eine gute Intimität zu entfalten. Unser Intimitätsbedürfnis gehört zu den stärksten menschlichen Motivationen. Entsprechend gewinnbringend lässt sich dieses Bedürfnis für die Werbung nutzen. Das hat zu einer Allgegenwart intimer Reize geführt. Im Datenverkehr des Internets stehen erotische Inhalte auf Platz eins, auch in der Werbung liegen intime Aufmerksamkeitswecker vor anderen Reizen wie Abenteuer, Wohlbefinden, Gesundheit oder Familienglück. Die Musikindustrie setzt in ihren Clips auf Intimität, und es gibt kaum eine Bestsellerliste, auf der nicht Titel mit intimen Enthüllungen stehen. Boulevardblätter locken mit dem Aufdecken intimer Geheimnisse, Qualitätszeitungen kommentieren solche Enthüllungen in ihren Leitartikeln. Es gibt kein Entkommen.

Wie findet ein Paar hier noch eine Privatsphäre, die geschützt ist vor dem Terror der Überstimulation, dem Exhibitionismus fremder Menschen und den übersteigerten Bildern von Intimität? Die sexualisierte Gesellschaft heizt das Intimitätsbedürfnis an und führt gleichzeitig zu einer Abstumpfung (Sigusch 2005; Moeller 1992). Beides schränkt die erotische Erlebnisfähigkeit ein: Die leisen Töne der Liebe gehen im sexuellen Getöse unter. Sanfte Berührungen wirken nicht auf den, der den Kick sucht. Daher braucht es oft Abschirmung und Verlangsamung, um einen privaten Raum für Intimität zu schaffen. Übersteigerte Sehnsüchte müssen der Wonne des Unscheinbaren weichen. Erotische Schablonen sind abzulegen, weil sie nie zu der einzigartigen Berührung passen, die sich zwei einzigartige Menschen schenken.

Wie bei den anderen Beziehungsthemen auch, kommt es bei der Intimität darauf an, ob sich die Partner flexibel zwischen den Polen von Einswerden und Selbstbewahrung bewegen können. Worum es dabei geht, lässt sich am besten an unguten Entwicklungen studieren. Paare, die sich vom Pol der Selbstbewahrung nicht lösen, ziehen sich bei Irritationen oder Spannungen voneinander zurück. Für die Intimität bleibt ihnen dann ein kleinster gemeinsamer Nenner übrig. Sie zeigen einander nur noch diejenigen Seiten, die zu den Sichtweisen und Gewohnheiten des anderen passen, und beschränken sich beim Sex auf den Ablauf, der vom anderen nicht allzu viel Fremdes verlangt. Der Sexualtherapeut David Schnarch nennt dies die „Tyrannei des kleinsten gemeinsamen Nenners“ (Schnarch 2006). Menschen, die sich in einer solchen Beziehung nicht mehr wohl fühlen, sagen: „Wir haben uns auseinandergelebt“, oder: „Wir haben uns nichts mehr zu sagen.“ Der Weg aus der Entfremdung führt zum Pol des Einswerdens. Dann kann man lernen, Gewohntes und Vertrautes loszulassen, um sich in einem Wir neu zu finden – verändert, aber als Person natürlich noch dieselbe und derselbe.

Auf der anderen Seite stehen Paare, die sich vom Pol des Einswerdens nicht lösen können. Sie leben eine enge Beziehung, aus der keiner heraustreten kann, um etwas Abstand und Klarheit zu finden. Solche Paare können über alles miteinander reden und tun dies mit einer Konsequenz, dass einer für den anderen gläsern wird. Kein Geheimnis, keine Reste an Privatsphäre bleiben dem anderen verborgen. Oft geht Paaren dann die Erotik verloren, die ein Mindestmaß an Fremdheit und Unterschied voraussetzt. Irgendwann macht es sich auch bemerkbar, wenn einer die eigene Identität für die Paarbeziehung aufgibt. „Ich weiß nicht mehr richtig, wer ich bin und was ich will", kommentieren Betroffene diesen Selbstverlust. Dann ist es höchste Zeit, sich die Fähigkeiten zu erschließen, die zum Pol der Selbstbewahrung gehören: auch in der Liebe die Schamgrenzen, die Privatsphäre und Geheimnisse wahren, dem Partner auch Fremdes und Ungewohntes zumuten, sexuelle Vorlieben einbringen.

Es gibt Lebenssituationen, die uns in besonderer Weise Fähigkeiten des Einswerdens abverlangen. Dazu gehören die typischen Schwellensituationen einer Paarbeziehung: sich befreunden und eine Partnerschaft eingehen, zusammenziehen und einen gemeinsamen Haushalt führen, Kinder bekommen, Kinder wieder loslassen und das Leben neu organisieren. Schwellensituationen bringen die Unterschiede eines Paares an die Oberfläche – wie der andere die Dinge sieht und angehen will, kann fremd wirken und schwer vereinbar mit den eigenen Sichtweisen und Gewohnheiten sein. Wenn es gut läuft, lassen beide dann Gewohntes los und damit immer auch einen Teil ihrer selbst. Sie geben etwas von sich auf, um gemeinsam mit dem Partner etwas Neues zu wagen, in dem beide aufgehen können.

Auf der anderen Seite gibt es Situationen, die in besonderer Weise die Fähigkeit der Selbstbewahrung verlangen. Jeder Mensch hat einen innersten Bereich, der unaufgebbar ist. Schnell fordert ein Partner vom anderen, in einer Weise zu denken, zu fühlen und zu handeln, wie es diesem nicht entspricht. Schnell nimmt Sexualität Formen an, mit denen sich ein Partner nicht wohl fühlt. Leicht ordnet ein starker Partner das gemeinsame Leben so, dass er den anderen nach seinem Bilde formt. All das sind Anlässe zur Selbstbewahrung, die sich notfalls dem Einswerden so lange verweigert, bis im Wir wieder Raum entsteht für das, was unaufgebbar zum Ich gehört.

Beim Beziehungsthema Intimität pendelt sich das Gleichgewicht zwischen Einswerden und Selbstbewahrung auf eine sehr individuelle Weise ein. Die Persönlichkeit und die Prägungen der Partner spielen eine besondere Rolle. Gefragt sind Introspektion – der Blick nach innen – und eine behutsame Abstimmung mit dem Partner, um ein gutes Gleichgewicht zu finden.

5.1 Wir starten leider nicht bei Null

Im Bereich der Intimität unterliegt nur wenig unserer bewussten Kontrolle. Verliebtheit können wir nicht machen, sie überkommt uns. Wir suchen uns auch nicht aus, welcher Typ Mann oder Frau uns erotisch anspricht. Was Lust macht oder Abneigung weckt, kommt aus der Tiefe unserer leib-seelischen Reaktionen. Kein anderer Bereich der Liebe wird so stark von unseren früheren Prägungen bestimmt. Wenn sich seelische Nähe und Sexualität gut entwickeln, genießen wir, dass uns Intimität bis in die Tiefe unserer Person berührt und dass ihr manches Geheimnisvolle anhaftet. Wenn Schwierigkeiten auftreten, macht uns aber gerade das hilflos: Probleme in der Intimität lassen sich nicht in einer Weise lösen wie die Frage nach einer gerechten Aufgabenteilung. Über unsere Zuneigung, Lust und Offenheit können wir nicht immer frei verfügen.

Wir wissen inzwischen eine ganze Menge darüber, wie sich frühe Prägungen auf die partnerschaftliche Intimität auswirken und wie sie sich bei Bedarf verändern lassen. Bindungspsychologische und psychotherapeutische Sichtweisen erhellen, was sich im Dunkel der ersten Lebensjahre formt und wie sich dies auf die Intimität auswirkt.

Das Echo früher Bindungserfahrungen Im vorigen Kapitel über Bindung habe ich beschrieben, inwiefern schon Kleinkinder bestimmte Bindungsstile zeigen. Der Bindungsstil – sicher, unsicher-vermeidend oder unsicher-ängstlich – bleibt in der Regel bis ins Erwachsenenalter unverändert. Bindungsforscher haben untersucht, ob er sich auch auf die Intimität auswirkt, und festgestellt: Partner mit sicherem Bindungsstil sind sexuell beziehungsorientierter als Partner mit unsicherem Bindungsstil. Sie stehen Sex ohne Liebe kritischer gegenüber und legen mehr Wert auf Blickkontakt, Küsse und zärtliche Berührungen. Partner mit unsicherem Bindungstyp hingegen haben früher sexuelle Erfahrungen, mehr sexuelle Erfahrungen mit Fremden und gehen häufiger fremd.

Unsicher gebundene Männer erzwingen häufiger Sex, unsicher gebundene Frauen lassen sich häufiger auf Sex ein, den sie nicht wollen. Partner mit unsicherem Bindungstyp riskieren häufiger ungeschützten Sex, unsicher gebundene Frauen erleben einen Orgasmus seltener als sicher gebundene. Es wundert nicht, dass Partner von sicher gebundenen Menschen nicht nur zufriedener mit ihrer Paarbeziehung sind, sondern auch sexuell erfüllter (von Sydow 2012).

Zärtlichkeit und Sexualität sind in beunruhigendem Ausmaß ein Echo früher Bindungserfahrungen. Das ist natürlich niemandem bewusst, der Zärtlichkeit vermeidet, sich beim Sex nicht fallen lassen kann oder fremdgeht. Erotische Prägungen formen sich in einer guten Weise, wenn ein Paar den positiven Bindungserfahrungen Raum gibt, die im vergangenen Kapitel beschrieben wurden. Oft verleiht schon das die Sicherheit, die für Zärtlichkeit, Selbsthingabe und die erotische Erlebnisfähigkeit notwendig ist.

Der Schatten der Wiederholung Die Sichtweise der Schematherapie, einem modernen integrativen Psychotherapieverfahren, habe ich schon in Kap. 3, in dem es um Gefühle geht, dargestellt: Durch verletzende oder bedrohliche Lebenserfahrungen bilden sich Schemata heraus, die durch entsprechende Auslöser aktiviert werden und dann unsere Reaktionen bestimmen. Jeffrey Young, der Vater der Schematherapie, sieht Paarbeziehungen so: Verliebtsein und erotische Anziehung beruhen auf einer „Schema-Chemie". Menschen finden besonders diejenigen möglichen Partner attraktiv, die zu ihren Schemata passen (Young et al. 2008). Sich selbst aufopfernde Menschen fühlen sich zu bedürftigen Frauen oder Männern hingezogen. Emotional zu kurz gekommene Menschen finden kühle Frauen oder Männer faszinierend. Selbstunsichere Menschen verlieben sich in kritische Frauen oder Männer. Logisch ist das nicht, sinnvoll auch nicht. Aber die erotische Anziehung folgt Gesetzen, die nicht auf der Ebene unseres Verstandes liegen. Sie sucht in der Liebe tief Vertrautes, die Wiederbelebung frühen Glücks, die Überwindung früheren Leides (Willi 1988; Stiemerling 2000).

Daher zählt die Liebe der Kühlen manchmal mehr als die der Herzlichen, die mit ihrer Zuneigung verschwenderisch umgehen. Die Wertschätzung eines kritischen Mannes berührt unter Umständen tiefer als die eines wohlwollenden, der ohnehin vieles gut findet. Eine solche Schema-Chemie muss nicht zu Problemen in der Intimität führen. Einfühlungsvermögen und eine gute Kommunikation können die Reaktionen der Schema-Chemie kontrollieren. Dann sorgt sie für eine positive Spannung, die die Intimität aufregend und reizvoll hält.

Unter Umständen verursacht die Schema-Chemie jedoch auch Blockaden in der Intimität. Nehmen wir an, eine Frau war als Mädchen verletzenden und ausnutzenden Verhaltensweisen ausgesetzt. Sie entwickelt das Schema Misstrauen/Misshandlung. Später heiratet sie einen durchsetzungsfähigen Mann, der sie beschützen kann, sich in der Beziehung aber auch dominant verhält. In Gesprächen spricht er das an, was ihn interessiert, beim Sex macht er sich für das stark, was ihm Spaß macht. Er merkt nicht sofort, wenn ihre Bedürfnisse zu kurz kommen. Das aktiviert ihr Schema Misstrauen/Missbrauch und sie fühlt sich vom eigenen Mann überfahren, ihrer Rechte beraubt und benutzt.

Ein Misstrauen erwacht, das sie hindert, sich in Gesprächen zu öffnen und sich auf sexuelle Gemeinschaft einzulassen.

Die Schema-Chemie wirkt sich in diesem Fall dreifach auf die Intimität aus. Erstens hat sie zu einer Partnerwahl geführt, die die Intimität schwieriger macht, als es bei der Wahl eines zurückhaltenden, sensiblen Mannes gewesen wäre. Zweitens bewirkt das Schema Misstrauen/Misshandlung, dass die Frau Situationen erduldet, die ihr nicht guttun, statt sich für das einzusetzen, was sie wünscht. Drittens führt das Schema zu Überreaktionen auf Situationen, in denen der Ehemann die Interessen seiner Frau übergeht. Dann reagiert sie so starr und wütend, als wäre ihr Mann rücksichtslos und ihren Bedürfnissen gegenüber verschlossen.

Viele Menschen spüren intuitiv, wenn ein „bestimmter Knopf gedrückt" wird und sie in einen „alten Film" geraten. Mit solchen und ähnlichen Worten lässt sich beschreiben, dass Schemata aktiviert werden. Selbstreflexion und der Versuch, die Vergangenheit vom Heute zu trennen, können den Einfluss schwächen, den frühe Prägungen auf die Intimität haben. Wenn zum Beispiel eine Frau, die sich sexuell überfahren fühlt, dem Verhalten ihres Mannes die eigenen Wünsche entgegensetzt, scheiden sich frühere von heutigen Erfahrungen: „Als Kind musste ich vieles ertragen, was mir zuwider war, aber heute kann ich Nein sagen und Situationen verändern, die mir nicht guttun."

Gefühle aus der Kindheit können störend zwischen ein Paar treten und auch sexuelle Funktionsstörungen auslösen, wie Lustlosigkeit oder Erektionsprobleme. Sie führen an lebensgeschichtlichen Linien entlang zu Kindheitserlebnissen, die einen langen Schatten werfen. Es kann auch hilfreich sein, einander Erlebnisse aus der Kindheit zu erzählen, die zu Irritationen und Blockaden in der Intimität passen (Nuber 2012). Auf diese Weise lernt man, manche intimen Reaktionen des Partners zu verstehen und nicht persönlich zu nehmen. Es ermöglicht, den Einfluss früher Prägungen einerseits taktvoll zu beachten und andererseits zu schwächen.

5.2 Das Wagnis der Intimität

Im Bereich der Intimität spielen wir mit dem höchsten Einsatz. Hier locken die tiefste Erfüllung und die größte Lust, hier lauern die größten Bedrohungen und tiefsten Verletzungen. Daher findet kaum ein Paar zu einer erfüllten Intimität, ohne ab und zu Ängste zu überwinden. Auf dem Weg zum Einswerden stehen einige Hürden. Besonders Selbstbezogenheit, Scham und der Wunsch nach Unabhängigkeit können sich der Intimität in den Weg stellen.

Die Hürde des Narzissmus Gesellschaftsanalysen beschäftigen sich mit der Frage, warum zwischenmenschliche Beziehungen heute so brüchig und flüchtig sind. Als Ursache wird ein narzisstischer Zeitgeist ausgemacht, das Unvermögen oder auch die Unwilligkeit, vom Ich zum Wir zu finden (Lasch 1982; Winterhoff 2010). In einer narzisstischen Beziehung ist der Partner eine Quelle von Befriedigung und Bestätigung. Leistet er das irgendwann nicht mehr, muss er verändert oder ausgetauscht werden. Narzisstischen Beziehungen fehlt die Bereitschaft zu Investitionen und die Bereitschaft, die eigene Befindlichkeit auch einmal zurückzustellen. Bei dem Versuch, über sich hinauszugehen und zum Wir zu finden, wird sich der Narzissmus dann vielleicht regen wie ein verwöhntes Kind, das sein „Ich will aber" den Regeln des Zusammenlebens entgegenhält. Die Kränkung, nicht an erster Stelle zu stehen, die Angst, zu kurz zu kommen, die Spannung aufgeschobener Bedürfnisbefriedigung können auch in der erwachsenen Seele toben. Wenn sich der Sturm jedoch beruhigt, wird sich zeigen, dass die Erfahrung der Gemeinsamkeit intensiver und beglückender ist als eine selbstbezogene Bedürfnisbefriedigung. Eine gute Kindererziehung vermittelt diese Erfahrung (Winterhoff 2010), und manchmal müssen Erwachsene diese in einem Akt der Selbsterziehung nachholen.

Umgekehrt kann in Paarbeziehungen auch die Versuchung entstehen, dem Partner eine narzisstische Befriedigung zu gewähren. Dazu neigen Frauen mehr als Männer (Wardetzki 1995; Norwood 2012). Sie stellen die Bedürfnisse des Partners in den Mittelpunkt und ersparen ihm die Mühe von Wechselseitigkeit und Investitionen. Damit ist eine erfüllte Intimität zum Scheitern verurteilt, weil die Frau dem Mann den Schritt vom Ich zum Wir nicht abverlangt.

Die Hürde des Narzissmus zu überwinden, kann in der Praxis so aussehen:

- sich für Gefühle, Themen und Vorlieben des anderen interessieren, auch wenn man zunächst nicht viel mit ihnen anfangen kann
- persönliche Gewohnheiten und Eigenarten verändern, wenn diese den Partner sehr stören
- bei romantischen Unternehmungen, Zärtlichkeit und Sexualität auch Dinge tun, die „nur" dem Partner Freude machen (solange sie keinen Ekel oder starke Ängste hervorrufen)
- Lebensentscheidungen so treffen, dass die Bedürfnisse beider in gleichem Maß einfließen, und sich von dem Neuen überraschen lassen, das dadurch ins Leben tritt
- die Welt und auch sich selbst regelmäßig mit den Augen des anderen wahrnehmen.

All das kann man nicht tun, ohne sich zu verändern. Man gibt etwas von sich auf und findet sich irgendwann in einem Lebensgefühl wieder, das der Partnerin und dem Partner näher ist als vorher.

Die Hürde der Scham Vereinigung setzt Nacktheit voraus. Im körperlichen und seelischen Miteinander müssen die Hüllen fallen, bevor es zu einer intimen Berührung kommt. Solange ich meinen Körper und mich als Person ansehnlich finde, wird es mir Lust bereiten, mich zu zeigen und intimer Berührung zu öffnen. Solange ich umgekehrt den Körper und das Wesen meiner Partnerin ansehnlich finde, reagiere ich mit Lust und Begehren. Verliebtsein lässt den anderen fast makellos erscheinen; mit ihrem Abklingen wird der Blick realistischer und nimmt plötzlich auch Unansehnliches wahr. Es gibt viele mögliche Auslöser für Scham: Besonderheiten des Äußeren, Besonderheiten der Kleidung und Körperpflege, Eigenarten als Liebhaberin oder Liebhaber, die Art und Weise zu fühlen und Gefühle zu zeigen, Eigenarten im Benehmen und Auftreten, Schwächen und Defizite. Alles, was sich als Makel empfinden lässt, kann Scham auslösen – selbstbezüglich oder im Bezug auf den Partner: „Ich schäme mich und würde mich am liebsten nicht mehr meinem Partner zeigen.“ „Ich schäme mich für meine Partnerin/meinen Partner und würde sie/ihn so am liebsten nicht sehen.“ Scham weckt den Wunsch, sich wieder zu verhüllen und vor der intimen Nähe zu fliehen. Wer hier nicht aufgeben will, muss die Fähigkeit entwickeln, sich trotz Scham zu öffnen, die eigene Scham auszuhalten und vielleicht sogar zu ertragen, dass sich der Partner einmal für einen schämt.

Scham folgt den Gesetzen der Gewöhnung (Lammers 2011): Sie nimmt bei wiederholter Erfahrung ab und macht dann wieder anderen Gefühlen Platz, wie Lust, Verbundenheit und Zuneigung. Das kann Mut machen, sich trotz gewisser Makel zu zeigen und auch die unansehnlichen Seiten des Partners anzunehmen:

- „Ich bin so neidisch, dass es mir selbst ganz peinlich ist. Aber ich will diese Gedanken nicht vor dir verstecken.“
- „Mein vorzeitiger Samenerguss ist echt ein Problem. Ich fände es trotzdem gut, wenn wir weiterhin miteinander schlafen und es uns so schön wie möglich dabei machen. Gerade jetzt möchte ich mich nicht von dir zurückziehen.“
- „Deine zusätzlichen Kilos machen deinen Körper schon anders und ich muss mich erst einmal daran gewöhnen. Aber deine Attraktivität machen ganz viele Dinge aus und ich begehre dich genauso wie früher.“

Die Erfahrung, dass die intime Gemeinschaft auch Makel einschließt, verbindet in einer Weise, die kaum noch zu erschüttern ist. Vielleicht finden Sie in Ihrem Umfeld Beispiele dafür. In Paarbeziehungen, die sich als stabil bewährt haben, verfügen die Partner über die Fähigkeit, die Hürde der Scham zu nehmen. Sie gehen offen und gelassen mit ihren Schwächen und Makeln um.

Die Hürde der Abhängigkeit Einswerden erzeugt eine wechselseitige Abhängigkeit. Verliebte bekennen sich zu diesem Leichtsinn: „Ich brauche dich!" Oder sogar: „Ohne dich könnte ich nicht leben!" Die Bindung an einen geliebten Menschen erzeugt eine emotionale Abhängigkeit – wenn seine Fürsorge und Aufmerksamkeit nachlässt, entsteht ein schmerzlicher Mangel. Darüber hinaus erzeugt die Aufgabenteilung in der Paarbeziehung eine Abhängigkeit in praktischen Dingen. Sei es bei technischen oder PC-Fragen, beim Saubermachen oder Flicken, bei Finanzen oder der Pflege von Kontakten – meist entwickeln sich Zuständigkeiten, in denen einer vom Geschick und der Zuverlässigkeit des anderen abhängig ist. Das erzeugt Ängste und zwar umso mehr, je negativer die Abhängigkeit von den Eltern erlebt wurde. Beobachtet man Paare in Konflikten, so entdeckt man häufig, wie Partner in die Unabhängigkeit fliehen: „Dann macht es halt künftig jeder für sich." Oder: „Dann darf ich von dir einfach nichts mehr erwarten."

Andere versuchen, der Hürde der Abhängigkeit auszuweichen, indem sie ihren Partner kontrollieren. Sie stellen Regeln auf, überwachen, erinnern oder steuern ihren Partner durch Lob und Kritik. Solange der Partner das mitmacht, entsteht nur eine schwache Abhängigkeit wie etwa die eines Chefs von seinem Angestellten. Wenn die Partner jedoch nicht auf gleicher Höhe sind, kann auch keine Nähe entstehen.

Um die Hürde der Abhängigkeit zu nehmen, braucht es drei Vertrauensschritte. Der erste Schritt ist das Vertrauen, dass der Partner mit der unvermeidlichen Abhängigkeit unterstützend, verständnisvoll und verlässlich umgehen wird. Der zweite Schritt ist das Selbstvertrauen, auch mit den unvermeidlichen Verletzungen und Enttäuschungen umgehen zu können. Der dritte Schritt ist ein Akt des Urvertrauens, nämlich der Glaube daran, auch bei einem Verlust des Partners zu überleben. Menschen, die sich auf das Einswerden eingelassen haben, erleben sich nach dem Tod des Partners wie amputiert und müssen einen schweren Weg der seelischen Reorganisation verkraften. Viele können diesen Aspekt zum Glück verdrängen, auch wenn der Gedanke an einen möglichen Verlust des Partners für empfindsame Menschen zu einer Hürde werden kann. Wenn sich Menschen die Alternativen bewusst machen, ziehen sie das Risiko des Einswerdens dem Verzicht darauf jedoch vor.

Glückliche Paare, die von ihrer Beziehung schwärmen, sprechen oft über das Glück des Einswerdens. Sie berichten, wie gut sie einander ergänzen und wie schön es ist, den Alltag gemeinsam zu erleben. Sie strahlen aus, dass ihr Liebestank gefüllt ist und sie sich einander zeigen dürfen, wie sie sind. Für dieses Glück lohnt es sich, Barrieren zu überwinden, die der Selbsterhaltungstrieb zuweilen errichtet.

Box 5.1 Schlüsselkompetenz Einswerden

Wie kann ich über mich hinausgehen?

- Ich öffne mich meinem Partner körperlich und seelisch und lasse eine leibseelische Berührung durch meinen Partner zu.
- Wo nötig, überwinde ich dazu auch Ängste und Scham.
- Hindernisse in der Intimität versuche ich zu erkennen und aus dem Weg zu räumen.
- Wo es nicht um Dinge geht, die unaufgebbar zu mir gehören, lasse ich Wünsche und Prägungen hinter mir, um etwas Neues, Gemeinsames zu finden.

Probleme	Lösung
Oft bin ich zu gestresst, um mich wirklich auf meine Partnerin einlassen zu können.	Vermutlich dienen einige Ihrer vielen Aktivitäten dazu, eine Ersatzbefriedigung für intime Bedürfnisse zu finden: Stimulation, Erfüllung, Sich-selbst-Spüren. Bauen Sie diese Aktivitäten zugunsten von echten Intimitätserfahrungen ab.
Wenn ich mich auf Nähe einlassen will, ist mein Partner oft nicht in der Stimmung, und umgekehrt.	Gehen Sie von fremd-bestätigter zu selbst-bestätigter Intimität über (Abschn. 5.5).

5.3 Guter Sex trotz Liebe

Liebe und Sex – passt das zusammen? „Natürlich!“, sagt unser Sinn für romantische Liebe. „Nur bedingt“, sagt der nüchterne Verstand. Je länger eine Paarbeziehung dauert, desto mehr lässt die Sexualität nach, zumindest im statistischen Durchschnitt (Kroger 2006). Dass die Sexualität in vielen Beziehungen fast zum Stillstand kommt, belegt auch die repräsentative Studie von Gunter Schmidt, der 776 Teilnehmer in einem Interview befragte. Danach hatten sechs Prozent aller Paare mindestens ein Jahr keinen Sex mehr miteinander, elf Prozent der Paare hatten höchstens zehnmal Sex im gesamten Jahr vor der Befragung. Ein weiteres Viertel der befragten Paare kam auf höchstens dreimal Sex pro Monat (Schmidt et al. 2003). Obwohl nicht alle Paare unter der nachlassenden Sexualität leiden, sind die Zahlen doch ein Beleg dafür, wie die Leidenschaft in dauerhaften Beziehungen verloren geht. Wie gehen Paare mit dieser Tatsache um? Weil eine Paarbeziehung nicht alle erotischen Sehnsüchte stillen kann, betreten viele Menschen erotische Parallelwelten, in denen sie das ausleben, was in der Paarbeziehung keinen Raum findet. Wie schon beim Thema Bindung erwähnt, kommt es in etwa 30 Prozent der Paarbeziehungen zu Seitensprüngen. Auch die Selbstbefriedigung neben der Paarbeziehung eröffnet eine erotische Parallelwelt, die je nach Alter 32 bis 48 Prozent der Frauen und 29 bis 46 Prozent der Männer betreten (Schmidt et al. 2003). Selbstbefriedigung ist meist mit Fantasien verbunden, die anders ablaufen als die partnerschaftliche Intimität. Darüber hinaus bedienen erotische Inhalte im Internet alle nur denkbaren Vorlieben. Sie werden intensiv genutzt, weil sie kostenlos und ohne Mühe zu haben sind.

Aber wozu diese erotischen Parallelwelten? Sie entsprechen nicht den Vorstellungen Verliebter von ihrer Intimität. Offenbar hat die Liebe Nebenwirkungen, die sich negativ auf die Sexualität auswirken können. Liebe will sich dauerhaft an einen Partner binden – darin besteht das erste Problem. Sie verhindert die Abwechslung. Klingt die Verliebtheit ab, werden auch die anfangs überwältigenden erotischen Reize schwächer. Mit zunehmender Gewohnheit ist immer mehr liebhaberisches Geschick gefragt, um die Sexualität lebendig zu halten. Eine weitere Nebenwirkung der Liebe erwächst aus dem gemeinsamen Alltag. Ein Paar lernt sich kennen, spielt sich aufeinander ein und wächst zusammen. Dabei können Fremdheit und Überraschung verloren gehen, auf denen die erotische Spannung beruht. Schuld an der dritten Nebenwirkung der Liebe ist ungelebte Erotik: Mit dem Partner verwirklichen sich manche erotischen Fantasien, andere nicht. Im Lauf einer Partnerschaft werden ungestillte sexuelle Bedürfnisse spürbar, als Mangel oder als Sehnsucht, die über die Paarbeziehung hinausblickt. Wer guten Sex trotz Liebe sucht, muss sich drei Herausforderungen stellen: ein liebhaberisches Geschick entwickeln, das den Sex aufregend hält, für Fremdheit und Überraschung sorgen und mit dem ungelebten Rest an Sexualität in konstruktiver Weise umgehen.

Was gute Liebhaber können Das Bild einer guten Liebhaberin und eines guten Liebhabers ist mit Idealvorstellungen überfrachtet. Verführungskunst, Spezialkenntnisse über aufregende Liebesspiele oder stundenlange Ausdauer gehören zu den Ansprüchen, die Paare entmutigen können und den Blick auf das verstellen, worauf es eigentlich ankommt. Um leckere Gerichte zu zaubern, muss man sich nicht zum Koch ausbilden lassen. An einigen Grundkenntnissen kommt man zwar nicht vorbei, aber wer sich die angeeignet hat, kann den eigenen Gaumen verwöhnen und den seiner Lieben. Ähnlich ist es mit der Sexualität: Einige Grundfertigkeiten tragen ein Liebesspiel, das sich je nach Situation und Bedürfnissen immer neu entfalten kann.

Eine sexuelle Grundfertigkeit besteht darin, mit dem körperlichen Unterschied zwischen Frau und Mann umgehen zu können. In der Regel sind Männer leicht und schnell zu stimulieren, bei Frauen braucht es Zeit, Nähe und manchmal auch die richtige Art und Weise der Stimulation. Vom Mann ist dabei zunächst die Kontrolle des Samenergusses gefragt – im Fachjargon Ejakulationskontrolle (Revenstorf 2009; Zilbergeld 1994). Nach dem Erguss verfliegt die männliche Lust und im Gefolge die Erektion, der Liebesakt geht zu Ende. Etliche Frauen machen daher die Erfahrung, sich beeilen zu müssen, um die eigene Lust und den eigenen Höhepunkt zu erleben, bevor der Mann seinen Orgasmus hat – keine guten Bedingungen, um die Liebe entspannt und entdeckend zu gestalten. Männer können die Ejakulationskontrolle erlernen und üben. Die Stimulation darf jenen kritischen Punkt nicht überschreiten, von dem aus es kein Zurück mehr gibt. Durch eine Verlangsamung oder einen Wechsel der Stimulation lässt sich die Erregung dämpfen. Die Konzentration auf weniger intensive Körperempfindungen, zärtliche Worte oder die Fortführung des Liebesspiels mit Blickkontakt können ebenfalls die Erregungskurve verflachen. Wenn sich ein vorzeitiger Samenerguss so nicht verhindern lässt, gibt es auch spezielle sexualtherapeutische Hilfen (Zilbergeld 1994).

Frauen brauchen die richtige Stimulation, was von Frau zu Frau allerdings sehr unterschiedlich sein kann, denn die sexuellen Reaktionsweisen sind bei Frauen breiter gestreut als bei Männern. Manche Frauen können ohne jede äußere Einwirkung zum Höhepunkt kommen, allein durch Fantasien; andere benötigen eine genau auf ihre Bedürfnisse abgestimmte Stimulation. Nur selten kommen Frauen allein durch die Berührung von Brüsten und Intimbereich zur größten Lust – sie genießen vielmehr ein Konzert der Sinne, das auch Zonen wie Oberschenkelinnenseiten, Po, Arm- und Kniebeugen und das Gesicht einbezieht. Im Innern der Scheide haben Sexualforscher drei Lustzentren ausgemacht: Der sogenannte U-Punkt wird stimuliert, wenn sich der Penisdruck am Scheideneingang konzentriert, der G-Punkt, wenn die Frau oben oder der Mann hinter der Frau liegt, der A-Punkt bei tiefem Eindringen (Ecker 2004). Zu allem Überfluss ist der vaginale (durch Stimulation in der Scheide entstehende) Orgasmus nur einer von zwei möglichen. Der klitorale Orgasmus kommt durch die Stimulation der Klitoris zustande, was beim Geschlechtsverkehr jedoch nicht möglich ist; die Klitoris muss sich in anderer Stellung am Körper des Mannes reiben oder von seinem Finger oder seiner Zunge stimuliert werden. In dieser Vielfalt sexueller Möglichkeiten kann eine Frau entdecken, was ihr Lust bereitet, und sollte ihren Partner entsprechend anleiten, zumal nicht alle Frauen sämtliche beschriebenen Möglichkeiten als angenehm empfinden (Ecker 2004).

Eine weitere Grundfertigkeit betrifft den Ablauf einer sexuellen Begegnung. „Ein Mann will immer gleich zur Sache kommen und prellt die Frau um das Vorspiel, das sie erst in Stimmung bringt" – das klingt wie ein überholtes Geschlechterklischee. In meiner Praxis berichten Frauen jedoch immer wieder von frustrierenden Erfahrungen, die nach diesem Muster ablaufen. Die für ein Vorspiel erforderlichen Zutaten fordern Männer in der Regel mehr heraus: einen guten Zeitpunkt finden, eine sinnliche (heißt: alle Sinne ansprechende) Atmosphäre schaffen, sich auf Nähe einstellen und einlassen, Worte finden, die zu erotischen Begegnungen passen, den Körper der Partnerin auf vertraute oder fantasievolle Weise berühren, erkunden, was gerade Behagen und Lust bereitet.

Auf der anderen Seite bereichert es die Sexualität, wenn ein Paar auch eine kurze Variante für die sexuelle Begegnung findet, die in der Umgangssprache „Quickie" heißt. In manchen Lebensphasen sind Abende und Wochenenden übervoll und die Müdigkeit bricht über ein Paar herein, sobald es zur Ruhe kommt. Wer da noch eine Kurzfassung im sexuellen Repertoire hat, kann solche Phasen überbrücken, bis wieder ausgedehnter Sex möglich wird. Die für den schnellen Akt gefragten Bedingungen fordern Frauen in der Regel mehr heraus: sich schnell vom Alltag lösen und eine Begegnung genießen, bei der der sexuelle Reiz im Vordergrund steht.

Das kultivierte Liebesspiel und der kurze Akt ergänzen sich dabei nicht nur auf der Ebene des Zeitmanagements, sondern auch auf der Ebene von Gefühlen und Bedeutungen. Eine Frau, die mit ihrem Mann zärtliche Vorspiele genießt, wird sich beim Quickie nicht benutzt fühlen. Ein Mann, der mit seiner Frau auch einmal schnellen Sex erlebt, wird das Vorspiel nicht als Vorleistung erleben, die er erbringen muss. Männliche Ejakulationskontrolle, weibliche Kenntnis der besten Wege zur Lust und ein Repertoire, das vom schnellen bis zum ausgedehnten Liebesspiel reicht, sind die Grundfertigkeiten für eine Sexualität, die über das Verliebtsein hinaus frisch und überraschend bleibt.

Box 5.2 Schlüsselkompetenz Einswerden

Wie kann ich ein guter Liebhaber/eine gute Liebhaberin sein?

- Ich eigne mir ein breites sexuelles Repertoire an, um eine erotische Atmosphäre zu schaffen, ein Vorspiel zu gestalten, einen kurzen oder ausgedehnten Akt zu genießen.

- Ich gehe so weit wie möglich auf die sexuellen Wünsche meiner Partnerin/meines Partners ein, übernehme aber keine Verantwortung für ihre/seine Lust oder sexuelle Erlebnisfähigkeit.

Probleme	Lösung
Bei uns läuft der Sex immer nach dem gleichen Schema ab.	Vermissen Sie etwas? Wenn nicht, lassen Sie sich nicht von sexuellen Idealvorstellungen unter Druck setzen. Wenn ja, unterbrechen Sie den gewohnten Ablauf, indem Sie etwas anders machen oder sich etwas Konkretes von Ihrem Partner wünschen.
Manchmal bin ich beim Sex so blockiert.	Sprechen Sie mit Ihrem Partner oder einer anderen Vertrauensperson darüber. Manchmal löst schon das die Blockade auf. Nähern Sie sich in kleinen Schritten an das an, was Sie eigentlich wollen. Konfrontieren Sie sich mit unangenehmen Gefühlen, lassen Sie diese aber nicht zu stark werden und nehmen Sie sich danach Zeit, sie zu verarbeiten.

Fremdheit als Aphrodisiakum Den Königsweg zur aufregenden Fremdheit habe ich im Kapitel über Kommunikation schon dargestellt: die Treue zu den eigenen Empfindungen, Sichtweisen und Wünschen, das Festhalten an dem, was unaufgebbar zur eigenen Person und Prägung gehört. Dazu schreibt Michael Lukas Moeller, Professor für Medizinische Psychologie und Paartherapeut: „Seit Menschengedenken sind alle Kulturen erpicht auf Liebesmittel, auf Aphrodisiaka. Mit den Beziehungen der Paare – kann man daraus schließen – stand es schon immer nicht zum besten. Denn was ist das wirksamste Aphrodisiakum? Jeder weiß es, keiner wagt, die Einsicht auszusprechen: das lebendige Paar“ (Moeller 1992, S. 113). Lebendig sind Beziehungen, in denen man sich selbst und den anderen überraschen darf, wo man sich fremd werden darf, um sich wieder neu kennenzulernen. In der sexuellen Gemeinschaft hat man es mit einer Person zu tun, die unverwechselbar, unverfügbar und letztlich nicht durchschaubar ist. Nur die Vereinnahmung glaubt, den anderen zu kennen; Offenheit erlaubt es, das vertraute Miteinander immer wieder mit jener Prise Fremdheit zu würzen, die eine Begegnung erotisch anziehend macht. Auf ganz praktische Weise wird Fremdheit durch Aktivitäten unterstützt, die in Box 5.3 zusammengetragen sind.

Fremdheit entspricht einer Bewegung zum anderen Pol der Intimität, dem der Selbstbewahrung. Sie gewährleistet, dass sich keiner in der Gemeinsamkeit verliert, sondern man sich dem Partner immer wieder als ein aufregend anderer gegenüberstellen kann. Das betrifft auch das Spannungsverhältnis zwischen

Box 5.3 Was aufregende Fremdheit bewahrt

- ein eigener Freundeskreis neben dem gemeinsamen
- eigene Interessen neben den gemeinsamen
- eigene Lebensträume neben den gemeinsamen
- Kontakt zu den eigenen Wurzeln: Beziehungspflege mit der Herkunftsfamilie, mit Jugendfreunden, zu Ausbildungs- oder Studienkollegen; Besuche wichtiger früherer Orte; gelegentliches Ausüben früherer Hobbys
- „Ich-Zeiten“ (Nuber 2012), in denen Gefühle und Gedanken freien Raum finden, in denen das eigene Innenleben spürbar wird, in denen sich Wünsche und Prioritäten neu formen können

Frau und Mann. Schon 1956 beobachtete der Psychoanalytiker und Sozialpsychologe Erich Fromm: „Die Polarität der Geschlechter ist im Verschwinden begriffen, und damit verschwindet auch die erotische Liebe, die auf dieser Polarität beruht. Männer und Frauen werden sich gleich und sind nicht mehr gleichberechtigt als entgegengesetzte Pole.“ Fünf Jahrzehnte später haben sich die Geschlechterrollen weiter aufgelöst. Dazu schreibt Ursula Nuber, Psychologin und Redakteurin von „Psychologie Heute“: „So schnell wie sich die gesellschaftlichen Rollen von Mann und Frau geändert haben, so schnell konnten sich die ‚inneren‘ Vorstellungen der Menschen nicht verändern. Viele Männer und Frauen wollen emanzipiert und gleichberechtigt leben, doch dann machen ihnen – oft unbewusst – ihre traditionellen Vorstellungen von der ‚richtigen‘ Frau, dem ‚richtigen‘ Mann einen Strich durch die Rechnung“ (Nuber 2012, S. 199).

Unsere Einstellung mag emanzipiert sein – unser Begehren ist konservativ. Das beweist ein Blick in die Medien. Werbung, Zeitschriften, Literatur und Filme, die erfolgreich sein wollen, müssen unser Gefühl und unsere Triebe ansprechen. Frauen sind dort sexy, gefühlvoll und suchen ihren Helden, Männer werden stark, unabhängig und mutig dargestellt, doch angesichts weiblicher Reize werden sie schwach. Wenn überhaupt, verändert sich unsere biologisch verankerte und gesellschaftlich über Jahrhunderte geformte Erotik viel langsamer als die Geschlechterrollen in unserer Gesellschaft. Deshalb stellen auch heutige Paarforscher und -therapeuten fest: „Die Polarisierung der männlichen und weiblichen Anteile in der Beziehung verschwindet in der Begegnung und Verschmelzung vorübergehend. Damit die Polarisierung wiederhergestellt werden kann, ist es ratsam, dass Mann und Frau getrennte Räume und Zeiten für sich beanspruchen. In ständiger Nähe würden sich ihre Energien verschleißen, und sie würden nicht die Gelegenheit haben, sich zu regenerieren“ (Revenstorf 2009).

Aufregende Fremdheit entsteht, wenn beide immer wieder in die Welt ihrer Weiblichkeit und Männlichkeit zurückkehren, in die der Partner keinen Zutritt hat. Die Welt der eigenen Geschlechtlichkeit kann sich im Umgang mit dem eigenen Körper erschließen, bei der Körperpflege, bei Sport oder Wellness. Freundschaften oder Gruppenerfahrung mit dem eigenen Geschlecht laden Weiblichkeit und Männlichkeit wieder neu auf.

Mit diesem Abschnitt ist die zweite sexuelle Kunstfertigkeit beschrieben: der Beziehung immer wieder jenes Maß an Fremdheit hinzuzufügen, das die Intimität aufregend und spannungsvoll macht. Quelle der Fremdheit sind die unterschiedlichen Persönlichkeiten der Partner und die Unterschiede zwischen Mann und Frau. Eine dritte Grundfertigkeit besteht darin, den eigenen sexuellen Stil zu entdecken und im intimen Miteinander zu verwirklichen.

Sexuelle Stile und die Entfaltung der Intimität Sexuelle Vorlieben sind zutiefst in der Persönlichkeit eines Menschen verwurzelt. Sie sind Resultat einer psycho-sexuellen Entwicklung (Mentzos 1999), die sich von den ersten Lebensjahren bis ins Erwachsenenalter erstreckt. Im Idealfall lässt eine Paarbeziehung so viel Raum, dass sich ein sexueller Stil entfalten kann, zumindest soweit er sich mit den Vorlieben des Partners verträgt. Oft lassen sich Paare aber nicht die Zeit, die die behutsame Entfaltung eines sexuellen Stils erfordert, oder es fehlen der Mut und die Offenheit, sich einander mit den eigenen Vorlieben zu zeigen. Dann läuft die Intimität nach einem Drehbuch ab, das durch Zeitschriften und Filme entstanden ist, gegebenenfalls auch durch Pornografie oder das, was andere über ihre sexuellen Erfahrungen erzählt haben. Es ist unwahrscheinlich, dass dieses Drehbuch dem sexuellen Stil beider Partner entspricht. Wenn es schon am Anfang des intimen Miteinanders Probleme gibt, liegt es oft daran, dass ein Paar einem Drehbuch folgt, das nicht zum Wesen und den Vorlieben der Partner passt.

Aber welche sexuellen Stile gibt es überhaupt und wie findet man den eigenen heraus? Paarforscher unterscheiden drei sexuelle Stile: Partnerbezogenheit, Inszenierung und sexuelle Trance (Schnarch 2006). Jeder Stil hat seine eigenen Vorlieben und gibt der Sexualität eine eigene Bedeutung.

Partnerbezogenheit Menschen mit diesem sexuellen Stil suchen die Begegnung und Einheit mit dem Partner. Sie schauen dem andern gerne in die Augen, sie lieben Umarmungen und Küsse. Auch wenn sie vielleicht beim Sex die Augen schließen, suchen sie doch Stellungen, bei denen sie dem Partner das Gesicht zuwenden. Worte drücken zärtliche Gefühle, Liebe und Verbundenheit aus. Lust auf Sex entsteht in Momenten von Nähe und Verbundenheit. Aufmerksamkeiten und Geschenke, zärtliche Berührungen und Worte des Partners schaffen die romantische Atmosphäre, in der sich der Stil der

Partnerbezogenheit am besten entfalten kann. Der sexuelle Höhepunkt wird als Moment tiefster Einheit und Vertrautheit erlebt.

Inszenierung Dieser sexuelle Stil nimmt das Liebesspiel wörtlich und bettet den Sex gerne in Szenen ein: Szenen von Widerstand und Verführung, Szenen von Machtausübung und Unterwerfung, Szenen von Schaulust und Enthüllung oder Szenen verbotener Liebe. Geschlechterpolitisch korrekt ist dieser Stil nicht immer – deshalb funktioniert er nur, wenn beide ein Rollenspiel darin sehen. Kleine Handlungen beflügeln eine erotische Fantasie; so beschwört schon ein spielerisches Gebieten oder Festhalten eine Szene sexueller Macht herauf. Auch besondere Orte oder Requisiten beflügeln die erotische Fantasie. Autoren, die in der Literatur die Liebe darstellen, wählen häufig den sexuellen Stil der Inszenierung, denn alles andere wäre bald langweilig. Deshalb finden sich in der Belletristik viele Beispiele dafür.

Sexuelle Trance Sie führt in einen Rausch schöner Sinneseindrücke. Das gelingt am besten, wenn eine entspannte, heitere Stimmung herrscht und nicht allzu viele Worte gewechselt werden. Dann können sich die Sinneseindrücke zu überwältigenden sexuellen Erlebnissen steigern. Menschen mit diesem Stil schätzen es, wenn sich Phasen des Gebens und Empfangens abwechseln. Sie widmen sich gerne ganz der Stimulation des Partners, um sich später rückhaltlos dem Empfangen zu überlassen.

Die Beschreibung der drei sexuellen Stile lässt ahnen, welche Komplikationen aus ihnen entstehen können. Ein Mensch mit einem partnerbezogenen Stil wird sich unter Umständen alleingelassen fühlen, wenn sein Partner in die sexuelle Trance abtaucht. Umgekehrt wird dieser sich gestört fühlen, wenn er beim Sex reden soll. Wer mit *dirty talk* zu einem Rollenspiel einlädt, wird seine Partnerin vielleicht verletzen, wenn sie sich gerade zärtliche Aufmerksamkeit erhofft.

Gerade im Hinblick auf den sexuellen Stil ist die Fähigkeit hilfreich, sich zwischen den Polen von Einswerden und Selbstbewahrung zu bewegen. Um zueinanderzufinden, sollte sich jeder in einem gewissen Maß auf den sexuellen Stil des anderen einlassen, sich jedoch zugleich nicht zu sehr vom eigenen Stil entfernen, weil die Sexualität sonst ihren Reiz verliert. In dieser Flexibilität hat ein Paar viele Möglichkeiten, zu einer aufregenden sexuellen Gemeinsamkeit zu finden. So könnte es sich mit der Andeutung eines Rollenspiels in Stimmung bringen, um dann zu einem partnerbezogenen Liebesspiel überzugehen. Es könnte aber auch umgekehrt mit einem partnerbezogenen Vorspiel jene Verbundenheit erzeugen, die ein Rollenspiel oder die sexuelle Trance ermöglicht. Und Abwechslung ist ebenfalls denkbar – mal folgen die Partner dem erotischen Stil des einen, mal dem des anderen.

Interessanterweise werden Partner umso flexibler, je mehr sie zu ihrem eigenen sexuellen Stil finden (Schnarch 2006): Wer gut und tief in sexuelle Trance versinken kann, den werden Worte nicht aus ihr herausreißen. Wer Inszenierungen beherrscht, kann in das Drehbuch auch die Elemente hineinschreiben, die den sexuellen Stil des Partners berücksichtigen. Damit haben wir zugleich die dritte Kunstfertigkeit skizziert, die guten Sex in einer dauerhaften Paarbeziehung trägt: das Vermögen, zum eigenen sexuellen Stil zu finden und diesen experimentierfreudig und lernbereit in die intime Begegnung einzubringen.

Box 5.4 Schlüsselkompetenz Selbstbewahrung

Wie kann ich aufregend anders sein?

- Ich stehe zu meinen Gedanken, Gefühlen und Wünschen, auch wenn sie meine Partnerin/meinen Partner beunruhigen.
- Um meine Partnerin/meinen Partner nicht zu überfordern, zeige ich nicht allzu viel Fremdes auf einmal und präsentiere mich auf eine taktvolle Art.
- Ich teile mit, wie ich Nähe und Sexualität erlebe und was meine erotische Prägung und meinen sexuellen Stil ausmacht.

Probleme	Lösung
Meine Partnerin reagiert ablehnend, wenn ich etwas von mir zeige, das ihr unangenehm ist.	Lassen Sie sich dadurch nicht aus dem Konzept bringen. Fremdartiges bringt den Partner manchmal aus dem Gleichgewicht und löst Abwehrreaktionen aus. Betonen Sie Vertrautes und Gemeinsamkeiten, bis Ihre Partnerin wieder ihr Gleichgewicht gefunden hat.
Ich finde gar nichts Fremdartiges an mir, was ich meinem Partner zeigen könnte.	Wenn Sie sich in Ihrer Intimität wohl fühlen, dann muss das auch nicht sein. Aber wenn Ihnen Nähe fehlt oder die erotische Anziehung nachlässt, dann lassen Sie sich von Ihren Gefühlen zu dem führen, was sich in der Partnerschaft noch zeigen will: Anflüge von Zorn, Enttäuschung, Traurigkeit oder Sehnsucht.

5.4 Die Grenzen der Erotik erkunden

Manche erotischen Wünsche finden nicht von Anfang an Raum in einer Paarbeziehung. Die sexuellen Grundfertigkeiten ermöglichen es jedoch, ungestillte Bedürfnisse behutsam in die Beziehung einzubringen und nach Möglichkeiten zu suchen, diese zumindest in Form eines Kompromisses zu stillen.

Das ist umso bedeutsamer, je weiter emotionale und erotische Bedürfnisse auseinanderliegen. Denn nicht selten führt die Partnerwahl zu einem Partner, der zwar emotionale Bedürfnisse gut stillen kann, den erotischen Wünschen aber nicht entspricht. Box 5.5 zeigt typische Konstellationen, die in der paartherapeutischen Praxis häufig vorkommen.

Box 5.5 Unerfüllte erotische Sehnsucht

- Sie heiratet einen zurückhaltenden, harmoniebedürftigen Mann, würde aber in der Liebe auch gerne mal hart angefasst werden.
- Er bindet sich an eine kluge Frau mit knabenhafter Attraktivität, sehnt sich erotisch aber auch nach üppiger Weiblichkeit.
- Sie ist mit einem Sozialarbeiter liiert, der ein großes Herz hat. Manchmal merkt sie, dass schneidige Erfolgstypen sie noch mehr anmachen.
- Er hat eine liebe, mädchenhafte Frau, fühlt sich aber zu berechnenden Frauen hingezogen, die ihre Reize zur Schau stellen und sexuelle Macht ausüben.
- Ihr Mann ist erfolgreich und erfüllt ihr fast jeden Wunsch, doch sie reagiert stark auf gebrochene Typen, die ihre Liebe wirklich brauchen.
- Er lebt mit seiner Frau eine emanzipierte Beziehung, doch in letzter Zeit üben Frauen eine starke Anziehung auf ihn aus, die wirken, als würden sie sich einem Mann willenlos in die Hände geben.

Wenn ich von einem Paar etwas über die Hintergründe einer Seitenbeziehung erfahre, offenbaren sich dabei fast immer erotische Wünsche, die in der Paarbeziehung keinen Raum gefunden haben. Daher gibt es gute Gründe, die eigene erotische Prägung möglichst umfassend in die Intimität einfließen zu lassen. Das beugt der Anziehungskraft Dritter vor und ist gleichzeitig der Stoff, an dem sich neue erotische Erfahrungen entzünden können. Allerdings werden Partner recht häufig auf wenig einfühlsame Weise mit sexuellen Wünschen konfrontiert: „Du bist so soft, ich will einen starken Mann im Bett." Das verunsichert und führt meist zum Rückzug des Partners, statt Lust auf Neues zu wecken. Mit den beschriebenen Grundfertigkeiten ergeben sich aber auch einladende Möglichkeiten, neue erotische Türen aufzustoßen.

Liebhaberisches Geschick kann das Liebesspiel so intensiv machen, dass die Leidenschaft größer wird als die Selbstkontrolle. Dann lösen sich die Fesseln des eigenen Charakters und eingeübter Geschlechterrollen. In jedem Macho steckt auch ein verletzter Junge, der sich nach einer heilenden Berührung sehnt. In jedem Saubermann verbirgt sich auch ein Wilder. Hinter jeder Heiligen lockt die Hure, hinter freigebiger Herzenswärme lauert verschlingendes Besitzergreifen. Intensive Leidenschaft kann die sexuelle Kehr- und Schattenseite des Partners heraufbeschwören, die häufig die Antwort auf bislang unausgelebte erotische

Wünsche ist. Die Erfahrung, dass sogar das mit dem eigenen Partner möglich ist, kann sich wie ein Fremdgehen in der eigenen Beziehung anfühlen.

Unausgelebte Wünsche können somit für die Prise Fremdheit sorgen, die Intimität aufregend bleiben lässt. Elfi kann ihren braven Mann durch einen gespielten Widerstand provozieren, stärker aufzutreten. Wolfgang könnte gestehen, dass er sich manchmal für seinen Körper schämt, und so einen Raum für heilende intime Berührungen öffnen. Solche erotischen Offenbarungen können für den Partner befremdend sein – sie sprengen den gewohnten Rahmen und fordern heraus, sich auf Unbekanntes einzulassen. Auch wenn das nur ab und zu einmal passiert, weitet sich der sexuelle Spielraum und der Vorrat an ungelebten erotischen Fantasien schrumpft.

Auch sexuelle Stile nehmen bislang unerfüllte erotische Wünsche in sich auf, sobald sie sich weiterentwickeln. Mark hat sich immer verpflichtet gefühlt, Sandra beim Sex liebe Dinge zu sagen. Nun lässt er sich die Freiheit schenken, sich einmal ganz dem Rausch der intimen Begegnung zu überlassen. Patrizia verrät ihrem Mann, mit welchen Aufmerksamkeiten und Worten er ihren partnerbezogenen sexuellen Stil ansprechen kann, und es gelingt ihm erstaunlich gut, die romantischen Gefühle hervorzurufen, die Patrizia bisher eher mit anderen Männern verbunden hat. Der sexuelle Stil der Inszenierung ist natürlich besonders geeignet, verschiedene erotische Vorlieben zu berücksichtigen, weil er vom Rollenspiel lebt. Hier kann der einfühlsame Mann auch mal den Macho geben, weil es nur ein Spiel ist. Seiner Frau wird das Spiel vielleicht eine Lust eröffnen, die bislang verboten war. Zugleich hat sie die Sicherheit, dass hinter dem Spiel trotzdem ein einfühlsamer Mann steht.

So sind erotische Wünsche, die sich in der Partnerschaft nicht erfüllen, zwar zunächst ein Risikofaktor, bieten aber auch eine Chance für die Intimität, weil sie einen geheimen Schatz an Überraschung, Fremdheit und Entwicklungsmöglichkeiten in sich bergen. Dennoch zeigt die Erfahrung, dass sich nicht alle erotischen Spielarten verwirklichen lassen, die sich ein Partner vielleicht wünscht. Wie sich ein Verzicht positiv gestalten lässt, untersuchen wir im nächsten Abschnitt über Integrität.

Zusammenfassend lässt sich sagen: Guter Sex und dauerhafte Liebe müssen einander nicht ausschließen. Der Tendenz zur Gewöhnung und zu einer abnehmenden Intensität der Reize kann man entgegenwirken – darin sind sich die Paarforscher und -therapeuten einig. Ulrich Clement, Professor für Medizinische Psychologie und Sexualtherapeut, schreibt: „Hier ist ein Bild hilfreich: die Schwerkraft. Sie ist auch natürlich – Gegenstände fallen durch die Gravitation nach unten. Es sei denn, man aktiviert Gegenkräfte. Man kann Dinge wieder aufheben, man kann sie bewegen, kann mit ihnen jonglieren und, wenn es drauf ankommt, sogar zum Mond schießen. Ähnlich ist es bei der Erotik: Wir können sie zu Boden fallen lassen. Und dann liegt sie da. Es trifft also zu: Wenn wir nichts tun, wird Erotik von selbst schlechter. Oder wir heben sie auf, sehen sie uns neu an. Und wenn wir wollen, können wir jonglieren. Wenn wir wollen …" (Clement 2006, S. 10). Auch Michael Lukas Moeller wendet sich gegen eine sexuelle Resignation: „Etwa erotische Abnützung, Verschlissenheit, Verbrauchtsein? Nichts zeigt unheimlicher als diese verbreitete Auffassung, wie blindlings jedermann die Erotik als Ding, als Gebrauchsgegenstand ansieht. Was lebt, wie die Erotik, wächst, wenn es zum Leben kommt. Die Abstumpfungstheorie trifft fast nie zu" (Moeller 1992, S. 113). Der amerikanische Sexualtherapeut David Schnarch macht augenzwinkernd Lust auf das gemeinsame Altern: „Ich kann nur wiederholen, dass der statistische Zusammenhang zwischen Zellulitis und sexuellem Potenzial sehr eng ist" (Schnarch 2006, S. 109).

5.5 Die Integrität wahren

Das Einswerden mit dem Partner ist fast jedes Opfer wert. Es lohnt sich, eigene Prägungen aufzugeben und sich in der intimen Gemeinschaft neu zu erfinden. Es lohnt sich, Scham, Ängste und Schmerz durchzustehen, um zu einer intimen Gemeinschaft durchzudringen. Trotzdem gibt es einen unantastbaren Bereich von Identität, Selbstachtung und Lebensgefühl, der auch in der Intimität gewahrt werden sollte. Auch hier lässt sich am negativen Beispiel am leichtesten zeigen, worin die Integrität als Mann und Frau besteht.

- Fred ist nicht nur ein fantasieloser Liebhaber, sondern versteht es auch, Alke ein schlechtes Gewissen zu machen, wenn sie keine Lust auf Sex hat. Sie hat sich jahrelang auf schlechten Sex eingelassen, der sie nicht befriedigt hat. Ihr Selbstgefühl als Frau ist mittlerweile auf dem Tiefpunkt und sie muss sich eingestehen, dass sie sogar Ekel empfindet, wenn Fred sich ihr nähert.
- Olaf hat zugelassen, dass Cindy ihn als Mann und Liebhaber kritisiert – anfangs noch freundlich, später immer schonungsloser. Erst hat Olaf versucht, es Cindy recht zu machen, dann hat er sich zurückgezogen. Obwohl Olaf anderswo Achtung genießt, ist er in der Beziehung ein dummer Junge geworden.
- Dieter hat sich mit seiner Ansicht durchgesetzt, dass kleine Flirts zu seinem Lebensgefühl gehören. Selbst in Lisas Beisein geht er mit anderen Frauen in einer Weise um, durch die sich Lisa entwürdigt fühlt.
- Nach sexuellen Unstimmigkeiten hat sich Kathrin ganz aus der Sexualität zurückgezogen. Seit Jahren erträgt Robin mittlerweile einen Zustand, den er wie ein Schauspiel empfindet: nach außen so zu tun, als wären sie ein Paar, es aber hinter verschlossenen Türen längst nicht mehr zu sein.

Dies sind Situationen, die leider häufig auftreten: Ein Partner hat für den anderen seine Selbstachtung, sein sexuelles Glück oder seine Identität als Frau oder Mann geopfert. Anfangs geschieht das in der Hoffnung, den anderen zufriedenzustellen und damit eine Wende zum Guten einzuleiten. Aber irgendwann stellt sich heraus: Die Betroffenen haben nicht nur etwas geopfert, das unangetastet bleiben sollte – ihr Opfer hat auch zu einem untragbaren Dauerzustand geführt. Nur die Bewegung zum Pol der Selbstbewahrung ermöglicht eine intime Gemeinschaft, in der die Selbstachtung bewahrt bleibt. Im Kapitel über Kommunikation ging es bereits um den Widerspruch, der sich hier in seiner tiefsten Dimension offenbart. Ein Fallbeispiel illustriert dies ganz konkret.

Bens Frau ist impulsiv, sie kann rasch von einem Gefühl zum anderen übergehen. Es kommt vor, dass ein vertrautes Gespräch unvermittelt an einen Punkt rührt, der Felicia sehr zornig macht. Dann kritisiert sie Ben heftig, aber ebenso schnell verraucht ihr Zorn und sie nähert sich Ben wieder zärtlich oder leidenschaftlich. Auf ihn hat der plötzliche Angriff aber eine verstörende Wirkung – er wird ganz starr und muss sich beherrschen, um nicht wegzulaufen. Lässt Ben das immer wieder über sich ergehen, wird er bald nicht mehr in der Lage sein, sich auf Nähe einzulassen. Er braucht eine Trennung zwischen vertrauter Nähe und Konfliktgesprächen und für diese Trennung sollte er sich zunächst einsetzen. Vielleicht kann Ben im Laufe der Beziehung impulsiver werden und lernen, schneller zwischen Konflikt und Liebe hin- und herzuschalten, aber bis dahin sollte er sich einer Intimität verweigern, die ihn überlastet.

Weil sich Felicia und Ben paartherapeutische Hilfe gesucht haben, gelingt es ihnen schnell, die Bedingungen zu schaffen, unter denen sich Ben wieder auf Intimität einlassen kann. Dass er Intimität und Streit trennen muss, konnte Felicia akzeptieren. Ben hat damit das gewahrt, was für ihn zu guter Nähe gehört. Im Gegenzug arbeitet er nun an seiner Konfliktfähigkeit und kommt Felicia in einem Punkt entgegen, der für sie unaufhebbar zu einer guten Beziehung gehört.

Die Strategien aus Kap. 2 über Kommunikation helfen, dem Partner ein Nein verständlich zu machen und auszudrücken, was für eine beglückende Intimität erforderlich ist. Ein Nein zu unguter Intimität ist der beste Schutz vor Blockaden, die auf diesem Gebiet entstehen können. Unangenehme Gefühle und sexuelle Störungen sind meist ein Zeichen dafür, dass sich etwas im Bereich der körperlichen oder seelischen Nähe nicht gut entwickelt hat (Moeller 1992; Ecker 2004; Schnarch 2006). Das vorübergehende Nein zu bestimmten Intimitätssituationen ist oft die Tür, die aus Blockaden herausführt. Einige sexualtherapeutische Ansätze beginnen sogar mit einem Verbot des Geschlechtsverkehrs, um einen Schutzraum zu schaffen, der wieder neue Erfahrungen eröffnet (Strauß 2004).

Das lenkt den Blick auf die Möglichkeiten, die vor unangenehmer seelischer oder körperlicher Nähe schützen. Es gibt jedoch auch die gegenteilige

Situation, in der sich ein Partner der leib-seelischen Nähe auf ungute Weise entzieht. Dies ist dann der Fall, wenn unausgesprochen bleibt, was die Intimität besser und damit wieder möglich machen würde. Manchmal führen Partner für ihren Rückzug Gründe an, die vage sind („Ich fühle mich von dir nicht verstanden"), sachfremd („Ich fühle mich in einem unordentlichen Haus nicht wohl") oder an Erpressung grenzen („Erst müssen wir mal wieder guten Sex haben, bevor ich mit dir rede"). Solche Scheingründe bewirken, dass der andere nichts tun kann, um eine intime Annäherung herbeizuführen. Vage Erklärungen sind daher Teil eines Vermeidungsverhaltens und machen den anderen ohnmächtig. Solche Situationen führen zu einem unbefriedigenden Entweder-oder: Entweder nimmt man den Intimitätsmangel hin oder man trennt sich.

Beratungsangebote beschränken sich oft darauf, die beiden Alternativen gegeneinander abzuwägen und diejenige zu wählen, die für die Betroffenen das kleinere Übel darstellt. Dagegen hat der amerikanische Sexualtherapeut David Schnarch zu einer bahnbrechenden Sichtweise gefunden, die aus diesem Dilemma herausführen kann. Sie hat ihm internationales Ansehen eingebracht, und viele Paarforscher beziehen sich heute auf diesen Ansatz (Kroger 2006; Revenstorf 2009; von Sydow 2012). Wie wir Intimität gestalten – so der Ansatz von Schnarch – hängt von unserer persönlichen Reife ab. Die Entwicklung zu einer starken, liebesfähigen Persönlichkeit nennt Schnarch Differenzierung: „Differenzierung bedeutet, kurz gesagt, dem geliebten Menschen gegenüber an uns selbst festzuhalten und auf diese Weise unsere unverwechselbaren Konturen herauszuarbeiten. Unsere harten Ecken und Kanten glätten sich an den ganz normalen Reibungsflächen einer dauerhaften engen Beziehung. Differenzierungsfähigkeit ist die Voraussetzung dafür, dass wir uns nach einem Streit rasch wieder fangen, anstatt unseren Groll in uns hinein zu fressen, dass wir tiefe Intimität zulassen und aushalten und im Trubel des Alltags nicht aus den Augen verlieren, was uns wichtig ist. Sie versetzt uns in die Lage, das Potenzial unserer Sexualität weiter auszuschöpfen oder Begehren und Leidenschaft, falls sie erkaltet sind, neu anzufachen. Sie ebnet den Weg zum schärfsten und liebevollsten Sex, den Sie je miteinander erlebt haben. Differenzierung bringt alle wesentlichen Eigenschaften einer gelingenden Paarbeziehung wie Zärtlichkeit, Großzügigkeit und Mitgefühl zur Entfaltung" (Schnarch 2006, S. 62).

Auf dem Weg der Differenzierung wird Menschen beides immer besser möglich: zu sich selbst stehen (Selbstbewahrung) und sich ganz auf den anderen einlassen (Einswerden). Vor diesem Hintergrund unterscheidet Schnarch zwei Formen von Intimität: die fremd-bestätigte und die selbst-bestätigte Intimität. Fremd-bestätigte Intimität ist vom Verhalten des Partners abhängig, sie gelingt oder scheitert mit seinen Reaktionen. Fremd-bestätigte Intimität drückt sich in folgenden Haltungen aus:

- „Was ich dir von mir zeige, musst du gut finden."
- „Du musst Sex, Gespräche und Nähe genauso wollen wie ich, sonst macht es mir auch keinen Spaß."
- „Du musst dich in gleichem Maß öffnen wie ich, sonst ziehe ich mich wieder zurück."

Diese Haltungen sind menschlich verständlich. Wer wünscht sich keine Bestätigung und Wechselseitigkeit? Trotzdem bringen sie Paare in ein Dilemma, denn wenn sich einer der Intimität nur öffnet, wenn er sich vom anderen bestätigt und eingeladen fühlt, kann sie schließlich verloren gehen. Einen Ausweg aus diesem Dilemma bietet die selbst-bestätigte Intimität, die sich in ganz anderen Haltungen äußert:

- „Ich will, dass du mich liebst, und das geht nur, wenn du mich wirklich kennst."
- „Ich stehe zu meinen Gedanken, Gefühlen und Wünschen, auch wenn du mich nicht darin bestätigst."
- „Ich öffne mich, weil das die Art und Weise ist, wie ich eine Liebesbeziehung haben will. Ich mache das nicht davon abhängig, ob du dich gerade auch öffnen kannst."
- „Ich freue mich über jeden Moment der Harmonie mit dir, aber ich nehme auch Reibung und Spannungen in Kauf."
- „Ich werde so liebevoll und unterstützend wie möglich mit dir umgehen; letztlich bin ich aber nur für meine Offenheit verantwortlich und du für deine."

Wer aus einer solchen Haltung heraus handelt, erlebt oft, wie sich der Partner plötzlich wieder auf Nähe einlässt, weil er sich in seinen Reaktionen freier fühlt. Partner, die längst eine innere Trennung vollzogen haben, kann man mit selbst-bestätigter Intimität zwar nicht zurückgewinnen. Aber ein Partner, der sich wegen verletzender und enttäuschter Erfahrungen zurückgezogen hat, lässt in der Regel einen intimen Brückenschlag zu, wenn aus diesem eine gereiftere Entwicklung spricht. David Schnarch berichtet von einem Fallbeispiel, bei dem der Wechsel von fremd-bestätigter zu selbst-bestätigter Intimität gelingt: „Beim Frühstück am nächsten Morgen teilte Joan Bill mit, was sie dachte, ohne sich von der Angst leiten zu lassen, wie er reagieren würde. ‚Ich will nicht länger hinnehmen, dass wir so selten miteinander reden', sagte sie, ‚und ich will dich nicht länger dazu drängen, dass wir reden. Wenn ich aber nicht mehr nörgle und dir zusetze, heißt das nicht, dass ich die Dinge so akzeptiere, wie sie sind. Was mich angeht, so will ich keine lächerliche Figur abgeben und vor Dankbarkeit zerfließen, nur weil mein Partner tatsächlich einmal mit mir redet. (…) Und was dich angeht, so will ich nicht, dass du dich die ganze Zeit von einem keifenden Weib unter Druck gesetzt fühlst. Ich werde ab jetzt das, was du tust, als deine Entscheidung dafür deuten, wie du wirklich leben willst. Dementsprechend werde ich die Entscheidung über mein Leben fällen.‘ Bill war wie vor den Kopf geschlagen. Er versuchte krampfhaft, das Gespräch auf vertrautes Terrain zu lenken. ‚Du schreibst mir vor, was ich tun soll! Du versuchst mich zu erpressen! Du drohst mir!‘ ‚Nein‘, sagte Joan leise. Beiden fiel auf, wie ungewöhnlich ruhig sie war. ‚Ich sage dir, was ich tun werde. Ich habe keine Ahnung, was du tun wirst. Deshalb bin ich auch starr vor Angst‘“ (Schnarch 2006, S. 147). Ein Reifungsschritt von Joan öffnete die Tür zu einer Intimität, auf die sich Bill schließlich einlassen konnte.

Das Loslassen von Unerfüllbarem Dieser Abschnitt behandelt einen schmerzlichen Aspekt der Selbstbewahrung. Nicht immer erfüllen sich in einer Paarbeziehung alle intimen Wünsche. Vielleicht wird ein Partner immer erstarren, wenn er in der Öffentlichkeit Zärtlichkeiten austauschen soll. Ein anderer kann vielleicht dem Oralverkehr einfach nichts abgewinnen. Vielleicht ist jemand in entspannten Zeiten ein einfühlsamer Zuhörer, unter Stress jedoch ein lausiger Gesprächspartner. Vielleicht kann ein praktisch eingestellter Ehemann die inneren Werte und tieferen Gedanken seiner Frau nur selten würdigen. In diesen Fällen lohnt sich der Austausch und ein Ringen um erotische Kompromisse.

Dennoch erreicht man irgendwann auch eine Grenze des Veränderbaren – möglicherweise vorübergehend oder sogar endgültig. An dieser Grenze beginnt die Verzichtsarbeit. Verzicht ist etwas Aktives, das bewusste Loslassen von etwas, das nicht zu haben ist. Das kann sehr schwer sein. Unter Umständen muss man dabei Wellen von negativen Gefühlen standhalten, Wellen von Zorn, Enttäuschung, Trauer, Kränkung, Mangelgefühlen oder Schmerz. Aber auch der Verzicht ist ein Akt der Selbstbewahrung, weil er unabhängig macht und das eigene Leben bejaht. Verzicht befreit davon, in der Paarbeziehung jahrelang um etwas zu kämpfen, das unerreichbar ist. Er befreit davon, sich von einem Mangelgefühl quälen zu lassen. Und schließlich befreit er auch von der zermürbenden Zerrissenheit zwischen Gehen oder Bleiben, wenn es starke Gründe für das Zusammenbleiben gibt.

Ein Fallbeispiel veranschaulicht, worum es beim Verzicht gehen kann. Reiners Frau kämpft in der Partnerschaft sehr um ihre Rechte. Sie schafft dadurch häufig Situationen, in denen Reiner zu kurz kommt. Momente, in denen sie sich Reiner fürsorglich zuwendet, sind hingegen selten. Wenn er irgendwo zu Gast ist und fürsorglich verwöhnt wird, muss er mit den Tränen kämpfen, denn dann spürt er den Mangel besonders deutlich. Reiner hat seine Frau schon häufig auf ihr Verhalten angesprochen, aber damit kaum eine Wirkung erzielt. Inzwischen hat er zwar gelernt, nicht mehr so schnell nachzugeben und faire Kompromisse auszuhandeln, doch der Mangel an Zuwendung ist damit nicht behoben. Bei dem Verzicht hat Rainer Folgendes geholfen: Er hat bemerkt, wie sich in seiner Ehe ein alter Mangel wiederholt. Er ist als Kind mit wenig liebevoller Fürsorge aufgewachsen und hat dann eine Frau gewählt, die schon immer ein nüchterner Typ war. Das mag im Rückblick ein Fehler gewesen sein, aber für diese Partnerwahl gab es auch gute Gründe.

Die verzweifelte Intensität, mit der Reiner den Mangel manchmal erlebt, ist ein Nachhall kindlicher Mangelgefühle. Heute als Erwachsener kann er sich auch einmal selbst verwöhnen, in guten Freundschaften Aufmerksamkeit genießen und den Mangel an Fürsorge durch schöne Erlebnisse in anderen Lebensbereichen kompensieren. Inzwischen kann er mit der Ehesituation gut leben und die Stärken seiner Frau wieder mehr genießen – ihre Verlässlichkeit, schönen Sex und gutes Teamwork. Reiner würde zwar nicht die Hand dafür ins Feuer legen, dass er für die Nähe zu einer warmherzigen Frau nicht doch einmal aus der Ehe ausbricht. Er hofft aber, dass ihm eine solche Versuchung erspart bleibt.

Natürlich wäre es in Reiners Fall besser gewesen, wenn seine Frau sich auf den Weg gemacht und gelernt hätte, ihren kühlen Selbstschutz abzubauen und sich ihrem Mann zuzuwenden. Aber nicht jeder Partner will sich verändern. Dann kann auch ein Verzicht gute Lösungen schaffen und die Integrität wiederherstellen.

Die Fähigkeit zum Verzicht ist dann besonders wichtig, wenn sich erotische Wünsche fixieren: Nur noch eine bestimmte erotische Spielart wird als befriedigend angesehen, alle anderen wirken dagegen fade. Solche Entwicklungen haben folgenden Hintergrund: Emotionale Bedürfnisse können sich – besonders, wenn sie frustriert wurden – sexuell aufladen und zu erotischen Wünschen führen (Reiche 2005). Tab. 5.1 gibt einen Überblick über mögliche Zusammenhänge von emotionalen Bedürfnissen und erotischen Wünschen.

Die Tabelle zeigt, wie sich nahezu jedes emotionale Bedürfnis in eine erotische Spielart umwandeln kann, wenn sich in der Lebensgeschichte die Weichen entsprechend stellen. Manche Paartherapeuten vertreten die Ansicht, dass die Verwirklichung solcher Wünsche den Sex erst richtig aufregend macht. Manche Paare erleben das auch so. Die Praxis zeigt aber, dass sich manche erotischen Wünsche nicht verwirklichen lassen, weil der Partner die entsprechenden Vorlieben nicht teilt. Auch dann kann Verzicht ein gangbarer Weg sein. Es ist nämlich möglich, den Vorgang der Sexualisierung umzukehren und sich von den erotischen Wünschen zu den emotionalen Bedürfnissen führen zu lassen, die hinter den Wünschen stehen (Reiche 2005; Stoller 1998). Lassen sich die betreffenden emotionalen Bedürfnisse stillen, schwächt sich ihre erotische Aufladung ab und es wird einfacher, auf spezielle sexuelle Spielarten zu verzichten.

Tab. 5.1 Die Sexualisierung emotionaler Bedürfnisse. (Berger 2007)

Emotionale Bedürfnisse	Erotische Wünsche	Sexuelle Fantasien
frei sein	das Paradies finden	Sex im Freien
im Einklang mit sich und seinem Körper sein		FKK-Erlebnisse
		Liebe mit einem Menschen von natürlicher, wilder Schönheit
bejaht und angenommen werden	sexuelle Vollkommenheit	einen makellosen Körper haben
bewundert werden		ein perfekter Liebhaber, eine perfekte Liebhaberin sein
einen andern bejahen können	sexuelle Vollkommenheit	einen makellosen Körper begehren
einen andern bewundern können		einen perfekten Liebhaber, eine perfekte Liebhaberin haben
Genuss, Freude, angenehme Stimulation finden	sexuelle Ekstase	Liebespartner mit überwältigenden sexuellen Reizen
		überwältigende sexuelle Stimulation
Einfluss haben	sexuell herrschen	Fesselspiele
		Fantasien von Erniedrigung und Unterwerfung
ein starkes Gegenüber haben	sexuell beherrscht werden	Fesselspiele
sich führen lassen		Fantasien von Erniedrigung und Unterwerfung
Nähe und aufregende Stimulation erleben	sexuelle Grenzüberschreitung	Fantasien von Voyeurismus und Exhibitionismus

In der Praxis kann das so aussehen: Ein junger Mann drängt seine Frau in die Paartherapie, weil der Sex mit ihr völlig unbefriedigend sei. Er schildert seine Vorstellung von einem sexuellen Einklang, die beinahe spirituelle Züge hat und die Paare höchstens in besonderen Sternstunden erleben. Bestätigung für diesen Wunsch findet der junge Mann in Literatur, die sexuelle Ekstase verspricht. Mit seiner sexuell eher zurückhaltenden Frau wird er das kaum erreichen. Beim weiteren Kennenlernen zeigt sich, dass der junge Mann unter einer Genussunfähigkeit leidet: Freundschaften, Alltagsbegegnungen und den kleinen Freuden des Lebens kann er emotional kaum etwas abgewinnen. Daher kommt auch die Sehnsucht nach dem intimen Rausch. Wenn der junge Mann lernt, die innere Leere zu bewältigen, um eine innere Lebendigkeit und Genussfähigkeit zu entfalten, wird es leichter, die sexuellen Erwartungen an das anzupassen, was in der Paarbeziehung möglich ist.

Unsere romantischen Vorstellungen von der Liebe kreisen um den Pol des Einswerdens. Kein Hindernis ist zu hoch, kein Opfer zu schwer, keine Gefahr zu groß, um sich ganz mit dem geliebten Menschen zu verbinden. Am Pol der Selbstbewahrung geht es weniger romantisch zu, denn dort kann es um Verzicht gehen, ums Nein-sagen und darum, Nähe auch dann durchzuhalten, wenn sie vom Partner nicht gleich positiv beantwortet wird. Doch gerade am Pol der Selbstbewahrung entfaltet sich die persönliche Reife, die Krisen abwenden und sich auch dann noch dem Partner liebevoll zuwenden kann, wenn einmal schwierige Situationen entstehen.

Box 5.6 Schlüsselkompetenz Selbstbewahrung

Wie kann ich bewahren, was zu mir gehört?

- Nach Konflikten mache ich mir klar, was ich für meine Integrität brauche (für meine Selbstachtung, meine Geborgenheit, mein Wohlbefinden und meine Übereinstimmung mit meinen Überzeugungen).
- Ich offenbare meiner Partnerin/meinem Partner, was für mich unaufgebbar ist.
- Notfalls verweigere ich mich einer seelischen oder körperlichen Nähe, die meine Integrität bedroht, und suche mit meiner Partnerin/meinem Partner nach einer seelischen und körperlichen Nähe, in der wir uns beide treu bleiben können.

Probleme	Lösung
Mein Partner fühlt sich erpresst, wenn ich Nähe an Bedingungen knüpfe.	Versuchen Sie Ihrem Partner zu erklären, dass er sich genauso wenig aufgeben soll wie Sie. Erklären Sie anhand Ihrer Gefühle und Ihrer Geschichte, warum eine bestimmte Situation Ihre Integrität bedroht.
Meine Partnerin geht einfach nicht auf mich ein. Deshalb habe ich mich zurückgezogen, habe aber Angst, dass uns das auseinanderbringt.	Machen Sie es Ihrer Partnerin nicht zu einfach. Öffnen Sie sich weiterhin mit selbst-bestätigter Intimität (Abschn. 5.5) und Kommunikationsstrategien. Das wird Ihre Partnerin nicht unbewegt lassen, und zugleich formt Sie das in einer Weise, durch die neue Möglichkeiten für einen Verzicht oder Kompromiss entstehen.

5.6 Die Dialektik: partnerbezogen zu sich stehen

Den dialektischen Schritt für das Beziehungsthema Intimität hat David Schnarch aufgezeigt. Wie das Schaubild (Abb. 5.1) zeigt, versteht Schnarch die Differenzierung als eine höhere Ordnung, die den Gegensatz von Individualität und emotionaler Verbundenheit überwindet.

Der Begriff der Differenzierung stammt aus der Biologie; beispielsweise ist ein Embryo im Zellaufbau noch wenig differenziert. In dem Maße, in dem sich die Zellen differenzieren, also unterschiedliche Funktionen übernehmen, bilden sich Gliedmaßen, innere Organe und Sinnesorgane. Nach der Geburt setzt sich die Differenzierung körperlich, aber auch seelisch fort. Ein Säugling entwickelt sich zu einem Kleinkind mit einer eigenen Persönlichkeit, das sich immer deutlicher von anderen Kindern unterscheidet. In unguten Mutter-Kind-Beziehungen versuchen Mütter den Prozess der Differenzierung zu stoppen, weil sie Angst vor der Persönlichkeit ihres Kindes haben. Sie halten ihr Kind dann klein, unselbstständig und abhängig, was später zu Identitätsstörungen führt. Die Angst vor der Differenzierung ist aber unberechtigt – je reifer ein Kind wird, desto besser kann es lieben und desto mehr gibt es in der Beziehung zurück.

In diesem Sinne eröffnet Schnarchs Konzept der Differenzierung einen Ausweg aus dem Dilemma zwischen Einswerden und Individualität. Wer partnerbezogen zu sich steht, vergrößert zwar zunächst die Unterschiede, aber nur, um sich dann noch vollständiger, reifer und tiefer mit dem Partner verbinden zu können. Nehmen wir an, ein Partner engagiert sich beruflich in einer Weise, die ihn zeitlich sehr bindet, und enttäuscht dadurch seine Partnerin. Auf einer niedrigen Differenzierungsstufe kann das zu einer Entfremdung führen: Der beruflich engagierte Partner fühlt sich nicht unterstützt und zieht sich zurück, der andere fühlt sich unwichtig und klagt. Auf einer höheren Differenzierungsstufe wird der beruflich engagierte Partner die Enttäuschung, die er auslöst, anerkennen und trotzdem vertreten, dass der berufliche Schritt unaufgebbar zu seinem Lebensweg gehört. Dennoch wird er im beruflichen Engagement mit dem anderen verbunden bleiben und die Früchte des beruflichen Erfolges, das eigene positive Lebensgefühl und die

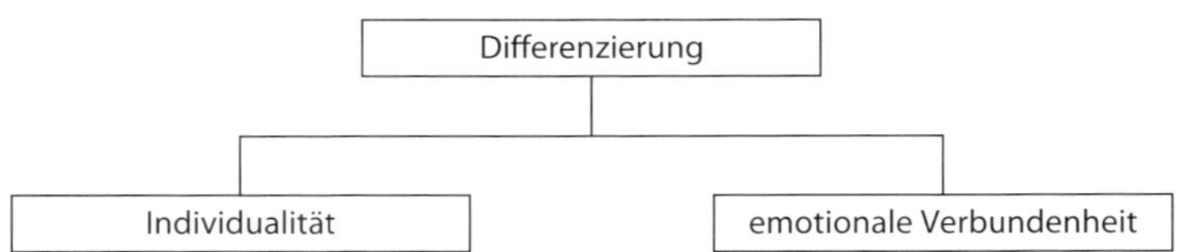

Abb. 5.1 Differenzierung als Prozess höherer Ordnung. (Schnarch 2006)

wachsenden Fähigkeiten so stark wie möglich in die Paarbeziehung hineintragen. Nach anfänglicher Enttäuschung werden auch für den anderen die bereichernden Seiten des beruflichen Schrittes spürbar, und wenn in einer späteren Lebensphase eine berufliche Entscheidung hinter der Paarbeziehung zurückstehen wird, rückt der Pol des Einswerdens wieder in den Vordergrund. Das führt die Paarbeziehung zu einer ganz anderen Qualität und Tragfähigkeit, als wenn ein Partner ein wichtiges berufliches Angebot ausschlägt, die Partnerschaft dadurch entlastet, sich selbst dabei aber verliert.

Umgekehrt setzt es den Partner frei, wenn man ihn zu einem dialektischen Schritt ermutigt, der die Kluft zwischen Einswerden und Selbstbewahrung auf einer höheren Ebene überbrückt:

- „Ja, ich will dich bei deiner neuen Aufgabe unterstützen, auch wenn ich mich manchmal alleingelassen fühle. Aber dann möchte ich an den Früchten deiner Arbeit teilhaben, dich auf manchen Geschäftsreisen begleiten und mehr von dir erfahren, was du so im Beruf erlebst."
- „Ich möchte hinter dir stehen, wenn du deine Mutter pflegst, auch wenn ich noch befürchte, dass unserer Familie damit ein Albtraum bevorsteht. Aber dann wünsche ich mir, dass du nicht klagst, wie schwierig deine Mutter ist. Es kann nur dann eine gute Erfahrung für mich werden, wenn die positive Atmosphäre bei uns nicht verloren geht."

Solche Doppelbotschaften helfen dem Partner, sich selbst treu zu bleiben, ohne sich aus der partnerschaftlichen Verbundenheit zu lösen.

Wo dies gelingt, kann sich Intimität am besten entfalten. Paare, die das erleben, drücken es zum Beispiel in folgenden Worten aus:

- „Mein ganz entscheidendes Interesse war, daß ich mit dir einen gemeinsamen Ort habe, an dem es mir am ehesten gelingt, deine Bedürfnisse und meine Bedürfnisse möglichst tiefgehend und weitschauend wahrzunehmen – und dann auch zu verwirklichen. Also dich nicht zu übergehen und auch mich nicht zu übergehen" (Moeller 1992, S. 110).
- „Unser erotisches Zusammensein erlebe ich jetzt als ausgeglichen und strömend statt anstrengend und ermattend" (Moeller 1992, S. 116).

Vergleicht man den Verlauf der bisherigen Kapitel mit einer Kameraführung, haben wir uns immer dichter an das Paar herangezoomt: Die Kommunikation ist alltäglich und lässt sich leicht beobachten. Um Gefühle zu erkennen, muss man schon genauer hinsehen und so nahe herankommen, dass man spüren kann, was ein Paar bewegt. Die Bindung ist mit den fünf Sinnen nicht zu erfassen. Sie lässt sich nur erschließen, wenn man einen tiefen Einblick in die Beziehung bekommt. Und um etwas über die Intimität zu erfahren, mussten wir Paaren an ihre persönlichsten Orte folgen, deren Türen normalerweise verschlossen sind. Jetzt fehlen nur noch zwei Kameraeinstellungen. Eine, die des nächsten Kapitels, zeigt den Alltag eines Paares noch einmal aus einer anderen Perspektive – sie schildert, wie der Austausch eines Paares, das Geben und Nehmen, vor sich geht. Am Ende steht schließlich die Totale. Sie zeigt, wie sich ein Paar in seine Umwelt einfügt und zwischen Individualität und Anpassung seinen Weg sucht.

Literatur

Berger J (2007) Ein loderndes Feuer. Frauen, Männer und das Wagnis der Intimität. Francke Verlag, Marburg

Clement U (2006) Guter Sex trotz Liebe. Ullstein Verlag, Berlin

Ecker D (2004) Aphrodites Töchter. Wie Frauen zu erfüllter Sexualität finden. Goldmann Verlag, München

Kroger C (2006) Bereicherung der Sexualität in der Paartherapie. In: Lutz W (Hrsg.) Lehrbuch der Paartherapie. 212–238, Ernst Reinhardt Verlag, München

Lammers CH (2011) Emotionsbezogene Psychotherapie. Grundlagen, Strategien und Techniken. Schattauer Verlag, Stuttgart

Lasch C (1982) Das Zeitalter des Narzissmus. Dtv Verlag, München

Mentzos (1999) Neurotische Konfliktverarbeitung. Einführung in die psychoanalytische Neurosenlehre unter Berücksichtigung neuer Perspektiven. Fischer Taschenbuch Verlag, Frankfurt am Main

Moeller ML (1992) Die Wahrheit beginnt zu zweit. Das Paar im Gespräch. Rowohlt Verlag, Reinbek bei Hamburg

Norwood R (2012) Wenn Frauen zu sehr lieben: die heimliche Sucht, gebraucht zu werden. Rowohlt-Taschenbuch-Verlag, Reinbek bei Hamburg

Nuber U (2012) Was Paare wissen müssen. 10 Grundregeln für das Leben zu zweit. Fischer Taschenbuch Verlag, Frankfurt am Main

Reiche R (2005) Das Rätsel der Sexualisierung. In: Quindeau I, Sigusch V (Hrsg.) Freud und das Sexuelle. 135–152, Campus Verlag, Frankfurt am Main/New York

Revenstorf D (2009) Die geheimen Mechanismen der Liebe: 7 Regeln für eine glückliche Beziehung. Klett-Cotta Verlag, Stuttgart

Riemann F (2011) Die Fähigkeit zu lieben. Ernst Reinhardt Verlag, München Basel

Schindler L, Hahlweg K, Revenstorf D (2007) Partnerschaftsprobleme: Möglichkeiten zur Bewältigung. Ein Handbuch für Paare. Springer Medizin Verlag, Heidelberg

Schmidt G, Starke K, Matthiesen S, Dekker A, Starke U (2003) Beziehungsformen und Beziehungsverläufe im sozialen Wandel. Zeitschrift für Sexualforschung 16 (Heft 3) 195–231

Schnarch D (2006) Die Psychologie sexueller Leidenschaft. Klett-Cotta Verlag, Stuttgart

Sigusch V (2005) Neosexualtitäten. Über den kulturellen Wandel von Liebe und Perversion. Campus Verlag, Frankfurt

Stiemerling D (2000) Was die Liebe scheitern lässt. Pfeiffer bei Klett-Cotta Verlag, Stuttgart

Stoller R (1998) Perversion – die erotische Form von Haß. Psychosozial Verlag, Gießen

Strauß B (2004) Ansätze zur Psychotherapie sexueller Störungen. In: Strauß B (Hrsg.) Psychotherapie der Sexualstörungen, 55–61, Thieme Verlag, Stuttgart

Sydow K von (2012) Bindung und Partnerschaft: Forschungsergebnisse und Implikationen für die Paar- und die Einzeltherapie. In: Brisch KH (Hrsg.) Bindungen – Paare, Sexualität und Kinder, 61–79, Klett-Cotta Verlag, Stuttgart

Wardetzki B (1995) Weiblicher Narzissmus. Der Hunger nach Anerkennung. Kösel Verlag, München

Willi J (1988) Die Zweierbeziehung. Rowohlt Verlag, Reinbek bei Hamburg

Winterhoff M (2010) Warum unsere Kinder Tyrannen werden oder: die Abschaffung der Kindheit. Goldmann Verlag, München

Young JE, Klosko JS, Weishaar ME (2008) Schematherapie. Ein praxisorientiertes Handbuch. Junfermann Verlag, Paderborn

Zilbergeld B (1994) Die neue Sexualität der Männer. DGVT-Verlag, Tübingen

6 Austausch: Geben und Nehmen

Romantische Liebe verschenkt sich. Sie findet ihre Belohnung in dem Glück, das sie dem Partner schenkt. Verliebten ist bereits die Frage fremd, wer in der Beziehung gibt, wer nimmt und ob es zu einem fairen Ausgleich kommt. Jedoch schon bald folgt die Paarbeziehung nüchternen Gesetzen, die unsere Neurobiologie und unsere Sozialisation hervorgebracht haben. Die Paarforschung sieht in der Ausgewogenheit von Geben und Nehmen einen Faktor, der ganz wesentlich zum Glück und zur Tragfähigkeit von Paarbeziehungen beiträgt. Natürlich sind Paare nicht dann glücklich, wenn sie kleinlich aufrechnen, sondern wenn sie sich frei zwischen den Polen von Geben und Nehmen bewegen können.

Wer sich vom Pol des Nehmens nicht lösen kann, wird von anderen als selbstbezogen erlebt. In ausgeprägten Fällen spricht die klinische Psychologie von einem narzisstischen Stil, einer Beziehungsgestaltung, die von folgenden Eigenschaften charakterisiert ist (Sachse 2004; Schmitz 2008):

- dem Gefühl, dass die eigenen Bedürfnisse Vorrang haben
- dem Unvermögen, sich in andere einzufühlen und ihre Rechte zu respektieren
- der Erwartung, von anderen bevorzugt behandelt zu werden
- dem Gefühl eigener Wichtigkeit, das Betroffene davon entbindet, sich an die sozialen Spielregeln zu halten, insbesondere an die Regel ausgeglichenen Gebens und Nehmens (Reziprozitätsregel).

Im Extremfall, dem pathologischen Narzissmus (Kernberg 1978), kommt es zu ausbeuterischen Paarbeziehungen. Aber auch milde Formen der Selbstbezogenheit führen in ein Dilemma: Einerseits wächst die Enttäuschung, andererseits möchte niemand in der Liebe aufrechnen und Gegenleistungen einfordern.

Eine Unausgewogenheit kann auch andere Gründe haben – beispielsweise Hindernisse, die dem Nehmen im Wege stehen. Manche Menschen fühlen sich sicherer, wenn sie unabhängig sind; sie richten ihr Leben so ein, dass sie ihre Partnerin oder ihren Partner kaum brauchen. Andere haben schnell das Gefühl, den Partner mit ihren Bedürfnissen zu belasten. Sie bekommen Schuldgefühle, wenn sie etwas nehmen, und lassen nur selten Zuwendung zu. Auch diese Einseitigkeit kann für den Partner frustrierend und belastend sein. Er fühlt sich nicht gebraucht. Das untergräbt das Selbstwertgefühl und führt zu dem Eindruck, in der Schuld des anderen zu stehen.

Das Prinzip der Gegenseitigkeit klingt nicht gerade romantisch. Es wirft Fragen auf wie: Gehört es nicht zum Wesen der Liebe, dass sie uneigennützig ist? Verrät nicht derjenige die Liebe, der an Gegenleistungen denkt? Am Beispiel der Kindererziehung lässt sich vielleicht am besten zeigen, wie sich uneigennützige und faire Liebe zueinander verhalten. Natürlich sind Eltern erst einmal selbstlos für ihre Kinder da, weil diese ihrem Schutz befohlen und lange auf Fürsorge angewiesen sind. Wer die Bedürfnisse seines Kindes hinter die eigenen stellt, vernachlässigt es, wer Kinder seine Bedürfnisse befriedigen lässt, missbraucht sie. Mit zunehmender Reife ist ein Kind jedoch in der Lage, Gegenleistungen für die familiäre Gemeinschaft zu bringen, in der es lebt. Wer seinem Kind nicht irgendwann Hilfsbereitschaft, Rücksicht und das Übernehmen altersgemäßer Aufgaben abverlangt, schädigt es ebenfalls (Winterhoff 2010). Das bedürftige Kind braucht uneigennützige Liebe; das heranreifende Kind braucht eine faire Liebe, in der die Regel des Gebens und Nehmens gilt.

Entsprechend zeigt sich in einer Partnerschaft uneigennützige Liebe, wenn der Partner einmal hilflos ist und wenig geben kann. Leidenschaftliche Liebe reißt zu Großzügigkeit und Verwöhnung hin. In glücklichen Partnerschaften sind solche Situationen jedoch Kontrapunkte zu der Grundmelodie des fairen Gebens und Nehmens.

Manchmal verändern Lebensereignisse das Gleichgewicht im Geben und Nehmen. Befragungen zeigen, dass die meisten Paare einmal eine Phase der Unausgewogenheit durchmachen (Schindler et al. 2006). Krankheiten, körperlich erschöpfende Anforderungen oder andauernde seelische Belastungen können die Fähigkeit zum Geben einschränken. Solche Lebensphasen verlangen dann dem einen Partner besondere Fähigkeiten im Geben ab, dem anderen die Fähigkeit des Nehmens. Wie sensibel Paarbeziehungen für die Balance von Geben und Nehmen sind, zeigt die sozialpsychologische Grundlagenforschung.

6.1 Glücksformel Austausch und Ausgewogenheit

Man sträubt sich unwillkürlich gegen die Art und Weise, wie Sozialpsychologen die Partnerschaft sehen: In Beziehungen werden Ressourcen ausgetauscht – Informationen, Status, Liebe, „Dienstleistungen", Güter und Geld.

Das stellt eine einflussreiche psychologische Theorie fest, die Equity-Theorie. Nach dieser Theorie versuchen Menschen beim Austausch von Ressourcen so gut wie möglich abzuschneiden, haben aber auch das Bedürfnis nach einem fairen Austausch. Wer sich dabei ungerecht behandelt fühlt, erlebt Stress. Eine solche Theorie mag für die Marktwirtschaft gelten – aber für die Liebe? Bei der Überprüfung der Equity-Theorie hat man jedoch festgestellt, dass selbst Paarbeziehungen dem Gesetz des zwischenmenschlichen Austauschs folgen.

In Studien zum Geben und Nehmen wurden Paare nach dem Einsatz der jeweiligen Partner befragt. Manche Studien fragten nach dem Gesamteindruck, andere nach bis zu 24 Bereichen, in denen es zum Austausch zwischen Partnern kommen kann. Die Forschungslage lässt sich so zusammenfassen (Rohmann 2003, Widmer und Bodenmann 2006): Paare, die ihre Beziehung als ausgewogen erleben, sind zufriedener mit ihrer Partnerschaft, erleben mehr positive Gefühle und weniger Ärger. Auch die Sexualität erleben sie als schöner, was darauf schließen lässt, dass Unausgewogenheit ein Störfaktor für die Intimität ist. Paare in ausgewogenen Beziehungen blicken optimistischer in eine gemeinsame Zukunft und trennen sich auch seltener. In unausgewogenen Beziehungen gehen Partner häufiger fremd, und zwar meist diejenigen, die mehr geben als nehmen.

Bei solchen Zusammenhängen spielt es auch eine Rolle, wie gut das Geben und Nehmen in der Beziehung überhaupt funktioniert. Wenn beide viele positive Beiträge für die Beziehung leisten, dann spielt eine Unausgewogenheit keine große Rolle. Doch wenn beide wenig in die Beziehung investieren, hat eine Unausgewogenheit starke negative Effekte. Geben und Nehmen ist für das Liebesglück offenbar von großer Bedeutung. Auf eine Formel gebracht, kann man sagen: Je mehr positiver Austausch in einer Paarbeziehung möglich ist, desto größer ist das Glück; Unausgewogenheit beim Geben und Nehmen trübt das Glück – vor allem die Zufriedenheit, das Gefühlsleben und die Intimität.

Die Studien zeigen auch, dass Geben und Nehmen in einer Beziehung nicht automatisch zu einem fairen Gleichgewicht findet. Manche Paare gelangen, ohne darüber nachzudenken, zu einem ausgewogenen Geben und Nehmen; andere Paare müssen erst ein Gespür für die Ausgewogenheit in ihrer Beziehung entwickeln. Dementsprechend ist das sogenannte Reziprozitätstraining ein Standardelement in der Paartherapie. Es fördert die positiven Beiträge füreinander und die Gerechtigkeit im Austausch (Schindler et al. 2006). Auch in vorbereitenden Partnerschaftskursen wird darauf Wert gelegt (Bodenmann 2000). Bei solchen Programmen führt man den Paaren zunächst die Bedeutung von Geben und Nehmen vor Augen. Man schult sie darin, Verhaltensweisen wahrzunehmen, die dem Partner guttun, und diese so häufig wie möglich zu zeigen. Außerdem wird geübt, dem Partner mitzuteilen, was einem selbst guttut, und Wertschätzung für alles auszudrücken, was man von ihm empfängt. Die Paare erstellen Listen mit wohltuenden Verhaltensweisen und führen Verwöhntage durch, wobei sie das Erlernte anwenden und vertiefen. Die Wirksamkeit dieser Ansätze wurde durch Studien belegt.

6.2 Die Kunst des Gebens

Aus der Glücksforschung wissen wir: Regelmäßige kleine Freuden beglücken mehr als eine einmalige große Freude (Csikszentmihalyi 2008). Der Kauf eines edlen Möbelstücks geht weniger stark in die Gefühlsbilanz ein als der regelmäßige Besuch der Sauna, eines Cafés oder eines botanischen Gartens. Auch in der Paarbeziehung hängt das Glück weniger an den großen Investitionen, sondern mehr an der alltäglichen Zuwendung. Manches Positive bringt ein Partner einfach mit in die Beziehung und bereichert den anderen dadurch – dazu zählen ein harmonisches Verhältnis zu den eigenen Eltern, ein guter Freundeskreis, Gesundheit, emotionale Stabilität, eine angesehene gesellschaftliche Stellung oder ein gutes Einkommen. Alle diese Faktoren wirken sich zwar positiv auf eine Partnerschaft aus (Schindler et al. 2006), doch ihr Beitrag für das Glück hat sich als klein erwiesen. Diese Faktoren können die Unterschiede zwischen zufriedenen und unzufriedenen Paaren nur zu einem sehr kleinen Teil erklären. Viel mehr fällt ins Gewicht, wie Paare miteinander umgehen und wie sich einer dem anderen zuwendet. Paarforscher unterscheiden drei Bereiche, in denen das Geben und Nehmen eine besondere Rolle spielt (Schindler et al. 2006):

1. Verbundenheit herstellen; dazu gehören Verhaltensweisen wie die folgenden: sich öffnen und sich in den eigenen Gedanken, Erlebnissen und Absichten zeigen, gemeinsame Erlebnisse schaffen, den anderen annehmen. Solche Verhaltensweisen sind vor allem positive Zuwendungen im Bereich der Bindung.
2. Fürsorge; beispielsweise Einfühlung, Hilfe, Unterstützung und Lob – Verhaltensweisen, die sich vor allem auf die Gefühle und emotionalen Bedürfnisse auswirken.
3. Attraktion und Sexualität; dazu zählen ein zärtlicher Umgang, das Schaffen einer erotischen Atmosphäre und das Eingehen auf sexuelle Bedürfnisse – Zuwendungen im Bereich der Intimität.

Viele dieser Investitionen kosten weder Zeit noch Mühe. Wenn ich in der Zeit, die ich ohnehin mit meinem Partner verbringe, Lob schenke, Annahme zeige, Verbundenheit herstelle, ihn unterstütze oder einen erotischen Akzent setze, verlangt mir das auch nicht mehr ab, als über das Weltgeschehen zu reden oder über einen Nachbarn zu schimpfen. Andere Investitionen sind zwar zeitaufwendiger und mühevoller, werden aber durch ein zunehmendes Wohlbefinden in der Paarbeziehung belohnt.

Eigentlich ist es verwunderlich, dass nicht jedes Paar ganz selbstverständlich und regelmäßig in die Beziehung investiert. Dennoch gibt es Einflüsse, die einen positiven Austausch verhindern. Stress und Zeitmangel können das Geben sehr erschweren. Besonders die alltägliche Tretmühle zieht die Aufmerksamkeit auf sich und damit vom Partner ab (Bodenmann 2007).

Ich höre häufig Paargeschichten, die nach einem ganz ähnlichen Muster gestrickt sind: Menschen erleben ihren Partner über Jahre aufmerksam, liebevoll und unterstützend. Irgendwann aber verändert sich das Leben, weil Kinder kommen, eine Prüfung ansteht oder ein Karriereschritt besonders herausfordert. Der Partner zieht sich zurück, konzentriert sich auf die Belastung, die zu bewältigen ist, und entzieht dem anderen seine Zuwendung. Das geht eine Zeitlang gut, doch irgendwann treten in der Paarbeziehung die beschriebenen Symptome eines mangelhaften Gebens und Nehmens auf: Unzufriedenheit, Gereiztheit, abnehmende Großzügigkeit und zunehmende Kritik.

Das Existenzminimum an Zuwendung liegt bei jeder Paarbeziehung auf einem etwas anderen Niveau. Paare tun gut daran, diese kritische Marke nicht zu unterschreiten. In Box 6.1 sind Hilfen zusammengetragen, um den Partner auch in Zeiten von Stress und Zeitmangel nicht zu kurz kommen zu lassen (Nuber 2012; Revenstorf 2009; Schindler et al. 2006, 2007).

Box 6.1 Liebe in stressigen Zeiten

Zeit finden durch Delegieren Putzhilfe, Babysitter, nähen/waschen/reparieren lassen; kochen lassen, auf gesunde Tiefkühlkost ausweichen; Eltern, Verwandte, Freunde bei größeren Aufgaben um Hilfe bitten

Zeit finden durch Priorisieren

- Kategorie A – wesentlich und dringend (Krankheit oder Nöte der wichtigsten Bezugspersonen; die Tätigkeiten, von denen der Arbeitsplatz und die berufliche Zukunft abhängen): Dafür muss Zeit sein.
- Kategorie B – dringend, aber nicht wichtig (Steuererklärung, zweitrangige berufliche Aufgaben, termingebundene Verpflichtungen gegenüber Verwandten, Vereinen, Nachbarn): Frühzeitig, aber mit möglichst geringem Aufwand erledigen, wo möglich, delegieren.

- Kategorie C – wesentlich, aber nicht dringend (Gesundheit, persönliche Entwicklung, Glaube und Überzeugungen, wichtige Beziehungen und Partnerschaft): Unbedingt Zeiträume dafür schützen.
- Kategorie D – weder wesentlich noch dringend (Dinge, die man tun, haben, wissen oder machen sollte; Besserwisser, Nervensägen und Energieräuber im persönlichen Umfeld): Nein sagen, ignorieren, Abstand suchen.

Zeit finden durch Rituale Ein fester Paar-/Eheabend in der Woche, regelmäßige Spaziergänge, Sport, Tanzen, ein Saunabesuch zu zweit, gemeinsame Rituale zum Tagesbeginn oder -abschluss, ein gemeinsames Wochenende an einem Ort, der das Abschalten fördert.

Zeit finden durch gute Berater Erziehungsberater, Finanzberater, Anwälte, Steuerberater, Ärzte, Coaches, Freunde, die in PC-, KFZ- oder handwerklichen Fragen bewandert sind, können aus großen Problemen handhabbare Aufgaben machen.

Zeit finden durch Bekämpfung von sanften Süchten Fernsehen, Internetsurfen, Shoppen, Naschen, soziale Netzwerke können zu zeitraubenden Gewohnheiten werden. Sie lenken zwar von unangenehmen Gefühlen ab, entspannen aber nicht. Der Ausweg: die Macht anerkennen, die die sanften Süchte über die Seele gewonnen haben, sich auf einen Kampf einstellen und der Sucht Minute für Minute den Raum abtrotzen, den sie gewonnen hat. Die freie Zeit stattdessen in wirklich befriedigende Aktivitäten investieren: Bewegung, Kreativität und vor allem die Liebe.

Mit der Zeit, die der gestresste Partner für den anderen gewinnt, verstärkt sich auch seine Aufmerksamkeit und Zuwendung.

Lebensgeschichtlich geformte Gewohnheiten beeinflussen das Geben ebenfalls. Manche Menschen sind von Natur aus aufmerksam, wertschätzend und positiv. Lächeln, ein freundlicher Blickkontakt, ein aufmunterndes Schulterklopfen, ein anerkennendes Lob, ein hilfreicher Vorschlag, interessiertes Nachfragen – von positiven Menschen geht ein Strom angenehmer Verhaltensweisen aus. Wir erleben solche Personen als sympathisch und gewinnend. Wenn man ihre Herkunftsfamilie kennt, bemerkt man in der Regel: Das positive Verhalten ist Teil einer positiven Familienkultur, die ganz selbstverständlich übernommen wurde. Es gibt jedoch auch Herkunftsfamilien, in denen jeder mit sich selbst beschäftigt ist und die Familienmitglieder kritisierend, abweisend und wenig rücksichtsvoll miteinander umgehen. Leider übernehmen Kinder solche Verhaltensweisen ebenfalls und tragen sie in ihre Paarbeziehung. Obwohl sie es nicht böse meinen, ist ihre Fähigkeit zum Geben eingeschränkt.

Erwachsene können negative Familiengewohnheiten ablegen und zu einer Kultur des Gebens finden, die sich in Aufmerksamkeit, aufbauenden Worten und Gesten der Unterstützung ausdrückt. Modelllernen ist wohl der einfachste und effektivste Weg, um ein positiver Mensch zu werden: Man umgibt sich mit lebensbejahenden Menschen, bis ihre Wesensart auf das eigene Verhalten abfärbt; man beobachtet sie und fragt sich, was genau den Umgang mit ihnen so angenehm macht.

Neben Zeitmangel und lebensgeschichtlichen Prägungen gibt es einen dritten Einfluss, der das Geben und Nehmen wesentlich bestimmt. Zur Veranschaulichung dieses Zusammenhangs wählte der amerikanische Paarpsychologe John Gottman das Bild eines Bankkontos. Das Geben entspricht einer Einzahlung auf das Konto. Abhebungen hingegen sind eine Metapher für: den anderen unterbrechen, eine Entscheidung auf Kosten des anderen treffen, einen Wunsch ignorieren, Vorwürfe machen und alle anderen Verhaltensweisen, die für den Partner unangenehm sind.

Zufriedene Paare verfügen über einen hohen Kontostand auf ihrem Beziehungskonto, unzufriedene rutschen tief ins Minus. Leider schlagen negative Verhaltensweisen viel stärker zu Buche als positive. In einigen Untersuchungen machte eine Abhebung vier Einzahlungen zunichte, was der Gottman-Konstante bei Kommunikation entspricht. In einer anderen Untersuchung hob jede Abhebung sogar den Betrag von 15 Einzahlungen auf (Schindler et al. 2006). Die Größenordnungen hängen davon ab, wie das Geben und Nehmen in den Studien erfasst wurde. In jedem Fall wiegen die Abhebungen bedeutend schwerer als Einzahlungen.

Wie eine Redensart sagt, kann man mit dem Hinterteil leicht einreißen, was man mit den Händen aufgebaut hat. Das verdeutlicht auch ein überraschendes Detail der Forschungsergebnisse: In guten Paarbeziehungen sind Partner besonders zufrieden an den Tagen, an denen sie viel vom anderen empfangen haben. In schlechten Beziehungen sind Partner zufrieden, wenn der andere wenig negative Verhaltensweisen gezeigt hat – seine positiven Verhaltensweisen spielen für die tägliche Zufriedenheit keine Rolle (Schindler et al. 2006). In belasteten Beziehungsphasen ist es daher wirksamer, zunächst die Abhebungen vom Beziehungskonto zu verringern: herausfinden, was den anderen stört, verletzt und enttäuscht, und diese Verhaltensweisen reduzieren. Meist sind starke Gefühle der Auslöser für negative Verhaltensweisen. Bei deren Abbau spielt daher erfahrungsgemäß die Kontrolle von Gefühlen, wie sie in Kap. 3 beschrieben wurde, eine wichtige Rolle.

Auch wenn die Hindernisse für das Geben – Zeitmangel, schlechte Gewohnheiten und Abhebungen vom Beziehungskonto – aus dem Weg geräumt sind, bleibt die Herausforderung, beim Geben tatsächlich die Bedürfnisse des Partners zu treffen.

6.3 Eine kleine Schule des Gebens

Manchmal geht selbst der größte Einsatz an den Wünschen des Partners vorbei. Ein Mann renoviert das Arbeitszimmer seiner Frau. Am späten Abend ist sie jedoch traurig, dass so wenig Zeit zu zweit geblieben ist. Welcher Mann würde sich nicht wütend fragen, ob er sich noch einmal abmühen soll, um es seiner Frau schön zu machen? Eine Frau hat sehr gekämpft, um am Geburtstag ihres Mannes frei zu bekommen. Er fühlt sich aber dadurch unter Erwartungsdruck, weil er lieber ausgiebig Sport machen möchte, bevor am Abend die Gäste eintreffen. Welche Frau würde sich nicht zurückgewiesen fühlen, wenn ihr Mann mit der geschenkten Zeit nichts anfangen will? Diesem Problem ist der amerikanische Paarberater Gary Chapman in seinem Bestseller *Die fünf Sprachen der Liebe* nachgegangen. Darin beschreibt er fünf Liebessprachen, in denen sich das Geben und Nehmen von Partnern ausdrückt (Chapman 1998):

- Lob und Anerkennung
- Zweisamkeit – Zeit nur für dich
- Geschenke, die von Herzen kommen
- Hilfsbereitschaft
- Zärtlichkeit

Wer dem Partner etwas Gutes tun will, wird das erst einmal in der eigenen Liebessprache tun. Wer gerne beschenkt wird, schenkt in der Regel auch gerne. Wenn die Liebessprache des Partners aber „Lob und Anerkennung" ist, wird er sich über Geschenke nur wenig freuen – vielleicht werden sie ihm sogar unangenehm. Spätestens wenn der Beschenkte klagt, dass er sich in der Partnerschaft nicht richtig geschätzt fühlt, versteht seine Partnerin die Welt nicht mehr.

Geben kommt an, wenn es die Liebessprache des Partners trifft. Das Konzept der Liebessprachen hilft, Unterschiede zu verstehen und zu akzeptieren. Es motiviert dazu, die Liebessprache des Partners zu erkennen. Es verbessert außerdem die Wahrnehmung dafür, was dem anderen Freude macht, und bringt auf gute Ideen. Unter Umständen muss man die Liebessprache des Partners lernen wie eine Fremdsprache und bei anderen nachfragen, die diese Sprache beherrschen. In Box 6.2 finden sich Beispiele für das Geben in den unterschiedlichen Liebessprachen.

Box 6.2 Die fünf Liebessprachen nach Gary Chapman (Chapman 1998)

Lob und Anerkennung

- positives Hervorheben von Leistungen
- Dank und Wertschätzung auch für kleine Erledigungen
- Worte der Wertschätzung für den Charakter, den Kleidungsstil, den Geschmack, die Art und Weise, Dinge anzupacken
- Ermutigung bei Herausforderungen/Worte des Zutrauens
- hervorheben, wenn der Partner etwas macht, was guttut oder entlastet
- zuvorkommendes Verhalten, das den anderen ehrt
- weitersagen, was Dritte Gutes über den Partner sagen

Zweisamkeit – Zeit für dich

- ungestörte Mahlzeiten zu zweit
- von einer Dienstreise anrufen
- ein gemeinsamer Tagesabschluss
- plaudern im Bett
- nachfragen und Zeit haben zum Zuhören
- Ausflüge und Kurzurlaube zu zweit

Geschenke

- Mitbringsel von Reisen
- Erfolge oder Anstrengungen mit einem Geschenk feiern
- fantasievolle Geschenke zu Geburtstagen, Hochzeitstagen, Weihnachten
- Versöhnungsgeschenke, Trostgeschenke
- Geschenke als Ausdruck von Dankbarkeit
- Überraschungsgeschenke im Alltag, wie eine Rose, ein Dekoartikel, eine Leckerei

Hilfsbereitschaft

- „Heinzelmännchen spielen", eine unangenehme Arbeit abnehmen
- Schwieriges, Unangenehmes oder Monotones mit dem Partner zusammen machen
- bei Problemen mitdenken, Lösungen vorschlagen
- den Rücken frei halten, wenn der andere beansprucht ist
- Aufgaben, die den anderen ebenfalls betreffen, zuverlässig erledigen
- bemerken, wenn etwas auf dem Tisch fehlt, wenn ein Tee oder eine Decke behaglich wären

Zärtlichkeit

- Begrüßungs- und Abschiedszärtlichkeiten
- Händchen halten, angelehnt zusammensitzen, den anderen beiläufig berühren
- mit Körperkontakt trösten oder Freude ausdrücken
- kuscheln, küssen und streicheln
- ein langes Vorspiel
- eine Massage

Auch Paartherapien und Partnerschaftstrainings fördern ein Geben, das wirklich beim anderen ankommt. Eine Standardübung heißt „Den anderen dabei erwischen, wie er mir etwas Gutes tut" (Schindler et al. 2006). Dabei beobachtet ein Partner genau, welche Verhaltensweisen des anderen wohltuend sind, und hält diese schriftlich fest. Wenn der andere diese Liste liest, ist er oft überrascht von den Punkten, die den Partner positiv berühren: Kleinigkeiten, Selbstverständliches oder Dinge, die dem anderen selbst nicht viel bedeuten würden. Wer sein Geben darauf ausrichtet, was dem Partner wirklich Freude macht, kann mit weniger Mühe mehr Glück bewirken.

Box 6.3 Schlüsselkompetenz Geben

Wie kann ich wirkungsvoll geben?

- Ich investiere regelmäßig in die Liebe, indem ich Wertschätzung, Zuneigung und Hilfsbereitschaft zeige und aufmerksam für die Wünsche meiner Partnerin/meines Partners bin.
- Ich versuche, meine Investitionen so genau wie möglich auf die individuellen Bedürfnisse meiner Partnerin/meines Partners abzustimmen.
- Ich achte darauf, wie meine Partnerin/mein Partner auf meine Zuwendung reagiert, und lerne dadurch, sie noch besser auf sie/ihn abzustimmen.
- Wo ich im Geben an meine Grenzen komme, erläutere ich taktvoll, warum ich nicht mehr geben kann oder will. Ich zeige in kleinen Kompromissen, dass ich, wo möglich, meiner Partnerin/meinem Partner entgegenkomme.

Probleme	Lösung
Mir geht es mit dem Geben wie mit den guten Vorsätzen im Neuen Jahr: Nach einigen Tagen vergesse ich, was mir eigentlich wichtig ist.	Reduzieren Sie, was Ihre Aufmerksamkeit gefangen nimmt (Abschn. 6.2). Fragen Sie ab und zu, was Ihrer Partnerin/Ihrem Partner an Ihrem Verhalten guttut. Das fördert die alltägliche Aufmerksamkeit für Zuwendungen, die ankommen.

6.4 Vergebung – den Fluch der bösen Tat brechen

Das Bankkontomodell des Paarforschers Gottman hat veranschaulicht, dass negative Ereignisse stark in die Bilanz einer Partnerschaft eingehen. Verletzendes Verhalten kann zu unguten Gefühlen, Rückzug oder Rache führen, muss es aber nicht – Vergebung kann die Folgen negativer Ereignisse abfangen. Auf diese Formel lassen sich die Befunde der Vergebungsforschung bringen, einem vergleichsweise jungen Forschungsgebiet.

„Das eben ist der Fluch der bösen Tat, dass sie fortzeugend immer Böses muss gebären", heißt es in Schillers *Wallenstein*. Nicht nur die großen tragischen, sondern auch alltägliche Ungerechtigkeiten ziehen oft negative Ereignisse nach sich. Eine eigenmächtige Entscheidung, ein schroffes Nein oder eine Kritik von oben herab können eine angespannte Situation schaffen, in der schnell weitere Enttäuschungen und Verletzungen folgen. Vergebung bricht den „Fluch der bösen Tat", indem sie ihre negativen Konsequenzen neutralisiert. Vergebungsbereite Menschen haben daher positivere Gefühle, eine höhere Lebenszufriedenheit und glücklichere Beziehungen. Sie sind psychisch und körperlich gesünder und konsumieren weniger Suchtmittel (McCullough et al. 2009). Paare, die einander vergeben, sind zufriedener mit ihrer Beziehung und können Konflikte besser lösen als Paare, die einander nicht vergeben (Fincham et al. 2004).

Aber was heißt das genau: vergeben? Zunächst definieren Forscher, was Vergebung nicht bedeutet, nämlich verletzendes Verhalten zu entschuldigen oder kleinzureden. Sie bedeutet auch nicht, verletzendes Verhalten zu dulden oder auf einen angemessenen Selbstschutz zu verzichten. Vielmehr beginnt Vergebung mit der Entscheidung, auf Rache und Wiedergutmachung zu verzichten und eventuell auch aus einem Rückzug hervorzukommen. Neben dieser Entscheidungskomponente steht die emotionale Komponente der Vergebung. Sie beinhaltet einerseits, negative Gefühle, Gedanken und Verhaltensweisen abzubauen, die eine verletzte Tat ausgelöst hat, und andererseits, wieder positive Gefühle und Gedanken aufzubauen, wie Verständnis, Mitgefühl, Wertschätzung oder Vertrauen.

Vergebung geht also über den Verzicht auf Rache und Wiedergutmachung hinaus; sie umfasst auch die tiefere Ebene von Gedanken, Gefühlen, Haltungen und Verhaltensweisen. Das erfordert nicht nur guten Willen, sondern auch Fertigkeiten, die eine Vergebung ermöglichen. Mittlerweile wurden einige Hilfen entwickelt, die das Vergeben erleichtern und deren Wirksamkeit man bereits überprüft hat. Was nicht funktioniert, sind sogenannte entscheidungsbasierte Interventionen, die Menschen zu der Entscheidung führen, der verletzenden Person zu vergeben. Dieser Ansatz greift zu kurz und wirkt sich einfach nicht auf die Gefühle, Gedanken und Verhaltensweisen von Personen aus, die Verletzungen erlebt haben (McCullough et al. 2009). Vergebungsprogramme sind dann erfolgreich, wenn sie Menschen darin unterstützen, mit Verletzungen umzugehen und zu positiven Gedanken, Sichtweisen und Gefühlen zu finden. Dabei werden häufig vier Phasen durchlaufen, die in Box 6.4 dargestellt sind.

Box 6.4 Vier Phasen der Vergebung (nach Kämmerer 2007)

Phase 1: Auseinandersetzung mit der eigenen Verletztheit

- Ernstnehmen der verletzenden Tat und ihrer Auswirkungen
- Verstehen und Annehmen der eigenen Gefühle und Reaktionen, die eine verletzende Tat ausgelöst hat
- die eigene Unabhängigkeit wiedergewinnen, was den Umgang mit den eigenen Reaktionen oder verletzenden Person angeht

Phase 2: Auseinandersetzung mit der verletzenden Person, Bereitschaft zum Perspektivenwechsel

- Versuch, sich in die verletzende Person einzufühlen und ihre Sicht der Dinge einzunehmen
- Aufspüren von Gründen für das Verhalten der verletzenden Person, Einordnung ihres Verhaltens in ein positiveres Gesamtbild ihrer Person

Phase 3: Entscheidung zu vergeben und negative Gefühle loszulassen

- Schmerz und Wut durch Mitgefühl mit sich selbst, angemessene Trauer und Selbstfürsorge überwinden
- eine neue Offenheit gegenüber der verletzenden Person aufbauen

Phase 4: Am Vergebungsprozess arbeiten, Neues beginnen

- eine neue Position gegenüber der verletzenden Person finden, die eine Wiederannäherung möglich macht, aber auch ermöglicht, sich vor ihren Schwächen in angemessener Weise zu schützen
- bei wiederholt auftauchenden schmerzhaften Gefühlen Phase 3 erneut durchlaufen
- positive Gedanken, Haltungen und Verhaltensweisen einüben

Ein Fallbeispiel veranschaulicht den Vergebungsprozess: Armins Frau war fremdgegangen – zu einer Zeit, in der Armin beruflich extrem beansprucht war. Ihn quälten Bilder dieses Fremdgehens, besonders weil er den anderen kannte. Schmerzhafte Gefühle und Eifersucht brachten Armin dazu, sich aus der Intimität zurückzuziehen, und zwar auch noch lange, nachdem das Verhältnis beendet war. Er konnte zudem nicht von stichelnden Bemerkungen ablassen, mit der er seiner Frau den Fehltritt immer wieder vor Augen führte.

In Armins Innern kommt etwas in Bewegung, als er sich bewusst macht, was ihn am meisten schmerzt: die Vorstellung, dass der andere möglicherweise ein besserer Liebhaber ist und Armin mit ihm verglichen und kritisiert wird, wenn er sich seiner Frau als Liebhaber nähert. Diese Erkenntnis hilft ihm, etwas Abstand von seiner Verletzung zu gewinnen und den Befürchtungen wieder männliches Selbstbewusstsein entgegenzusetzen. Außerdem will er diesem Ereignis nicht mehr so viel Macht über seine Gefühle und seine Beziehung einräumen (Phase 1).

Da Armins Frau schon immer unter seiner Karriere gelitten hat, ist es für ihn nicht schwer, sich in sie einzufühlen und zu begreifen, dass sie aus einem emotionalen Mangel heraus fremdgegangen ist und nicht aus dem Wunsch, einen besseren Mann zu finden. Bisher hat sie Armin in seiner Karriere immer unterstützt (Phase 2).

Armin entscheidet sich, seiner Frau zu vergeben, das Thema abzuschließen und nicht immer neu auf den Tisch zu bringen. Er gewöhnt sich daran, den Zweifeln an seiner Männlichkeit positive Gedanken entgegenzusetzen, und kann auch im Gespräch mit seiner Frau manche Befürchtung diesbezüglich entkräften (Phase 3).

Auf diese Weise wird es ihm möglich, wieder seelische und körperliche Intimität zuzulassen – anfangs vorsichtig, später immer selbstverständlicher. Armin ist allerdings kritischer geworden, was die Unternehmungen seiner Frau angeht. Er fragt manchmal nach, mit wem sie sich trifft, und möchte bei mancher Betriebsfeier lieber dabei sein. Sie kann diese Vorsichtsmaßnahmen akzeptieren (Phase 4).

Vergebung ist nur sinnvoll, wenn in der Partnerschaft Sicherheit herrscht. Wo Gewalt, finanzielle Schädigung, die Gefährdung von Kindern oder ein Fremdgehen andauern, muss das verletzende Verhalten zuerst unterbunden werden, bevor Vergebung möglich wird. In einer sicheren Beziehung neutralisiert Vergebung die Folgen alltäglicher Verletzungen und oft auch schwerwiegendere Schäden. Dann tauchen negative Ereignisse nicht in der Bilanz des Beziehungskontos auf und stören den Kreislauf des Gebens und Nehmens nicht.

Manchen Menschen fällt das Vergeben von Natur aus leichter, andere müssen sich gegen den Strich bürsten, um zu vergeben (McCullough et al. 2009). Anders gesagt: Das Persönlichkeitsmerkmal „Verträglichkeit" erleichtert das Vergeben. Damit sind Menschen gemeint, die warm, freundlich, mitfühlend und kooperationsbereit sind. Sie haben viele gute Beziehungserfahrungen gemacht und erwarten Gutes, wenn sie ein unangenehmes Erlebnis durch Vergebung beilegen. Auch Menschen, die sich selbst als „religiös" bezeichnen, vergeben leichter – im Gegensatz zu anderen, die sich als „nicht religiös" oder „spirituell" (im Sinne esoterischer oder östlicher Glaubensrichtungen) bezeichnen. Ein Glaube, in dem eine persönliche Gottesbeziehung erlebt wird und der Regeln für das zwischenmenschliche Zusammenleben vorgibt, fördert offenbar das Vergeben.

Darüber hinaus hat die Forschung zwei Persönlichkeitsfaktoren ausgemacht, die der Vergebung im Wege stehen können: Narzissmus und Neurotizismus. Die am Anfang des Kapitels beschriebenen narzisstischen Persönlichkeitsmerkmale sind hier kontraproduktiv. So lässt die erhöhte Kränkbarkeit narzisstischer Menschen Verletzungen einerseits als besonders gravierend erscheinen; andererseits erschwert ihnen ihre Geringschätzung anderer Menschen, sich in eine verletzende Person einzufühlen und sich von der weiteren Beziehung etwas Gutes zu versprechen.

Neurotizismus ist ein Persönlichkeitsmerkmal empfindsamer Menschen, die schnell aus dem inneren Gleichgewicht geraten und deshalb unsicher, zwiespältig und mit Angst auf Ereignisse reagieren. Statt zu vergeben, ziehen sie sich zurück oder verharren in einer Habachtstellung. Oft haben hoch empfindsame Menschen auch die Befürchtung, dass ihre psychische Energie zum Vergeben nicht ausreicht.

Je nach Persönlichkeit kann man die Phasen der Vergebung aus eigener Kraft durchlaufen oder braucht vielleicht Unterstützung, um mit einer Verletzung fertigzuwerden. Hilfreich sind Gesprächspartner, denen Betroffene ihre Gefühle mitteilen können und die bei den einzelnen Schritten ermutigen. Genau wie die Persönlichkeit die Fähigkeit zum Vergeben beeinflusst, ist umgekehrt aber auch anzunehmen, dass wiederholte Vergebung einen Menschen formt und liebesfähiger macht.

Vergebung kann die Folgen von Unausgewogenheit in einer Partnerschaft neutralisieren. Trotzdem ist es unter Umständen schmerzhaft, wenn sich Geben und Nehmen auf Dauer nicht ausgleichen. Manchmal ist die Fähigkeit zum Geben bei den Partnern sehr unterschiedlich ausgeprägt – dann hat schon die Partnerwahl die Unausgewogenheit gewissermaßen besiegelt. Das wird Betroffenen oft jedoch erst klar, wenn schon eine starke Bindung entstanden ist.

6.5 Schicksal Unausgewogenheit

Die Partnerwahl erfolgt nur zum Teil bewusst. In wen wir uns verlieben, bestimmt unsere Vernunft, aber auch emotionale und erotische Prägungen. Die Vernunft sorgt dafür, dass sich Menschen meist einen „passenden" Partner wählen, eine Person, die ihnen in Bezug auf Bildung, Attraktivität, gesellschaftliche Stellung und seelische Gesundheit ähnlich ist (Amelang 1991; Neyer 2003). Um sich zu verlieben, braucht es aber mehr als die Begegnung mit einem passenden Partner. Die Chemie muss stimmen – und die wird von den emotionalen und erotischen Prägungen bestimmt (Willi 1988; Felmlee 1998; Young et al. 2008). Manchmal ist die Chemie so stark, dass Menschen bei der Partnerwahl eine Ungleichheit in Kauf nehmen. Und manchmal sucht die erotische Anziehung einen unterlegenen Partner, weil man auf diese Weise zum Beispiel ein schwaches Selbstwertgefühl kaschieren kann. Dann wird die Unausgewogenheit zum Schicksal eines Paares, das sich durch ein Eheversprechen, Kinder oder schlicht durch Liebe emotional gebunden fühlt. Einige Paare muss man gut kennen, um die Unausgewogenheit zu bemerken, bei anderen ist sie so augenfällig, dass sich jeder im Umfeld wundert, wie es zu dieser Verbindung gekommen ist.

Die sozialpsychologischen Studien zum Geben und Nehmen haben ein Ergebnis erbracht, das nur auf den ersten Blick überrascht: Auch Partner, die von sich sagen, dass sie mehr nehmen als geben, sind mit ihrer Beziehung unzufrieden – sie haben häufiger Depressionen, empfinden mehr Ärger und wenige positive Gefühle (Rohmann 2003). Auf den zweiten Blick lässt sich die Unzufriedenheit gut nachvollziehen: In der Geschäftswelt mag man sich über einen vorteilhaften Handel freuen, in Paarbeziehungen nicht. Wer will schon das Gefühl haben, weniger zum Glück des Partners beizutragen als umgekehrt? In unausgewogenen Beziehungen leiden beide, wobei natürlich der Partner, der mehr gibt, eher Verständnis für seine Unzufriedenheit findet. Der Partner, der etwas schuldig bleibt, stößt im Zweifelsfall auf Kritik. Drei Perspektiven helfen, mit Unausgewogenheit umzugehen.

Das Schicksal annehmen Es gibt Ungerechtigkeiten, mit denen Menschen sich arrangieren müssen. Der eine hat in einer Gegend gebaut, die zur Einflugschneise wurde, der andere nicht. Vielleicht hätte man den Flughafenausbau voraussehen können, aber was hilft das im Nachhinein? Manche Entscheidungen kann oder will man nicht mehr ändern, und dann tun Menschen besser daran, sich mit einer Ungerechtigkeit auszusöhnen. Auf ähnliche Weise können manche Menschen auch ihre Partnerwahl annehmen. Ihre Liebe hat sie halt zu einem Menschen geführt, der nicht so viel zu geben vermag wie sie selbst. Vielleicht kann man eine Liebe ja als stärker und reiner ansehen, wenn sie sich über Nutzenabwägungen hinwegsetzt.

Jedenfalls ist es einem Partner nicht anzulasten, dass er weniger geben kann, wenn die Gründe dafür in seiner Bildung, seinem Beruf, seiner Persönlichkeit oder seelischen Gesundheit liegen. Manchmal hilft es, sich die eigenen Motive für die Wahl eines unterlegenen Partners einzugestehen: „Ja, mein Helfersyndrom hat sich einen Partner gesucht, der hilfsbedürftig wirkte.“ Damit offenbart sich die Schwäche des vermeintlich Starken, der heimlich nimmt, weil er in der Liebe eine moralische oder Selbstwertbefriedigung sucht. In diesem Licht fällt die Bilanz von Geben und Nehmen plötzlich ganz anders aus.

Umgekehrt kann sich auch der unterlegene Partner mit einer Liebesgeschichte aussöhnen, die er so nicht gewollt hat. Dann erkennt er an, dass auch er um der Liebe willen das Leiden an der Ungleichheit in Kauf nehmen muss.

Ungleichheit auf hohem Niveau schaffen Es gibt einen Faktor, der das Glück noch mehr beeinflusst als die Ausgewogenheit: das Niveau des Gebens und Nehmens. Paare, die einen starken positiven Austausch pflegen, leiden weniger unter der Unausgewogenheit als Paare, die wenig geben und nehmen (Rohmann 2003). Das zeigt die Phase des Verliebtseins: In manchen Partnerschaften besteht von Anfang an eine Unausgewogenheit, die aber nicht ins Gewicht fällt, solange sich zwei Verliebte viel geben. Deshalb wäre es auch ein Fehler, wenn ein Partner, der mehr gibt, seine Zuwendung einschränkt. Er hemmt dadurch den Kreislauf des Gebens und Nehmens, was die Unausgewogenheit immer schmerzhafter zutage fördert. Vielmehr sollte man das Ziel verfolgen, den Kreislauf von Geben und Nehmen in Schwung zu bringen. Zur Not geht das auch, wenn nur einer etwas ändert. Besondere Großzügigkeit veranlasst mit der Zeit auch den Partner dazu, mehr zu geben (Schindler et al. 2006), solange die Freigebigkeit nicht gönnerhaft von oben herab erfolgt oder das Geben später abgerechnet wird.

Vergeben und Grenzen setzen Es gibt Einsichten, denen man sich so ungern öffnet wie einer bitteren Arznei. Zu diesen gehört folgende: In manchen Paarbeziehungen spielt die Schadensbegrenzung eine wichtige Rolle, weil ein Partner in einem wichtigen Punkt einfach nicht das investiert, was dem anderen guttun würde, oder belastende Verhaltensweisen nicht aufgibt. Ob man mit einem solchen Defizit leben kann oder ob es die ganze Beziehung ins Unglück stürzt, hängt von einer klugen Schadensbegrenzung ab. Dabei ist die Vergebung bedeutsam, weil sie die Folgen von verletzenden und frustrierenden Erfahrungen neutralisieren kann. Wie im Abschnitt über Vergebung dargestellt, verringert sie Grübeln und Ärger und hilft darüber hinaus, gegenüber dem Partner wieder Einfühlung, Wertschätzung und positive Gefühle zu entwickeln. Das kann zu einer Routine werden, zu einer Psychohygiene, die die Seele regelmäßig von den Rückständen unangenehmer Erfahrungen reinigt.

Genauso wichtig ist jedoch die aktive Schadensbegrenzung, die sich belastenden und frustrierenden Verhaltensweisen des Partners entzieht. So lassen sich Wutausbrüche beispielsweise durch das konsequente Beenden von Gesprächen und eine kurzfristige räumliche Trennung eindämmen. Eine solche

Grenzziehung kann man in ruhigen Momenten ankündigen und erklären. Meist versteht der Partner, dass sie keine Strafe ist, sondern ein Mittel, um positive Gefühle zu schützen und aufrechtzuerhalten. Bei Unterlassungen, wenn sich zum Beispiel ein Partner aus der Kindererziehung ausklinkt, könnte die Schadensbegrenzung darin bestehen, Eltern, Paten oder andere Personen verstärkt in die Erziehung einzubinden.

Unausgewogenes Geben und Nehmen kann zu einer Gefahr für die Liebe werden. Paare sollten es daher ernst nehmen, wenn sie ein Ungleichgewicht in der eigenen Beziehung entdecken. In vielen Fällen können die Partner das Geben und Nehmen neu ausbalancieren und wieder zu einem Gleichgewicht finden. Bei manchen Paaren gelingt dies jedoch nicht. Dann helfen die hier beschriebenen Strategien, mit einer Unausgewogenheit zu leben. Manchmal führt es auch weiter, wenn sich ein Partner, der mehr gibt, im Nehmen übt.

Box 6.5 Schlüsselkompetenz Geben

Wie kann ich die Kluft zu meinem Partner durch Großzügigkeit überbrücken?

Wenn ausgesprochen wurde, was zu einem verletzenden Verhalten zu sagen ist, vergebe ich und setze Strategien ein, die meine negativen Gefühle reduzieren und wieder positive Gefühle gegenüber meinem Partner hervorrufen.

Wo ich eine Unausgewogenheit im Geben und Nehmen nicht ändern kann,

- lasse ich in meinem Einsatz für die Liebe nicht nach.
- versuche ich die Gründe für die Unausgewogenheit zu verstehen und anzunehmen.
- suche ich nach Möglichkeiten, eine Zumutung zu begrenzen oder einem Mangel mit Mitteln abzuhelfen, die vom Verhalten meiner Partnerin/meines Partners unabhängig sind.

Probleme	Lösung
Ein Mangel lässt mich daran zweifeln, ob meine Partnerwahl richtig war.	Wenn noch keine starke Bindung entstanden ist, kann diese Frage ein Anlass sein, die Beziehung tatsächlich auf den Prüfstand zu stellen. Wenn die Bindung zu stark und die Trennungsbarrieren zu hoch sind, hilft es, zur eigenen Wahl zu stehen, zu betrauern, was in der Paarbeziehung nicht möglich ist, einen Ersatz auf anderer Ebene zu suchen und den Blick dann wieder auf das zu lenken, was schön ist.

6.6 Die Kunst des Nehmens

„Ich möchte mit dir abends mehr Zeit verbringen, aber ich will es nur, wenn du es auch willst“, sagt Doro und sieht Jürgen entschlossen an. Jürgen ist verwirrt – er weiß nicht, was er zu diesem Wunsch sagen soll. Wenn er abends gerne mehr mit Doro unternehmen würde, hätte er es ja längst getan. Nimmt er sich aber Doro zuliebe mehr Zeit für sie, kann sie das nicht annehmen, weil er es nicht aus eigenem Antrieb tut. Eine paradoxe Situation, die zeigt, dass auch das Nehmen nicht immer einfach ist.

Nehmen trägt genauso zum Glück des Partners bei wie das Geben. Wer viel gibt, aber wenig nimmt, schmälert damit das Glück seines Partners, auch wenn das überraschen mag. Vielleicht haben Sie einmal einen Menschen kennengelernt, der an der Seite eines Gönners, eines Helfers oder einer ewig Opferbereiten lebt. Es sind keine glücklichen Geschichten, die Menschen erzählen, wenn sie auf die Rolle des Empfängers festgelegt sind.

Nehmen ist eine Fertigkeit, die aus drei Schritten besteht: Wünsche äußern, Empfangen und Wertschätzung zeigen. Bei jedem Schritt können Hindernisse auftreten, wie Box 6.6 zeigt.

Box 6.6 Hindernisse beim Nehmen

Schritt 1: Wünsche äußern

- die Sehnsucht, der Partner möge die Wünsche auch ohne Worte verstehen
- Scham über die eigenen Wünsche
- Schuldgefühle, wenn die Erfüllung eines Wunsches den Partner etwas kosten würde
- das Gefühl, ein Bittsteller zu sein
- die Angst vor Ablehnung oder Enttäuschung

Schritt 2: Empfangen

- Misstrauen in verborgene Motive des anderen (z. B. dass der Partner eine Gegenleistung erwartet)
- Angst vor Abhängigkeit
- das Gefühl, in der Schuld des anderen zu stehen
- Enttäuschung über unvollkommene Zuwendung

Schritt 3: Wertschätzung zeigen

- Verlegenheit angesichts der eigenen Freude, des Berührtseins oder der Lust
- Angst vor nachlassender Zuwendung (dass sich der Partner auf seinen Lorbeeren ausruht)

- Unwillen, sich mit kompromisshafter Erfüllung von Wünschen zufriedenzugeben
- das Gefühl, dass der Partner hinter dem zurückbleibt, was er schuldig ist

Auch **Wünsche äußern** ist ein Balanceakt, der ein Gleichgewicht braucht. Auf der einen Seite steht das stille Wünschen, das dem Partner Hellsehen abverlangt: Er soll ohne Worte verstehen, was der andere braucht. Auf der anderen Seite steht das aggressive Wünschen, das fordert und schnell in Vorwürfe umschlägt. Der gute Mittelweg – das offene Wünschen – erfordert Vertrauen. Gerade wenn man durch einen Wunsch etwas Sensibles preisgibt, braucht man eine selbstbewusste Haltung wie diese: „Jeder Mensch darf Wünsche haben und es ist gut, wenn ich sie äußere. Niemand hat das Recht, mich wegen meiner Wünsche zu kritisieren. Ich habe das Recht, mit meinen Wünschen gehört zu werden, und darf mit einem Entgegenkommen rechnen, auch wenn meine Wünsche manchmal nicht oder nur zum Teil erfüllt werden können." Wünschen setzt darüber hinaus auch die Reife voraus, mit einer Enttäuschung umgehen zu können. Nur wer auch eine Enttäuschung verkraften kann, kann sich etwas Gutem öffnen.

„Das wäre doch nicht nötig gewesen" ist das Motto von Menschen, die nicht gut **empfangen** können. Im Moment des Nehmens offenbart sich ihr Zwiespalt. Einige betonen dann, dass sie nicht unbedingt brauchen, was sie empfangen, und demonstrieren so ihre Unabhängigkeit. Einige reden das Empfangene klein, um nicht in der Schuld des anderen zu stehen. Wieder andere reden sofort von einer baldigen Gegenleistung und rücken damit in den Hintergrund, was sie gerade empfangen haben. Alle diese Verhaltensweisen frustrieren den Gebenden und lähmen seine Einsatzbereitschaft.

Ebenso frustrierend ist das „Ich freue mich, aber…", das dem Gebenden vor Augen führt, was er noch besser hätte machen können. Kompetentes Empfangen dagegen öffnet sich der Zuwendung und auch der Nähe, die zwischen Gebenden und Empfangenden entsteht. Es lässt zu, den Partner und seine Liebe für das eigene Glück zu brauchen. Wo die Zuwendung einmal an den Bedürfnissen vorbeigeht, sieht das gute Empfangen auf die Mühe und Liebe, die der Gebende investiert hat. Ist der Partner kein Heiliger, wird sein Geben nicht immer nur auf reinen Motiven beruhen. Vielleicht erwartet er irgendwann eine Gegenleistung, vielleicht hat er auch mehr gegeben, als er eigentlich wollte, und empfindet nun einen gewissen Groll. Gutes Empfangen ist nicht allzu wählerisch. Es akzeptiert auch mal einen Kuhhandel und weiß zu schätzen, was sich der Partner mühsam abgerungen hat.

Die **Wertschätzung für das Empfangene** bringt das Nehmen zu einem guten Abschluss. Wertschätzung ist die Empfangsbestätigung; sie zeigt an, dass die Zuwendung angekommen ist. Wer sich intensiv freut oder spürbar genießt, braucht nicht einmal Worte, um seine Wertschätzung auszudrücken. Ein Lächeln, ein Dankeschön, eine Berührung, ein Lob – es sind oft kleine Zeichen, die als Wertschätzung ausreichen. Manchmal ahnt ein Partner gar nicht, wie viel Glück er mit einer Zuwendung ausgelöst hat. Dann ist es natürlich schön und motivierend, auch davon zu erfahren.

Aber was tun, wenn die Zuwendung an den Wünschen vorbeigegangen ist? Besser als Kritik ist dann, beim nächsten Mal noch etwas genauer zu beschreiben, was man sich wünscht oder erhofft. Zuweilen hat das Nehmen einen unangenehmen Beigeschmack, weil der andere gönnerhaft, distanziert oder mit spürbarem Unwillen gibt. Das lässt sich bei anderer Gelegenheit möglicherweise taktvoll ansprechen. Noch diplomatischer ist es, Momente guten Gebens abzuwarten und diese positiv hervorzuheben: „Du hast eben so lieb gefragt, wie ich das Frühstück möchte. Es ist sehr schön für mich, wenn du mich nach meinen Wünschen fragst." (Unausgesprochen bleibt: „Denn oft verhältst du dich, als wüsstest du schon, was ich mir wünsche.")

Die Kunst des Nehmens sorgt für beide. Der eine erlebt, wie seine Wünsche immer besser erfüllt werden, der andere, dass er gebraucht wird und wie viel er zum Glück des Partners beitragen kann. Nehmen und Geben setzen einen Vorrat an Gutem voraus, aus dem ein Paar schöpfen kann. Sollte dieser Vorrat einmal aufgebraucht sein, ist das Paar mit einer Mangelsituation konfrontiert.

Box 6.7 Schlüsselkompetenz Nehmen

Wie kann ich positiv nehmen?

- Ich zeige offen, was ich mir wünsche und was ich brauche.
- Ich öffne mich der Zuwendung meiner Partnerin/meines Partners auch da, wo sie unvollkommen ist und meine Bedürfnisse nicht hundertprozentig trifft.
- Ich zeige Wertschätzung für das, was meine Partnerin/mein Partner mir gibt.
- Wenn meine Partnerin/mein Partner meine Bedürfnisse noch nicht richtig trifft, erkläre ich anschaulich, was ich brauche, und verstärke Schritte in die richtige Richtung durch Lob und Wertschätzung.

Probleme	Lösung
Wir sind so verschieden. Ich kann mit dem, was meine Partnerin/mein Partner gibt, nicht viel anfangen und bekomme nicht das, was ich wirklich brauche.	Wenn Sie die obigen Punkte schon umgesetzt haben und sich trotzdem nichts bessert, bestehen bei Ihnen vielleicht Blockaden beim Nehmen. Lassen Sie sich von Menschen, die Ihnen nahestehen, rückmelden, ob Sie Zuwendung möglicherweise abwehren oder abwerten.

6.7 Das Leck im Liebestank schließen

Die amerikanische Familientherapeutin Virginia Satir vergleicht das Gefühlsleben von Menschen mit einem Topf, der voll oder leer sein kann: „Integrität, Ehrlichkeit, Verantwortlichkeit, Leidenschaft, Liebe – alles strömt frei aus dem Menschen, dessen Pott voll ist. Er weiß, daß er etwas bedeutet und daß die Welt ein kleines Stückchen reicher ist, weil er da ist“ (Satir 1993, S. 39). Ein Partner hat natürlich einen großen Einfluss darauf, wie voll der Topf des anderen ist. Wie viel man dem anderen geben kann, hängt wiederum mit dem Füllstand des eigenen Topfes zusammen. Wer sich gerade gut und liebenswert findet, kann leicht Wertschätzung ausdrücken. Und umgekehrt: Wer an sich selbst zweifelt, wird auch dem anderen gegenüber kritischer. So entsteht in manchen Partnerschaften ein Überfluss an Wertschätzung, Liebe und Großzügigkeit. Einer schöpft aus dem Vollen und füllt den Liebestank des anderen. Genauso kann im umgekehrten Fall eine Mangelsituation entstehen: Die Zuwendungen, die ein Paar austauscht, fließen nur noch spärlich, weil der Pegel an Selbstwertgefühl, gutem Gewissen oder Wohlbefinden auf einen kritischen Stand gesunken ist.

Gelegentlich bekomme ich von Paaren eine Rückmeldung wie diese: „Es ist wie ein Wunder. Seit wir zu Ihnen kommen, geht es uns viel besser miteinander. Und das, obwohl die Therapie ja noch gar nicht richtig begonnen hat.“ Mit dem Bild vom Topf ist dieses „Wunder“ leicht erklärbar: Durch einen Dritten erfährt ein Paar Wertschätzung, Vertrauen und aufmerksame Zuwendung. Das füllt den Topf der Partner ein wenig und sie können einander im Alltag wieder mehr geben. Solche unerwarteten Besserungen am Anfang einer Therapie wurden bereits in verschiedenen Studien nachgewiesen (Grawe 2000). Dieser Vorgang gleicht einer Starthilfe beim Auto – die Batterie ist leer, eine andere Autobatterie leitet von außen Strom zu; der Motor läuft und lädt mit der Zeit auch die Batterie wieder auf.

Die Partnerschaft ist kein geschlossenes System. Ein Paar kann in einer schwierigen Situation in seinem Umfeld finden, was es braucht, um das Geben und Nehmen wieder in Gang zu bringen. Natürlich gibt es auch den gegenteiligen Effekt. Negative Einflüsse aus dem Umfeld reißen ein Loch in den Topf der Partnerschaft. Es entsteht ein Leck, aus dem heraussickert, was das Paar für seine Liebesbeziehung benötigt. Wenn ein Mann im Beruf häufig kritisiert wird, sinkt sein Selbstwertgefühl und möglicherweise geht er darum seinerseits mit seiner Frau geringschätziger um. Dann wird die Wertschätzung in der Beziehung zur Mangelware: Beide Partner kämpfen um Anerkennung, beide werden geiziger mit Lob und Bestätigung. Wenn eine Frau von ihrer alternden Mutter häufig Vorwürfe hört, sinkt der Pegel ihres guten Gewissens.

In der Folge fühlt sie sich immer schneller von ihrem Mann angegriffen und hebt ihrerseits seine Versäumnisse verstärkt hervor.

Durch unterschiedliche Belastungen kann somit ein Leck im Liebestank entstehen und zu einem Mangelzustand führen. Manchmal ist es nicht einfach, ein Leck zu schließen – etwa die berufliche Kritik zu stoppen oder sich vor Vorwürfen zu schützen. Dann muss das, was in der Beziehung nicht mehr ausreichend vorhanden ist, von außen zugeführt werden.

Nicht nur bei Gefühlen kann es zu einem Mangel kommen, sondern auch bei Zeit und Geld. In all diesen Fällen entsteht schnell auch Streit. Jeder kämpft um das Minimum an Zeit oder Geld, das er für sein Wohlbefinden braucht, und erlebt den anderen als selbstbezogen und lieblos, wenn dieser Ressourcen für sich beansprucht. Wie ein Paar dann passende Unterstützung finden kann, zeigen die folgenden Beispiele für unterschiedliche Mangelsituationen.

Seelische Gesundheit Margit hatte Angstzustände. Sie hielt es kaum noch alleine in der Wohnung aus. Über Monate engte das Freds Freiheit ein und er reagierte immer unwilliger, wenn Margit seine Nähe brauchte. Dann hat Margit sich psychotherapeutische Hilfe gesucht und inzwischen sind ihre Ängste deutlich zurückgegangen. Fred kann nun wieder alleine unterwegs sein. Weil der Zwang weggefallen ist, macht ihm das Zusammensein mit Margit wieder mehr Freude. Umgekehrt ist Margit weniger mit ihren Ängsten beschäftigt und aufmerksamer für Freds Bedürfnisse. Viele Menschen leben lange mit einer Einschränkung ihrer seelischen Gesundheit, ohne sich Hilfe zu suchen (Wittchen und Jacobi 2005). Fast immer bedeutet das ein Leck im Liebestank eines Paares.

Selbstkontrolle Auch Selbstkontrolle ist ein wichtiges Gut in einer Paarbeziehung. Sich-gehen-Lassen ist meist mit einer großen Abhebung vom Beziehungskonto verbunden. Mitunter geht die Selbstkontrolle im Umgang mit Essen, Alkoholgenuss, Kaufen, PC-Gebrauch oder Aggressionen verloren. Wenn sich einer gehen lässt, reagieren Partner meist mit erhöhter Selbstkontrolle. Sie verhalten sich vernünftig, versuchen auszugleichen und den anderen bei seiner Selbstkontrolle zu unterstützen. Irgendwann bricht dieses Bollwerk jedoch zusammen, und es kommt zu Gefühlsausbrüchen, Vorwürfen und kurzschlussartigem Verhalten. Besonnenheit und Selbstkontrolle werden auf diese Weise zur Mangelware. Auch hier sollte man Hilfe von außen suchen. Für jede Abhängigkeit gibt es wirkungsvolle Selbsthilfeprogramme und Therapien – auch für aggressive Kontrollverluste finden sich Angebote von Selbsthilfe und Therapie.

Geld Geldmangel ist oft ein gefühlter Mangel: Ein Partner braucht weniger finanzielle Sicherheit und löst mit seiner Großzügigkeit beim anderen Angst aus. Manchmal ist der Geldmangel aber auch handfest: Es ist einfach nicht genug Geld da, um die Lebenssituation so zu gestalten, wie es den eigenen Bedürfnissen und dem eigenen Lebensentwurf entspricht. Hat dies schon zu Schulden geführt, hilft eine Schuldenberatung, die unangenehme Folgen abwenden kann.

Wenn es finanziell eng wird, liegt das meist an einer Mischung aus unverschuldeten und selbst verursachten Gründen. Was Letztere angeht, dürfte es in fast jedem Bekanntenkreis jemanden geben, der sich in Gelddingen auskennt und ein Paar, am besten in Form regelmäßiger Gespräche, beraten kann. Bei unverschuldeten Faktoren wie Krankheit, Arbeitslosigkeit oder unvorhersehbaren Verlusten ist die Solidarität in Familie und Freundeskreis oft größer, als ein Paar glaubt. Je offener es mit seinem Engpass umgeht, umso mehr Unterstützung wird es finden. Finanzielle Hilfe kann sehr taktvoll erfolgen – so hat man möglicherweise Freunde, die einen Gebrauchtwagen günstig abgeben.

Oft muss ich Paare sehr ermutigen, bis sie anderen ihre Geldprobleme offenbaren. Finanzielle Bedürfnisse sind peinlicher als andere Bedürfnisse. Aber schon kleine Verbesserungen des finanziellen Spielraumes bringen das Geben und Nehmen wieder in Gang: Gerald hat sich von seinen Eltern Geld geliehen, obwohl das gegen seine Prinzipien verstößt. Dieses Geld hat er zum Teil in eine Haushaltshilfe investiert, um als Selbstständiger mehr Zeit für seinen Beruf zu haben. Außerdem hat er Regine ermutigt, Freundinnen und Familie zu Weihnachten etwas großzügiger zu beschenken, als das Budget eigentlich erlaubt. Das macht es Regine leichter, den Sparkurs mitzutragen, der in den nächsten Monaten ansteht.

Selbstwert Auch der Vorrat an Selbstwert kann in einer Partnerschaft einen kritischen Pegelstand unterschreiten. Dann entsteht ein empfindliches Miteinander, bei dem gegenseitige Kritik den Ton angibt. In solchen Situationen braucht ein Paar Wertschätzung von außen. Wie schon erwähnt, kann diese Aufgabe eine Paartherapeutin oder ein Paartherapeut übernehmen, aber auch Freunde oder andere nahestehende Personen können das leisten: Sabrina bezweifelt, eine gute Partnerin zu sein, weil sie durchsetzungsstark ist. Helge wirft ihr das als Dominanz vor. Bisher hat Sabrina mit dem Vorwurf gekontert, Helge sei schwach und passiv, und hat damit sein Selbstwertgefühl untergraben. Gespräche mit einer Freundin haben Sabrina geholfen, sich als starke Frau zu sehen und zu akzeptieren. Sie kann jetzt anerkennen, dass ihre Stärke Helge manchmal Probleme bereitet; dafür muss sie jedoch weder sich selbst noch Helge kritisieren. Zugleich weiß sie seine Art wieder mehr zu schätzen, was sein Selbstwertgefühl zurückkehren lässt. Sabrinas Freundin hat das Maß an Wertschätzung vorgestreckt, das erst Sabrinas und dann Helges Selbstwerttank wieder gefüllt hat.

Ein gutes Gewissen Auch ein gutes Gewissen gehört zu den menschlichen Grundbedürfnissen und ist ein wichtiger Topf im Partnerschaftsvorrat. Dieser Topf bekommt meist dann ein Loch, wenn in einer Lebensphase viel schiefläuft und sich die Frage nach dem Schuldigen aufdrängt. Auch ein Mangel an Zeit oder Geld kann zur Suche nach dem Schuldigen führen und damit zu einem Loch im Topf des guten Gewissens. Bei Paaren mit schlechtem Gewissen bestimmen Schuldzuweisungen und Rechtfertigungen das Miteinander. Keiner mag den anderen entschuldigen – im Gegenteil: Es entsteht eine lauernde Bereitschaft, den anderen zu überführen. Auch hier ist oft Hilfe von außen nötig, die das Gewissen entlastet und menschliche Schwächen verständnisvoll betrachtet. Schuldzuweisungen treffen nur den, der ein schlechtes Gewissen hat; wer mit sich im Reinen ist, kann gelassen reagieren und unberechtigte Vorwürfe zurückweisen. Er wird auch mit dem Gewissen des Partners rücksichtsvoll umgehen.

Vertrauen Der vielleicht existenziellste Mangel in einer Partnerschaft entsteht dann, wenn man dem Partner nicht mehr vertrauen kann – seiner Liebe, seiner Aufrichtigkeit, seiner Fairness oder seiner Treue. Kaum etwas ist schrecklicher, als zu erleben, dass einem der Partner sein Vertrauen entzieht. Daher braucht es auch hier manchmal Hilfe von Dritten. Das Vertrauen anderer kann das Gefühl der eigenen Vertrauenswürdigkeit wieder aufrichten und zugleich dazu ermutigen, dem Partner wieder neu zu vertrauen. Es mag bei einem Partner einzelne Punkte geben, die zu einem gesunden Misstrauen berechtigen – dann kann man ihm in anderen Bereichen zum Ausgleich mehr Vertrauen schenken. Oft ist es ein Vertrauensvorschuss, der das Geben und Nehmen von Vertrauen wieder in Gang bringt. Bei schweren Vertrauensbrüchen reicht das von Dritten geliehene Vertrauen jedoch nicht weit genug. Der Vertrauensbrüchige ist sozusagen bankrott, er hat nichts mehr zu geben, was die Situation wieder ausgleichen könnte. Hier führt nur ein dialektischer Schritt aus der Krise, wie er am Schluss dieses Kapitels beschrieben wird.

Zeit Zeit lässt sich ähnlich wie Geld in Glück verwandeln. Zeit erlaubt es, schöne Orte aufzusuchen, den eigenen Neigungen nachzugehen, dem Körper wohlige Ruhe zu schenken und bewusst das zu genießen, was gerade schön im Leben ist. Zeit braucht man auch für Zweisamkeit, Zärtlichkeit, gegenseitige Aufmerksamkeit und Unterstützung. Deshalb trifft ein Zeitmangel den Nerv einer Partnerschaft. Zeitarme Paare schenken einander wenig Zeit, rauben sie einander und verschwenden sie – jedenfalls fühlt sich das in Zeiten des Mangels so an.

Meist sind es äußere Faktoren, die zu einer Zeitknappheit führen: Prüfungs- und Fortbildungszeiten, berufliche Zusatzbelastungen, die Kleinkinderphase, ein Hausbau oder die Verantwortung für einen hilfsbedürftigen Elternteil. Zeitmangel verändert Beziehungen, macht Paare unzufrieden und erhöht das Trennungsrisiko (Bodenmann 2003). Manche Paare, die ich begleite, motiviere ich, sich Zeit schenken zu lassen oder zu kaufen: Babysitter, Omas und Opas, Haushaltshilfen oder hilfsbereite Freunde können Wunder wirken. Schon drei oder vier Stunden zusätzliche Zeit pro Woche geben das Gefühl, wieder Zeit zu haben und Zeit schenken zu können.

Leider ist nicht jede Hilfe wirklich hilfreich. Schlechte Erfahrungen mit angebotener Hilfe führen manchmal dazu, dass sich Paare keine Entlastung mehr suchen. In Box 6.8 sind Kriterien zum Erkennen hilfreicher Hilfen zusammengetragen.

Box 6.8 Kriterien für gute Hilfe

- Die Begegnung findet auf Augenhöhe statt. Der Helfer tritt wertschätzend auf, nicht herablassend oder besserwisserisch.
- Der Helfer ist auf dem Feld kompetent, auf dem man ihn um Hilfe bittet.
- Der Helfer zeigt Einfühlungsvermögen. Er versteht die individuelle Situation und die Bedürfnisse, die aus ihr entstehen.
- Der Helfer hält die Spannung aus, die in einer schwierigen Situation liegt, und bietet keine kurzschlussartigen Ratschläge an. Er hält es auch aus, wenn sich ein Problem nicht sofort lösen lässt.
- Der Helfer weiß um die Grenzen seiner Hilfemöglichkeiten und kann sie taktvoll vermitteln, statt erst zu viel zu versprechen und sich dann zurückzuziehen.

Manchmal kann der Preis für die Hilfe zu hoch sein: Fiona und Tristan haben ein Arrangement mit einer älteren Nachbarin gefunden, das wie eine Rettung gewirkt hat. Die Dame kommt gegen ein kleines Entgelt am Nachmittag, um die Kinder zu betreuen. Ihre Erziehungsratschläge wären vielleicht auszuhalten, aber ihr Wunsch nach einem Familienanschluss bringt Fiona und Tristan an ihre Grenzen. Die Nachbarin geht abends einfach nicht. Sie spricht sich von der Seele, was sie beschäftigt. Fiona und Tristan haben sich oft genötigt gesehen, sie noch zum Abendessen einzuladen. So sieht Hilfe natürlich nicht aus. Inzwischen beschäftigen die beiden eine Studentin, die zwar teurer und zeitlich nicht ganz so flexibel ist, aber nun wirklich eine spürbare Entlastung bringt.

Box 6.9 Schlüsselkompetenz Nehmen

Wie kann ich neue Ressourcen erschließen?

- Ich bin aufmerksam für Situationen, in denen uns Unterstützung von außen guttun würde.
- Wo nötig, überwinde ich Gefühle der Peinlichkeit und andere Gefühle, die mich daran hindern könnten, Unterstützung zu suchen.
- Wenn ich Unterstützung suche, achte ich darauf, dass die unterstützenden Personen kompetent, einfühlsam und wertschätzend sind.

Probleme	Lösung
Hilfe zu suchen, ist so mühsam, dass ich gar nicht weiß, wo ich anfangen soll.	Leider ist die Suche nach einer passenden Unterstützung tatsächlich erst einmal ein zusätzliches Problem. Trotzdem wird der Mangelzustand auf Dauer viel mehr Energie binden als die anfängliche Mühe einer Suche. Oft führen Tipps aus dem Umfeld an die richtige Stelle.
Mein Partner sträubt sich dagegen, Unterstützung zu suchen und so den Eindruck zu erwecken, wir kämen alleine nicht zurecht.	Setzen Sie kommunikative Strategien ein, um Ihrem Partner die Kosten der Mangelsituation deutlich zu machen. Gehen Sie Kompromisse ein und suchen Sie sich zunächst in einer Weise Hilfe, die Ihr Partner auch mittragen kann. Gute Erfahrungen ermöglichen häufig weitergehende Schritte.

6.8 Die Dialektik: im Opfer einen Gewinn finden

Zwischen den Polen von Geben und Nehmen kann es zu einer Spannung kommen, die Paare in eine Zerreißprobe führt. Was soll ein Mensch einsetzen, um ein Fremdgehen aufzuwiegen? Wenn einer seinen Job und seinen Freundeskreis aufgibt, um in die Stadt des anderen zu ziehen, was müsste der andere geben, um dieses Opfer auszugleichen? Wie könnte eine Entschädigung aussehen, wenn ein Partner die emotionalen und finanziellen Folgen einer Sucht mittragen musste? Die Beispiele zeigen: Es ist nicht immer möglich, ein Opfer auszugleichen, und wenn es möglich wäre, wäre es kaum wünschenswert, weil ein Partner lange die Rolle eines Schuldners einnehmen müsste.

Trotzdem kann ein Opfer zu einer inneren Aushöhlung führen, die einem Burn-out im Beruf gleicht. Folgender Fall ist mir schon mehrfach begegnet:

Eine Partnerin trägt über Jahre eine ungeheure Belastung, die sich aus einer Suchterkrankung, Gewaltbereitschaft oder Vernachlässigung durch ihren Mann ergeben hat. Die Partnerin erduldet alles, gibt sehr viel und sorgt dafür, dass es irgendwie weitergeht. Schließlich unterzieht sich der andere einer Therapie und beendet sein ungutes Verhalten.

Endlich hat der veränderte Partner wieder etwas zu geben, endlich könnte das Paar seine Liebe neu aufbauen. Aber statt sich dieser Aufgabe zu stellen, zieht sich die Partnerin zurück, spricht von Trennung oder zieht aus. Für Außenstehende wirkt es unlogisch, für den Partner unbegreiflich. Warum ist sie an seiner Seite geblieben, als es schlimm war? Und warum gibt sie jetzt auf, wo alles wieder gut werden könnte? Das versteht nur, wer den ausgebrannten Seelenzustand sieht, den ein übermäßiges Geben hinterlassen hat: erloschene Liebe, ein aufgezehrtes Gefühl, verbrauchte Kraft, erstorbene Hoffnung.

Das Dilemma einseitigen Gebens lässt sich durch den dialektischen Schritt überwinden, im eigenen Opfer einen Gewinn zu finden. Am ehesten zeigt sich das in Fällen, in denen ein Partner unschuldig im Geben eingeschränkt wird, etwa durch einen Unfall oder eine Krankheit. Das verlangt dem anderen manche Opfer ab, kann zugleich aber das Glück bedeuten, dem Partner auch dann zur Seite zu stehen, wenn dieser nicht mehr so viel geben kann. Demjenigen, der in einer opferbereiten Weise liebt, sind Respekt und Anerkennung sicher. Ein solches Opfer muss der Partner nicht aufwiegen. Das entbindet ihn einerseits von der Last ständiger Dankbarkeit und andererseits von dem oft aussichtslosen Versuch, das Empfangene zurückzugeben. Das Opfer verwandelt sich auf anderen Ebenen in einen Gewinn: als Sinnerleben, als Gefühl, im Einklang mit den eigenen Überzeugungen zu leben, und als Respekt im persönlichen Umfeld. Das kann jene Lebensfreude und Energie freisetzen, die zu weiteren Investitionen befähigt und empfänglich hält für das, was der Partner ja trotz allem zu geben hat.

Schwieriger ist es, wenn eine Situation, die ein Opfer notwendig macht, vom Partner verschuldet ist. Wenn der Partner etwas ändern würde, würden Geben und Nehmen wieder einen guten Ausgleich finden, doch er ändert nichts, aus Gründen, die in seiner Lebensauffassung, seinem Charakter oder seinen Ängsten liegen.

Mit dem dialektischen Schritt des Opfers hat sich die christliche Tradition wohl am intensivsten auseinandergesetzt. Ein Beispiel dafür findet sich im Vaterunser: „Und vergib uns unsere Schuld, wie auch wir vergeben unseren Schuldigern." Der Glaubende versteht die eigene Vergebung als Antwort auf Gottes Vergebung ihm gegenüber. Während sein Vergeben auf einer zwischenmenschlichen Ebene erfolgt, findet es seinen Sinn in einem anderen Bezugssystem, dem Glauben. Die Beziehung kann nun weitergehen, ohne dass eine offene Rechnung das Miteinander belastet. Auch die Nächstenliebe folgt einer dialektischen Logik: Auf einer zwischenmenschlichen Ebene ist eine uneigennützige, einseitige Liebe weder befriedigend noch emotional durchzuhalten. Sie wird Menschen erst möglich, wenn sie aus einem anderen Bezugssystem Liebe, Wertschätzung und Motivation beziehen. So kann Nächstenliebe, die auf zwischenmenschlicher Ebene ohne Ausgleich bleibt, auf einer höheren Ebene zum Gewinn werden.

Auf diesem Hintergrund lässt sich auch gut unterscheiden zwischen Menschen, die ein Opfer bringen, und Menschen, die zum Opfer werden. Zum Opfer wird, wer außerhalb der Partnerschaft nichts hat, was seiner Belastung und seinem einseitigen Einsatz einen Sinn verleiht. Dann setzen Verschleißerscheinungen ein, die die seelische Gesundheit und die Partnerschaft angreifen.

Andere halten ein einseitiges Geben gut durch. Das lässt sich manchmal bei Partnern von Suchtkranken oder psychisch Erkrankten beobachten. Sie lernen, sich vor den negativen Auswirkungen der Erkrankung zu schützen, halten dem Partner aber die Treue, auch wenn dies nach einer Kosten-Nutzen-Rechnung keine gute Entscheidung ist. Wer solche Menschen kennt, spürt, wie sie in sich ruhen und durchaus glücklich in ihren Paarbeziehungen sind. Wenn man sie fragt, was ihnen die Kraft zu diesem Weg gegeben hat, berufen sich solche Menschen auf ihren Glauben, auf ihre Werte und eine höhere Sinnerfüllung.

Der Gewinn eines Opfers muss aber nicht unbedingt auf einer religiösen Ebene liegen. Auch die Entfaltung der eigenen Persönlichkeit kann zu einem Bezugspunkt außerhalb der Partnerschaft werden, der ein Opfer ermöglicht. Die amerikanische Psychotherapeutin Wendy Behary ist Expertin für die Therapie narzisstischer Persönlichkeitsstörungen, einer krankhaften Form der Selbstbezogenheit, die als schwer zu beeinflussen gilt. Wendy Behary hat ein Buch für Partner von Narzissten geschrieben. Ein guter Weg mit einem krankhaft selbstbezogenen Partner beginnt mit dem dialektischen Schritt der Opferbereitschaft. Behary leitet zu einer fast übermenschlichen Vorleistung an: die extrem unangenehmen Gefühle durchzustehen, die selbstbezogenes Verhalten auslösen kann, wie Mangelgefühle, Scham, Ohnmacht oder Kränkung; den emotionalen Tank des Partners trotz des eigenen Mangels zu füllen; Rücksicht zu nehmen auf die wunden Punkte des Partners, auch wenn dieser das umgekehrt nicht tut; für faire Spielregeln kämpfen, auch wenn diese selbstverständlich sein sollten.

Auch wenn das die Beziehung rettet, bleibt der emotionale Kraftakt dennoch ein Opfer, das in der Beziehung nicht aufgewogen wird. Der Gewinn muss woanders liegen. Behary fasst am Ende ihres Buches zusammen: „Sie haben […] gelernt, wie Sie bei der Öffnung der Tür zu Veränderungsmöglichkeiten eine wichtige Rolle spielen können, entweder durch Nutzung einer Hebelwirkung oder auch durch Anbieten von Güte und Mitgefühl. Ganz gleich, wie sich der Narzisst selbst verändern mag oder wie sich Ihre Interaktionen mit ihm verändern, Sie können bei Ihrer eigenen Befreiung von Angst, Einschüchterung, Unterwerfung, Selbstaufopferung und sogar Missbrauch eine wichtige Rolle spielen [...] Und dieses gesunde, weise und erwachte Ich in Ihrem Inneren zu befreien ist vielleicht das höchste erreichbare Ziel" (Behary 2009). Der Gewinn liegt in einer persönlichen Befreiung und der Erfahrung, auch unabhängig vom Partner so handeln zu können, wie es der eigenen Vorstellung von einer Liebesbeziehung entspricht.

Der dialektische Schritt beim Geben und Nehmen ist oft nicht im Alleingang zu schaffen. Ihn zu gehen, erfordert einen Freundeskreis, eine Wertegemeinschaft und manchmal auch eine fachkundige Begleitung, die ein Opfer mittragen und wertschätzen können. In den Extremfällen des Gebens und Nehmens deutet sich schon die Sinnfrage an, mit der sich das nächste Kapitel ausführlicher beschäftigt. Die Frage, was es heißt, seinen Überzeugungen treu zu bleiben, stellt sich nicht nur einzelnen Partnern in einer schwierigen Situation, sondern auch Paaren gemeinsam.

Literatur

Amelang M (1991) Partnerwahl und Partnerschaft: Formen und Grundlagen partnerschaftlicher Beziehungen. Hogrefe Verlag, Göttingen

Behary W (2009) Der „Feind" an ihrer Seite. Junfermann Verlag, Paderborn

Bodenmann G (2000) Streß, kritische Lebensereignisse und Partnerschaft. In: Kaiser (Hrsg.) Partnerschaft und Paartherapie, 219–238, Hogrefe Verlag, Göttingen

Bodenmann G (2003) Die Bedeutung von Stress für die Partnerschaft. In: Grau I, Bierhoff H-W (Hrsg.) Sozialpsychologie der Partnerschaft, 481–504, Springer Verlag, Berlin/Heidelberg

Bodenmann G (2007) Stress und Partnerschaft. Gemeinsam den Alltag bewältigen. Verlag Hans Huber, Bern

Chapman G (1998) Die fünf Sprachen der Liebe. Wie Kommunikation in der Ehe gelingt. Francke-Verlag, Marburg

Csikszentmihalyi M (2008) Flow. Das Geheimnis des Glücks. Klett-Cotta Verlag, Stuttgart

Felmlee D (1998) Fatal Attractions. Loss and Contradictions in Intimate Relationships. A Sourcebook. In: Harvey JH Perspectives on Loss, 113–124, Routledge Chapman & Hall

Grawe K (2000) Psychologische Therapie. Hogrefe Verlag, Göttingen

Kämmerer A (2007) Vergeben: eine Quelle von Wohlbefinden. In Frank R (Hrsg.) Therapieziel Wohlbefinden. Ressourcen aktivieren in der Psychotherapie, 227–235, Springer, Berlin/Heidelberg

Kernberg O (1978) Borderline-Störungen und pathologischer Narzißmus. Suhrkamp Verlag, Frankfurt am Main

McCullough M, Root L, Tabak B, van Oyen Witvliet C (2009) Forgiveness. In Snyder C, Lopez S (Hrsg.) Oxford Handbook of Positive Psychology, 427–436, University Press, Oxford

Neyer FJ (2003) Persönlichkeit und Partnerschaft. In: Grau I, Bierhoff H-W (Hrsg.) Sozialpsychologie der Partnerschaft, 165–190, Springer Verlag, Berlin/Heidelberg

Nuber U (2012) Was Paare wissen müssen. 10 Grundregeln für das Leben zu zweit. Fischer Taschenbuch Verlag, Frankfurt am Main

Revenstorf D (2009) Die geheimen Mechanismen der Liebe: 7 Regeln für eine glückliche Beziehung. Klett-Cotta Verlag, Stuttgart

Rohmann E (2003) Fairness in Beziehungen. In: Grau I, Bierhoff H-W (Hrsg.) Sozialpsychologie der Partnerschaft, 315–342, Springer Verlag, Berlin/Heidelberg

Sachse R (2004) Selbstverliebt – aber richtig. Paradoxe Ratschläge für das Leben mit Narzißten. Klett-Cotta Verlag, Stuttgart

Satir V (1993) Selbstwert und Kommunikation. Familientherapie für Berater und zur Selbsthilfe. Pfeiffer-Verlag, München

Schindler L, Hahlweg K, Revenstorf D (2006) Partnerschaftsprobleme: Diagnose und Therapie. Therapiemanual. Springer Medizin Verlag, Heidelberg

Schindler L, Hahlweg K, Revenstorf D (2007) Partnerschaftsprobleme: Möglichkeiten zur Bewältigung. Ein Handbuch für Paare. Springer Medizin Verlag, Heidelberg

Schmitz B (2008) Kognitive Verhaltenstherapie bei Persönlichkeitsstörungen und unflexiblen Persönlichkeitsstilen. Pabst Science Publishers, Lengerich

Widmer K, Bodenmann G (2006) Die Förderung von Paarkompetenzen zur Vorbeugung von Beziehungsstörungen. In: Lutz W (Hrsg.) Lehrbuch der Paartherapie, 80–101, Ernst Reinhardt Verlag, München

Willi J (1988) Die Zweierbeziehung. Rowohlt Verlag, Reinbek bei Hamburg

Winterhoff M (2010) Warum unsere Kinder Tyrannen werden oder: die Abschaffung der Kindheit. Goldmann Verlag, München

Wittchen HU, Jacobi F (2005) Size and burden of mental disorders in Europe – a critical review and appraisal of 27 studies. European Neuropsychopharmacology 15 (2005) 357–376

Young JE, Klosko JS, Weishaar ME (2008) Schematherapie. Ein praxisorientiertes Handbuch. Junfermann Verlag, Paderborn

7 Lebensgestaltung: Eigensinn und Gemeinsinn

Nicht zuletzt ist die Liebe auch in ein soziales Spannungsfeld hineingestellt. Konzentriert sich ein Paar ganz auf das eigene Glück, entfremdet es sich von seiner Umwelt. Es muss seinen Sinn in der Zweisamkeit finden, was zu erdrückenden Erwartungen an die Liebe führt. Ein Paar, das auf dem Pol des privaten Glücks festsitzt, frustriert menschliche Grundbedürfnisse nach Anschluss, nach Austausch und Kooperation, nach einer sozialen Identität (Frey und Bierhoff 2011; Sebanz 2006) und nach Sinn (Frankl 2007). Auf den Pol des Eigensinns zieht es Paare, die in ihrem Umfeld enttäuschende Erfahrungen gemacht haben. Sie ziehen sich auf ihre Zweisamkeit oder ihr Familienleben zurück. Statt vom Eigensinn könnte man auch von Individualität oder Unangepasstheit sprechen. Als Gegenbegriff zum Gemeinsinn bezeichnet Eigensinn eine Orientierung, bei der sich ein Paar von den Erwartungen seiner Umwelt löst oder sich quer zu ihnen stellt.

Auf dem Pol des Eigensinns kann sich ein Paar von seiner Umwelt entfremden; auf dem entgegengesetzten Pol, dem Gemeinsinn, kann sich ein Paar von sich selbst entfremden. Auf diesem Pol verlieren sich Paare, die sehr sensibel für die Erwartungen ihres Umfeldes sind. Die Verwandtschaft, die beruflichen Rollen und die Normen im Bekanntenkreis bestimmen das gemeinsame Leben. Die Fremdbestimmung macht das Leben anstrengend und lässt keinen Raum mehr, etwas ganz auf die eigene Art und Weise zu machen.

Es gibt Lebensumstände, die ein Paar am Pol des Gemeinsinns festhalten. So kann das Leben in einem Familienbetrieb ein Paar unter starke Fremdbestimmung bringen – vor allem wenn es auf dem gleichen Grund wohnt, auf dem auch die Firma oder der Bauernhof steht. Andere Paare steigen in die gehobene Gesellschaft auf und fühlen sich an die ungeschriebenen Gesetze gebunden, die vorschreiben, was man trägt und hat, tut und lässt, was man wissen sollte und worauf man seine Interessen richtet. Manche Paare haben dann das Gefühl, gelebt zu werden, und sehnen sich nach der Freiheit, das Leben so zu führen, wie es ihnen entspricht.

Wie in jedem Spannungsfeld der Liebe kommt es auch beim Beziehungsthema Lebensgestaltung darauf an, sich frei zwischen den Polen Eigensinn und Gemeinsinn zu bewegen. Ein Paar findet Sinn, wenn es ein einzigartiges gemeinsames Leben aufbaut, und dazu muss es mitunter den Erwartungen seines Umfeldes trotzen. Ein Paar braucht aber auch den Sinn, den es in seiner Zugehörigkeit und seinem Einsatz für sein Umfeld findet. Dazu muss es sich aus der privaten Behaglichkeit lösen und in Beziehungen und Aufgaben investieren, die über die Zweisamkeit hinausreichen.

Der individuelle und der kollektive Sinn ergänzen und stützen sich gegenseitig. Dieses Ergänzungsverhältnis lässt sich an einer Hochzeitsfeier veranschaulichen. Wenn sie gelingt, hat sie eine ganz individuelle Note, in der sich die Eigenschaften eines Paares ausdrücken. Zugleich findet das einzigartige Glück darin seine Vollendung, dass es von einer Gemeinschaft umfangen wird, von Trauzeugen besiegelt, von Freunden beglückwünscht, von Rührungstränen gewürdigt und in Traditionen eingebunden. Eine Hochzeit, die ein reicher Vater nach seinem Geschmack organisiert, wäre genauso bedrückend wie eine verstohlene Eheschließung in Las Vegas. Auch bei anderen Lebensereignissen wie Taufe, Richtfest oder einer goldenen Hochzeit wird spürbar, wie der ganz eigene Weg eines Paares und das Unterwegssein in einer Gemeinschaft zusammenfallen.

Zum Pol der Individualität bewegen sich Paare vor allem in folgenden Situationen:

- In Lebensübergängen, wie dem Kennenlernen, Zusammenziehen, Kinderbekommen und der Leere-Nest-Situation nach dem Auszug der Kinder, formt sich das Leben eines Paares besonders stark. Hier liegt die Chance, aber auch die Aufgabe, das gemeinsame Leben so zu gestalten, wie es den individuellen Möglichkeiten und Bedürfnissen eines Paares entspricht.
- Manchmal dringt das Umfeld mit seinen Forderungen in den privaten Raum der Partnerschaft ein. Dies fordert das Paar heraus, den Erwartungen der Herkunftsfamilien, des sozialen Umfeldes oder der Arbeitgeber standzuhalten und den eigenen Lebensentwurf vor einer Fremdbestimmung zu schützen.
- Manche Lebensereignisse reißen ein Paar aus der Normalität heraus und zwingen es, ein eigenes Tempo und einen eigenen Weg zu finden: eine chronische Krankheit, ein behindertes Kind oder Kinderlosigkeit.
- Auch ein Mangel an Geld oder Zeit zwingt ein Paar zu einem Bekenntnis: „Das ist uns wirklich wichtig. Dafür investieren wir unsere begrenzten Ressourcen“.
- Manche Depressionen oder Burn-out-Zustände sind durch ein Gefühl von Sinnlosigkeit und Lebensmüdigkeit geprägt. Auch solche Lebensphasen können ein Paar dazu herausfordern, aus vorgefertigten Lebensentwürfen auszubrechen.

Andere Lebenssituationen führen zum Pol des Gemeinsinns:

- Zeiten starker Beanspruchung führen Paare manchmal in eine Verinselung. Der Freundeskreis hat sich durch Umzüge zerstreut, vor Ort gibt es nur noch lose Verbindungen. Der Sonntagsausflug eines Paares wird von dem traurigen Gefühl überschattet, nirgends dazuzugehören. In solchen Situationen bewegen sich Paare zum Pol des Gemeinsinns, investieren in Beziehungen oder machen sich Ziele eines Vereins, einer sozialen Einrichtung oder einer Kirchengemeinde zu eigen.
- Paare, die lange in ihr privates Glück investiert haben, werden manchmal von einer Sinnleere überfallen oder auch von einem Schuldgefühl wegen des eigenen Wohlstandes. Dann suchen sie einen Ausgleich am Pol von Teilen und Solidarität, Verantwortung und sozialem Engagement.
- Manchmal zerbricht der individuelle Lebensentwurf eines Paares, weil der Hauptverdiener ein berufliches Scheitern hinnehmen muss oder sich ein wesentlicher Lebenstraum nicht verwirklichen lässt. In solchen Situationen entwickeln viele Paare das Bedürfnis, sich von engen Freundschaften oder einer guten Gemeinschaft tragen zu lassen. Zugleich kann es tröstlich sein, nach Zeiten zerbrochenen Glücks in das Glück anderer zu investieren.

Natürlich muss man nicht warten, bis besondere Ereignisse zu einer bewussten Lebensgestaltung herausfordern. Paare, die zwischen einer individuellen und einer gemeinschaftsbezogenen Lebensgestaltung eine gute Balance finden, bauen an einem krisensicheren Fundament, wie die folgenden Abschnitte zeigen.

7.1 Dem Anpassungsdruck standhalten

Den grundlegenden Konflikt des Menschen bezeichnet man als Autonomie-Abhängigkeits-Konflikt (Mentzos 1999). Autonomie, die Selbstbestimmung, bedeutet Freiheit und die Möglichkeit, die Dinge auf die eigene Weise zu tun. Das wollen wir schon als Kleinkinder. Selbstbestimmung bringt uns aber in eine Spannung zu unserer Umwelt, die Wünsche und Erwartungen an uns hat. Wir ziehen Zorn und Strafe auf uns, wir verlieren die Annahme und Unterstützung, wenn wir es mit der Selbstbestimmung übertreiben. Harmonischer ist die Abhängigkeit, die nicht ganz so negativ ist, wie dieses Wort klingt. Mit Abhängigkeit sind Übereinstimmung und Wir-Gefühl gemeint sowie die schöne Erfahrung, mit anderen am gleichen Strang zu ziehen und von ihnen unterstützt zu werden. Die Anpassung an das Umfeld hat in dieser

Hinsicht viele Vorteile. Sie hat aber eben auch den Nachteil, dass wir dafür unsere Freiheit und Unabhängigkeit einschränken müssen.

Dieser Konflikt verfolgt uns durch Trotzanfälle und Versöhnungen, Fleiß und Verweigerung in der Schule, Gemeinschaftserlebnisse und Zerwürfnisse in der Pubertät. Er endet auch im Erwachsenenalter nicht, sondern stellt sich nur auf etwas andere Weise im Beruf, in der Lebensgestaltung und in sozialen Beziehungen. Auch Paare stehen gemeinsam in diesem Konflikt, auch wenn er ihnen nicht immer bewusst wird, denn die Erwartungen des Umfeldes kommen oft so selbstverständlich daher, dass wir sie nicht hinterfragen.

Unser Umfeld konfrontiert uns mit vielen ungeschriebenen Regeln. Wie intensiv muss man Kleinkinder fördern? Ist man schon eine Rabenmutter, wenn man mit seiner Einjährigen nicht zum Babyschwimmen geht? Oder erst, wenn man einer Zweijährigen das Kinderturnen verweigert? Brauchen Zehnjährige neben ihrer Spielkonsole und dem internetfähigen Handy auch einen eigenen PC? Ist rückständig, wer in ein Reisebüro geht, statt nach langer Recherche im Internet ein Schnäppchen zu buchen? Darf man seine Volleyballmannschaft hängen lassen, um am Wochenende mit seiner Partnerin zu verreisen? Darf man einen Kratzer im Lack seines Autos lassen, auch wenn schon zwei Nachbarn auf den Schönheitsfehler hingewiesen haben? Unter Umständen binden Erwartungen des Umfeldes Zeit und Geld in einer Weise, die es einem Paar erschweren, in ihrem Leben eigene Akzente zu setzen.

Auch Arbeitgeber greifen manchmal unmäßig auf die persönlichen Ressourcen eines Paares zu. Vielleicht kennen Sie ähnlich haarsträubende Beispiele wie ich. Ein Chef kontaktiert seine Mitarbeiterin, während sie in Erziehungszeit ist, und trägt ihr ein Projekt an, das sich in etwa 30 Stunden zuhause erledigen ließe – unvergütet, versteht sich. Eine Halbtagskraft bekommt Aufgaben zugewiesen, die 40 Wochenstunden füllen, mit dem ermunternden Hinweis, sich die Zeit gut einzuteilen und die Prioritäten klug zu setzen. Unternehmensberater arbeiten auswärts immer wieder halbe Nächte durch, weil es alle so machen und sie ja gut dafür bezahlt werden. Alten- und Krankenpfleger werden im Urlaub angerufen, mit der Bitte, früher zurückzukommen, weil auf der Station ein Notstand herrscht. Leitende Mitarbeiter werden ohne Rücksicht auf die schulische Situation der Kinder ins Ausland abgeordnet.

Schon Stellenbeschreibungen stimmen Menschen auf einen Raubbau an ihren Ressourcen ein, wenn „belastbare" und „flexible" Mitarbeiter gesucht werden. Auch bei fairen Arbeitsverhältnissen müssen sich viele Paare mit einem beruflichen Anpassungsdruck auseinandersetzen, sofern sie ihr Privatleben nach eigenen Maßstäben gestalten wollen.

Wie schon im Kapitel über Bindung beschrieben, können auch Erwartungen aus den Herkunftsfamilien einen Anpassungsdruck ausüben. Eltern und Schwiegereltern sind für ein Paar oft eine wichtige Quelle der Unterstützung –

in emotionalen Krisenzeiten, als Sponsoren beim Kauf von Wohneigentum, als Hilfe bei der Kinderbetreuung. Das verleiht ihren Erwartungen einen, wenn auch unbeabsichtigten, Nachdruck. Darüber hinaus haben selbst erwachsene Kinder den Wunsch, dass ihre Eltern ihr Leben anerkennen und an ihm in positiver Weise Anteil nehmen. Wenn Paare ihr Leben gestalten, stoßen sie oft auf Grenzen, die sich an Maßstäben aus den Herkunftsfamilien orientieren. Häufig sind sie überrascht, wie stark sie sich angepasst haben, wie sehr sie sich heute selbst einschränken und wie leichtfertig sie geopfert haben, was ihnen wichtig ist.

Was kann ein Paar tun, damit nicht andere das gemeinsame Leben bestimmen? Dies ist eine komplexe Aufgabe, die man in vier Bestandteile zerlegen kann, um einen Überblick und Ansatzpunkte zu finden. Erstens schützt gemeinsame Stressbewältigung ein Paar davor, dass der äußere Druck die Beziehung verschlechtert. Zweitens klärt eine Standortbestimmung, wo die eigenen Prioritäten liegen und welche Möglichkeiten es gibt, sich einem Anpassungsdruck zu entziehen. Drittens lassen sich Menschen, die Druck ausüben, oft für Kompromisse gewinnen. Wo das nicht möglich ist, führen viertens Lebensentscheidungen mittelfristig aus Situationen heraus, in denen die Fremdbestimmung überhandnimmt.

Die gemeinsame Stressbewältigung Anpassungsdruck bedeutet für ein Paar zunächst Stress: etwas tun müssen, wofür weder Motivation noch Ressourcen da sind, etwas nicht tun dürfen, was wichtige Bedürfnisse befriedigen würde. Die gemeinsame Stressbewältigung verhindert, dass Druck oder Engpässe zusätzliche Probleme verursachen, wie psychosomatische Beschwerden oder stressbedingten Streit. Der gemeinsamen Stressbewältigung ist im Folgenden ein eigener Abschnitt gewidmet.

Die Standortbestimmung Häufig kommt es vor, dass Anpassungsdruck die Paare polarisiert. Ein Partner stellt sich auf die Seite der Anpassung, der andere auf die Seite der Unabhängigkeit. Im Grunde ist sich das Paar in der Sache einig, aber die Dynamik des Autonomie-Abhängigkeits-Konflikts zieht es auf unterschiedliche Seiten. So finden zum Beispiel beide, dass er mittlerweile zu viele Überstunden macht. Doch je mehr er betont, dass er sich nicht völlig querstellen könne, desto vehementer vertritt sie die Auffassung, er sei zu lieb und habe schon immer zu schnell nachgegeben. Wechselt ein Paar in dieser Situation die Perspektive, kann es wieder zusammenrücken: Der äußere Druck bringt das Paar in einen Konflikt und es muss gemeinsam einen klugen Weg zwischen Anpassung und Weigerung finden.

Wenn ich mit Paaren solche Situationen bespreche, frage ich, wie Kollegen mit dem Druck umgehen. Oft erhalte ich dann Antworten wie diese: „Ja, der

Kollege Meier macht schon seit Jahren sein eigenes Ding und geht um 17:00 Uhr aus der Firma. Anfangs wurde er schief angeguckt, der Chef hat ihm auch ins Gewissen geredet, aber inzwischen haben sich alle daran gewöhnt." Solche Geschichten geben Hinweise auf Möglichkeiten, wie man sich einem Anpassungsdruck entziehen kann, ohne dass ernsthafte Konsequenzen zu befürchten sind. Weitere Hinweise erhält man von erfahrenen Kollegen und schließlich kann man auch einfach ausprobieren, wie viel Weigerung ungestraft möglich ist. Die Effekte sind oft überraschend. Notfalls lässt sich ein Nein zudem wieder zurückziehen, wenn eine berufliche Situation andernfalls zu eskalieren droht.

Nach einer solchen aktiven Situationsanalyse weiß ein Paar, wo seine Freiheiten liegen und wo eine Anpassung – zumindest kurzfristig – nötig ist. Eine ähnliche Standortbestimmung ist auch möglich, wenn der Anpassungsdruck aus dem persönlichen Umfeld kommt.

Aus Gegnern Partner machen Es sind immer Menschen, die den Anpassungsdruck weiterleiten: Nicht der Arbeitgeber macht Druck, sondern ein Vorgesetzter oder ein dominanter Kollege, nicht die Verwandtschaft, sondern ein einflussreiches Familienmitglied, nicht der Verein, sondern ein Verantwortungsträger, der über die Einhaltung ungeschriebener Gesetze wacht. Solche Menschen mögen ihre Interessen zuweilen unsensibel und mit unfairen Mitteln verfolgen, lassen sich aber in aller Regel für Kompromisse gewinnen. (Für Menschen, die sich gezielt ausbeuterisch und destruktiv verhalten, gelten die folgenden Empfehlungen nicht. Hier gilt es, sich in Machtkämpfen zu schützen, wozu es unter den Stichworten Mobbing, Bossing, Narzissten und Machtmenschen Ratgeberliteratur und professionelle Beratung gibt.)

Auch dominante Personen lassen sich als Partner verstehen. Die Beziehung zu ihnen folgt den gleichen Gesetzmäßigkeiten wie eine Liebesbeziehung. Wirksam kommuniziert man, wenn Einfühlung den Boden für Widerspruchsstrategien bereitet. Weil emotionale Überreaktionen den Verhandlungsspielraum meist einengen, muss man seine Gefühle dosieren, um dem eigenen Anliegen emotionalen Nachdruck zu geben. Wer keinen Bruch mit seinem Umfeld herbeiführen will, muss sich die Vereinsziele oder Familientraditionen zu eigen machen, kann jedoch aus dieser Verbundenheit heraus Strategien der Selbstbewahrung einsetzen. Und schließlich helfen die Strategien des Gebens und Nehmens, in einen Austausch zu treten, der beiden Seiten bessere Ergebnisse verspricht. Demnach können jene Fertigkeiten, die Konflikte und Blockaden in Paarbeziehungen auflösen, auch im persönlichen Umfeld aus Gegnern Partner machen.

Mit mutigen Entscheidungen zum eigenen Leben Es gibt Arbeitsplätze, die sich mit einem schönen Privatleben nicht vereinbaren lassen. Es gibt Freunde, deren Wertschätzung sich an unverrückbare Bedingungen knüpft. Es gibt Verwandte, mit denen man beim besten Willen nicht in Frieden leben kann. In vielen dieser Situationen wäre der Preis für eine schnelle Veränderung mitunter zu hoch, wohingegen eine allmähliche Distanzierung fast immer möglich ist. Der letzte Schritt – ein Arbeitsplatzwechsel oder der Rückzug aus einer Beziehung – bedeutet oft ein gewisses Risiko. Wenn er gut vorbereitet ist, treffen Paare trotzdem leichten Herzens eine solch mutige Entscheidung. Steht das gemeinsame Glück auf dem Spiel, nehmen sie auch Wagnisse in Kauf und lösen sich von Menschen, die ihr Leben im Grunde missbilligen.

Nicht immer sind wichtige Lebensziele bedroht, wenn Belastungen auf eine Paarbeziehung einwirken. Doch auch die alltäglichen Stresssituationen fordern Paare dazu heraus, das zu schützen, was ihre Liebe und ihr Lebensgefühl ausmacht.

Box 7.1 Schlüsselkompetenz Eigensinn

Wie kann ich die Liebe vor Anpassungsdruck schützen?

- Wir wachen darüber, dass uns Druck aus unserem Umfeld nicht die Zeit, Kraft und Freiheit raubt, unser Leben zu zweit zu gestalten.
- Wenn es nicht anders geht, enttäuschen wir Erwartungen aus unserem Umfeld, um nach unseren Überzeugungen zu leben und unsere Liebe zu schützen.
- Wo uns negative Konsequenzen drohen, suchen wir einen Mittelweg zwischen Anpassung und Selbstbestimmung, versuchen dominante Menschen als Partner zu gewinnen und treffen Entscheidungen, die uns mittelfristig aus unguten Abhängigkeiten befreien.

Probleme	Lösung
Unsere Meinungen darüber, wo wir uns anpassen müssen und wo nicht, sind so unterschiedlich.	Vermutlich hat Sie der äußere Druck auseinandergebracht. Lenken Sie Ihre Aufmerksamkeit auf die gemeinsamen Ziele. Suchen Sie einen gemeinsamen Mittelweg bei der Frage, inwieweit Sie einem Erwartungsdruck trotzen können.

7.2 Gemeinsam Probleme lösen

In seinem beruflichen Umfeld feiert ein Paar seine Erfolge, in seinem privaten Umfeld findet es Anregung und Glück. Aber jedes Umfeld hat auch seine Schattenseiten, die dann als Druck oder Bedrohung auf ein Paar einwirken. 57 Prozent aller Paare fühlen sich durch ihren Beruf gestresst, 20 Prozent durch finanzielle Belastungen, 23 Prozent durch Anforderungen in ihrer Freizeit.

Beziehungen können sich ebenfalls belastend auswirken: zwölf Prozent aller Paare erleben Stress in ihren sozialen Beziehungen, 44 Prozent im Zusammenhang mit ihrer Herkunftsfamilie. Und schließlich sind da noch die täglichen Widrigkeiten, wie ein verlorener Schlüssel oder ein defektes Auto. Von solchen Belastungen fühlen sich 34 Prozent aller Paare gestresst (Bodenmann 2000b).

Die Zahlen zeigen: Stress im persönlichen Umfeld ist die Regel, stressfreie Lebensphasen eine erfreuliche Ausnahme. Um diese Belastungen zu bewältigen, suchen Menschen zuerst und am stärksten Unterstützung bei ihren Partnern, die damit eine wichtige Funktion erfüllen. In verschiedenen Studien wurde untersucht, wie sich Stress auf Paarbeziehungen auswirkt (Bodenmann 2000a, 2003, 2007):

- Stress stiehlt einem Paar die Zeit, die es füreinander und für schöne Erlebnisse braucht. Dadurch schädigt er das Wir-Gefühl und erzeugt eine Selbstbezogenheit der Partner, weil Menschen unter Stress erst einmal auf die eigenen Bedürfnisse und Ängste reagieren.
- Stress verschlechtert die Kommunikation: Positive Kommunikationsformen wie offene Mitteilungen, Verständnis und Vorschläge nehmen ab, negative Kommunikationsformen wie Kritik oder Rückzug nehmen zu. Auch nonverbal – in Gesicht, Stimme und Körperhaltung – drücken sich unter Stress mehr negative und weniger positive Gefühle aus.
- Problematische Persönlichkeitszüge verstärken sich unter Stress. So kann ein ängstlicher Partner in entspannten Zeiten über seinen Schatten springen, unter Stress wird er von seiner Angst bestimmt.
- Stress löst seelische und psychosomatische Beschwerden aus, zum Beispiel Stimmungsschwankungen, Schlafstörungen, Kopf- oder Rückenschmerzen. Das raubt einerseits die Kraft, die man bräuchte, um Belastungen gemeinsam anzugehen; andererseits schränkt es auch die schönen Erlebnisse zu zweit ein.

So kann Stress der Liebe die Luft abdrücken. In meine Praxis kommen manchmal Paare, deren Beziehung sich dramatisch verschlechtert hat. Sie zweifeln daran, ob sie wirklich zueinander passen, doch in Wahrheit liegt das Problem auf einer anderen Ebene: Der Stress hat ihre Beziehung im Würgegriff. Gelingt die gemeinsame Stressbewältigung, fühlt sich auch die Beziehung wieder gut an. Ebenso zeigen Studien: Wie stark sich Belastungen auf eine Paarbeziehung auswirken, hängt von ihrer gemeinsamen Bewältigung ab. Paare, die darin erfolgreich sind, sind glücklicher in ihrer Partnerschaft und haben ein niedriges Scheidungsrisiko (Bodenmann 2000b).

Wie sieht das genau aus – Stress gemeinsam bewältigen? Stressforscher haben diesen Vorgang in sechs Komponenten zerlegt (Bodenmann 2000b, 2007):

1. Stresssignalisierung: Ein Partner zeigt, dass er unter Stress steht, und der andere versteht es.
2. Emotionsbezogenes supportives Coping: Einer hilft dem anderen, mit den Gefühlen klarzukommen, die der Stress auslöst.
3. Sachbezogenes supportives Coping: Einer hilft dem anderen, die Probleme anzupacken, die den Stress auslösen.
4. Emotionsbezogenes gemeinsames Coping: Ein Paar bewältigt gemeinsam die Gefühle, die ein Stressereignis auslöst, das beide belastet.
5. Problembezogenes gemeinsames Coping: Ein Paar geht gemeinsam das Problem an, das beiden Stress macht.
6. Delegiertes Coping: Einer nimmt dem anderen ein Problem ab.

Für jede dieser sechs Komponenten lässt sich ein Zusammenhang mit der Partnerschaftszufriedenheit nachweisen. Worauf es dabei ankommt, veranschaulichen die folgenden Abschnitte.

Stress zeigen Paarforscher haben eine aufschlussreiche Untersuchung angestellt: Wie gut kann ein Partner an nonverbalen Zeichen erkennen, dass der andere gerade unter Stress steht? Unter Stress verändern sich der Klang der Stimme, die Mimik und die Körperhaltung in einer Weise, die für den Partner charakteristisch ist. Doch selbst bei Paaren, die mit ihrer Beziehung zufrieden sind, erkennen nur zwölf Prozent die entsprechenden Signale ihres Partners; bei unzufriedenen Paaren sind es sogar nur sechs Prozent (Bodenmann 2007). Daher empfiehlt sich auch bei Stress, was generell für die Kommunikation und den Umgang mit Gefühlen gilt: möglichst offen zeigen, was einen bewegt.

Emotional unterstützen Hier werden den Paaren die Geschlechterunterschiede leicht zum Verhängnis: Sie ist belastet und aufgewühlt, er will helfen, analysiert das Problem und redet mit Vorschlägen auf sie ein. Sie fühlt sich nicht verstanden, er ist sauer, weil sie seine Hilfe ablehnt und nicht endlich aktiv wird, um ihr Problem anzugehen. Auch unter umgekehrten Vorzeichen können eine Stressreaktion und die Unterstützung aneinander vorbeigehen. Er ist offensichtlich belastet, sie will wissen, was in ihm vorgeht, um ihm zur Seite zu stehen. Er verschließt sich und will lieber sein Problem lösen, um so sein inneres Gleichgewicht wiederzufinden. Weil sie aber so erwartungsvoll in sein Inneres dringt, sieht er sich plötzlich zwei Stressquellen gegenüber: dem Problem und seiner Frau.

Manchmal ist Fingerspitzengefühl gefragt, um herauszufinden, ob eine emotionale oder eine sachbezogene Unterstützung angesagt ist. Zur emotionalen Unterstützung gehören Verhaltensweisen wie aufmerksames Zuhören, sich solidarisieren („Das finde ich auch unfair"), Mut machen, Zutrauen ausdrücken, körperliche Nähe zeigen, genauer nachfragen, wie es dem Partner in einer Situation geht und was er gerade braucht. Wer eher praktisch veranlagt ist, dem kommt emotionale Unterstützung vielleicht überflüssig oder peinlich vor, wie es das ironische „Gut-dass-wir-darüber-geredet-haben" ausdrückt. Aber jeder, der schon einmal sehr belastet war, weiß, dass ein verständnisvolles, zuversichtliches Gegenüber eine große Erleichterung bedeutet.

Praktisch unterstützen Unterstützung anbieten, Informationen beschaffen, über Lösungen nachdenken, von einer Aufgabe entlasten, Hilfe von anderen organisieren – solche Handlungen können den gestressten Partner ganz praktisch entlasten und drücken gleichzeitig eine emotionale Botschaft aus: „Ich stehe dir bei. Du kannst dich auf mich verlassen". Manchmal ist der Grat allerdings schmal, der zwischen Mitdenken und Bevormunden verläuft, zwischen Abnehmen und Aus-der-Hand-Nehmen, zwischen willkommener und unerwünschter Hilfe. Weil dieser Grat bei jedem Menschen etwas anders verläuft, braucht man auch beim Helfen Einfühlungsvermögen. Oft bietet sich an, ganz einfach nachzufragen: „Wie kann ich dich jetzt am besten unterstützen? Was brauchst du jetzt?"

Gemeinsam Gefühle bewältigen Viele Stressfaktoren betreffen beide Partner gleichzeitig: Probleme der Kinder, finanzielle Engpässe und vor allem die alltäglichen Widrigkeiten, wie PC-Probleme, Motten in der Wohnung, Lärm in der Umgebung und manches mehr. Dabei sitzt das Paar emotional im gleichen Boot und die Bewegung des einen wirkt sich auf den anderen aus. Wenn sich einer auf der einen Seite aus dem Boot lehnt, muss sich der andere über die entgegengesetzte Bordwand lehnen, damit das Boot nicht kentert. Solche Bewegungen und Gegenbewegungen gibt es auch im Bereich der Emotionen. Wenn einer sehr cool auf eine Belastung reagiert, kann das den anderen herausfordern, seine Gefühle drastisch zu zeigen, damit die Belastung auch ernst genommen wird. Hilfreich ist es, wenn ein Paar negative Emotionen respektiert, einander Gefühle zeigt, sich aber auch gegenseitig hilft, Abstand zu finden – sei es durch Trost oder Beruhigung, durch Humor und Optimismus, durch gemeinsame Ablenkung.

Die emotionale Komponente der gemeinsamen Stressbewältigung ist vielleicht am schwersten umzusetzen, denn sie gehorcht nicht immer der Vernunft. Der Schweizer Paarforscher Guy Bodenmann hat daher ein Stresspräventionstraining entwickelt, das die gemeinsame Bewältigung von Stress schult, und es sogar im Rollenspiel mit Paaren eingeübt. In einer Studie ließen sich zahlreiche positive Effekte eines solchen Trainings nachweisen, darunter auch eine bessere Bewältigung von Gefühlen (Bodenmann 2000b). Andere Paartrainings unterstützen diese wichtige Fertigkeit ebenfalls (Schindler et al. 2006).

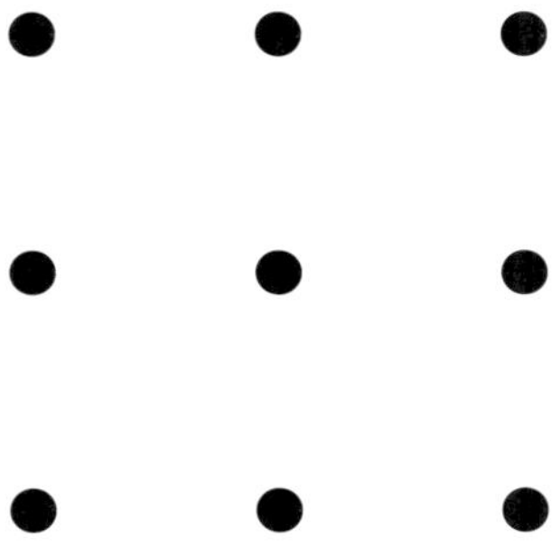

Abb. 7.1 Das 9-Punkte-Problem

Wer kein Training besucht, kann die eigenen emotionalen Reaktionen auf folgende Weise formen:

Modelllernen Wer in meinem Umfeld würde mit dieser Belastung in einer positiven, gelassenen Weise umgehen? Welche Einstellung hätte sie/er dazu? Was würde sie/er tun?

Ersetzen Nehmen wir an, statt Ihnen und Ihrer Partnerin würden zwei Kinder die Belastung erleben. Was würden gute Eltern tun, um Kinder in dieser Belastungssituation emotional zu unterstützen?

Das eigene Gleichgewicht finden Die Anregungen aus dem Kapitel über Gefühle können aus der emotionalen Hilflosigkeit herausführen und wieder Kontakt zu den eigenen Stärken herstellen. Dann fällt auch die gemeinsame Gefühlsbewältigung leichter.

Gemeinsam Probleme angehen Unter starken Gefühlen neigen Menschen zu instinktivem Verhalten: den Job kündigen, den Nachbarn bestrafen, die Hoffnung auf ein lebenswertes Leben begraben. Eine ausreichende Gefühlsbewältigung ist eine Voraussetzung für das gemeinsame Angehen von Problemen. Sind die Emotionen noch zu intensiv, sollte sich ein Paar erst einmal der gemeinsamen Gefühlsbewältigung zuwenden. Danach kann es sich den Problemen effektiver stellen. Problemlösestrategien, die sich schon lange in der Psychotherapie bewährt haben, lassen sich auch für Paare nutzen (Bodenmann 2000a, 2000b, 2007; Schindler et al. 2006). Ein wichtiges Prinzip dabei veranschaulicht das berühmte 9-Punkte-Problem: Verbinden Sie die neun Punkte mit vier geraden Strichen, ohne zwischendurch abzusetzen (Abb. 7.1)! Die Lösung finden Sie auf der folgenden Seite (Abb. 7.2).

Da eine Stresssituation gerade dadurch gekennzeichnet ist, dass wir für sie nicht gleich Lösungen parat haben, finden sich annehmbare Lösungen oft abseits des Gewohnten. Deshalb sollte sich ein Paar auf keinen Fall gegen-

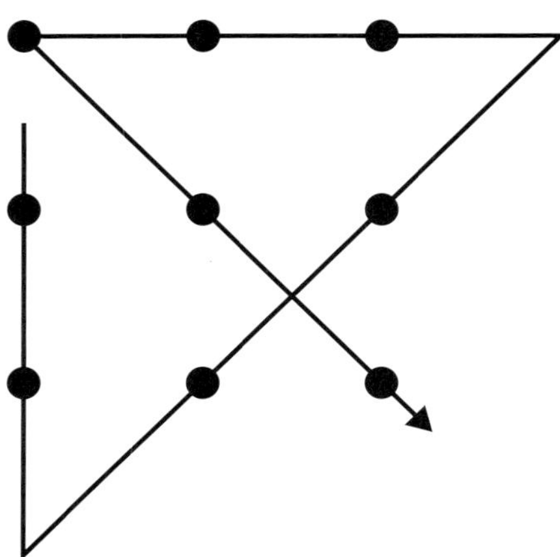

Abb. 7.2 Lösung des 9-Punkte-Problems

seitig zensieren, wenn es über Lösungen nachdenkt. Jeder Vorschlag, auch ein abwegiger, verdient erst einmal Annahme und Respekt. In einem zweiten Schritt kann man die Vor- und Nachteile der verschiedenen Problemlösungen gegeneinander abwägen. Meist läuft es dann auf einen Kompromiss hinaus, mit dem beide leben können. Manchmal benötigt man noch Bedenkzeit und vielleicht Rat von Dritten, um sich für eine Lösung entscheiden zu können.

Praktisch kann das so ablaufen wie im Fall von Lutz und Viola. Die beiden waren zermürbt von den Auseinandersetzungen mit ihrer 8-jährigen Tochter, die sich bei den Hausaufgaben verweigerte. Lange fixierten sich Viola und Lutz auf Lösungen, die sich um eine Leistungssteigerung drehten: Viola kümmert sich intensiver um die Hausaufgaben oder Lutz, vielleicht sollte es auch eine Nachbarin machen, vielleicht wäre die Hausaufgabenbetreuung in der Schule eine Lösung oder sogar eine Therapie. Erst ein entspanntes Gespräch im Urlaub brachte eine ganz andere Lösung ins Spiel, die für beide Erfolg versprechend wirkte: die Anforderungen senken, etwas schlechtere Noten akzeptieren und möglicherweise eine Realschule als weiterführende Schule in Betracht ziehen. Je weniger Erwartungsdruck die Tochter in der Zeit danach spürte, desto bereitwilliger und flüssiger erledigte sie die Hausaufgaben – wenn auch nicht immer mit dem Ehrgeiz, den sich Viola und Lutz erhofft hätten.

Mit der Stresssignalisierung, der gegenseitigen Unterstützung und dem gemeinsamen Umgang mit Stress sind die Komponenten beschrieben, die die gemeinsame Stressbewältigung ausmachen. Deren Einfluss auf die Partnerschaftszufriedenheit lässt sich dank eines statistischen Verfahrens sogar beziffern. Dazu wurden 13 Studien herangezogen. Das Ergebnis: 40 Prozent der Partnerzufriedenheit ließ sich aufgrund der Qualität der gemeinsamen Stressbewältigung vorhersagen. Das heißt also, dass die Partnerschaftszufriedenheit zu 40 Prozent von der gemeinsamen Stressbewältigung bestimmt wird und zu 60 Prozent von anderen Faktoren – ein erstaunlich starker Zusammenhang. Für viele Paare gehört es zum Sinn ihrer Partnerschaft, einander beizustehen, füreinander da zu sein und angesichts von Belastungen nicht alleine dazustehen. Je größer die Belastung ist, desto wichtiger wird diese Dimension von Paarbeziehungen, wie die Forschung zur Widerstandsfähigkeit zeigt.

Box 7.2 Schlüsselkompetenz Eigensinn

Wie können wir gemeinsam Probleme lösen?

- Wir zeigen einander offen, wenn wir unter Stress stehen und wenn wir die Unterstützung des anderen brauchen.
- Wir versuchen zu erfühlen, ob der andere emotionale oder sachbezogene Unterstützung braucht, und geben ihm die passende Unterstützung.
- Probleme gehen wir gemeinsam an, indem wir einander mit einer humorvollen, gelassenen und zuversichtlichen Haltung ermutigen und gemeinsam überlegen, welche Lösung die beste ist.

Probleme	Lösung
Wir gehen so unterschiedlich mit Stress um: Er will seine Ruhe, ich brauche das Gespräch.	Wenn nur einer unter Stress steht, sollte er das bekommen, was ihm am besten hilft – Ruhe oder Zuwendung. Gemeinsame Stressbewältigung könnte in Phasen ablaufen, die beiden gerecht werden, zum Beispiel ein kurzer Austausch über die gegenwärtige Lage, dann eine Zeit, in der jeder für sich ist, und später eine Zeit zum ausführlichen Gespräch.
Wir streiten beim Versuch, ein Problem gemeinsam anzupacken.	Dann ist der Stresspegel noch zu hoch. Setzen Sie Strategien der Stressbewältigung oder auch der Emotionsbewältigung (Kap. 3 Emotionen) ein.

7.3 Ein Sinn, der Paare widerstandsfähig macht

Der israelische Soziologe Aaron Antonovsky entwickelte in den 80er-Jahren ein Konzept, das heute sehr populär ist: den Kohärenzsinn (*sense of coherence*). Hinter dieser nicht sehr anschaulichen Bezeichnung steht eine Haltung gegenüber dem Leben, die selbst extremen Belastungen standhalten kann. Ausgangspunkt für Antonovsky war die sogenannte Life-event-Forschung, die kritische Lebensereignisse untersucht. Unter *life events* versteht man hier Ereignisse, die Menschen eine Anpassungsleistung abverlangen: gravierende Erfahrungen, wie Krankheit oder der Verlust eines Arbeitsplatzes, aber auch schöne Ereignisse, wie eine Eheschließung, eine Geburt oder ein Umzug.

Lebensereignisse bringen Menschen manchmal in überfordernde Situationen. Dann können sie Krankheiten auslösen und die Qualität von Beziehungen verschlechtern. Dabei kann das gleiche Lebensereignis auf verschiedene Personen ganz unterschiedliche Auswirkungen haben: Der eine kommt mit dem Verlust seines Arbeitsplatzes ganz gut zurecht, ein anderer stürzt in eine Krise. Was unterscheidet den, der ein Lebensereignis gut bewältigt, von dem, den es aus der Bahn wirft? Dieser Frage hat sich Antonovsky zugewandt und ein Konzept vorgelegt, das heute durch viele Studien bestätigt ist.

Der Kohärenzsinn besteht aus drei Komponenten:

- dem Vertrauen, dass die Ereignisse im Leben geordnet, vorhersagbar und erklärbar sind
- der Erwartung, dass es Mittel gibt, um mit Belastungen umzugehen
- der Haltung, dass die Herausforderungen des Lebens es wert sind, sich ihnen zu stellen.

Menschen mit einem hohen Kohärenzsinn gehen also davon aus, dass sie die Anforderungen des Lebens einordnen und bewältigen und in ihnen einen Sinn erkennen können.

Der Kohärenzsinn entwickelt sich aufgrund von Erfahrungen in Kindheit, Jugend und frühem Erwachsenenalter und prägt die Einstellung, mit der man durchs Leben geht. Menschen mit hohem Kohärenzsinn bewältigen Lebensübergänge und auch unerwartete Ereignisse besser. Sie berichten von größerem Wohlbefinden, einer höheren Lebensqualität sowie einer besseren seelischen und körperlichen Gesundheit als Menschen mit niedrigerem Kohärenzsinn (Bender und Lösel 2003).

In einer viel zitierten Studie (Antonovsky und Sourani 1988) wandte Antonovsky das Konzept des Kohärenzsinns auf Paare an, die einer sehr belastenden Lebenssituation ausgesetzt waren. Befragt wurden 60 israelische Ehepaare, bei denen der Mann nach einer Krankheit, einem Verkehrs- oder einem Arbeitsunfall eine Behinderung zurückbehalten hatte. Diese Paare hatten mindestens ein Kind, das mit im Haushalt lebte. Die Familie musste einen schweren Anpassungsprozess bewältigen; die meisten der Männer hatten einen beruflichen Abstieg, Einkommensverluste und auch Arbeitslosigkeit zu verkraften. Der Kohärenzsinn des Paares wurde nun durch Fragen wie folgende erfasst (Übersetzung durch den Verfasser):

- „Haben Sie manchmal das Gefühl, dass Sie nicht klar und sicher wissen, was in der Familie passieren wird? (Solch ein Gefühl ist nie da – solch ein Gefühl ist immer da.)"
- „Wenn Sie an mögliche Schwierigkeiten in wichtigen Bereichen des Familienlebens denken, dann ist Ihr Gefühl: (Es gibt viele Probleme, die

nicht zu lösen sind – es ist möglich, in jeder Situation eine Lösung zu finden)."

- „Bisher gab es in Ihrem Familienleben (keine klaren Ziele und Absichten – sehr klare Ziele und Absichten)."

Eine siebenstufige Skala erlaubte Differenzierungen zwischen den beiden vorgegebenen Alternativen. Mit einem zweiten Fragebogen untersuchte Antonovsky die familiäre Anpassung, die besagte, wie gut oder schlecht eine Familie mit dem veränderten Leben zurechtkam. Dazu wurden Fragen wie diese gestellt:

- „Sind Sie zufrieden mit der Art und Weise, wie Sie als Familie leben?"
- „Sind Sie zufrieden mit dem Maß an Nähe, das die Familienmitglieder zueinander haben?"
- „Sind Sie zufrieden mit den sozialen Beziehungen, die Sie als Familie haben?"

Die Ergebnisse der Studie bestätigten die Annahme von Antonovsky: Der Kohärenzsinn beeinflusste stark, wie gut den Familien die Anpassung an eine schwere Lebenssituation gelang. Frauen mit hohem Kohärenzsinn berichteten von einer sehr guten oder zumindest mittleren familiären Anpassung, bei Frauen mit niedrigem Kohärenzsinn bewegte sich auch die familiäre Anpassung auf einem niedrigen oder bestenfalls mittleren Niveau. In der ganzen Stichprobe ließ sich nur bei drei Frauen dieser Zusammenhang nicht herstellen. Für Männer zeigte sich mit nur einer Ausnahme der gleiche Zusammenhang. Besonders bei einem beruflichen Abstieg oder einer Arbeitslosigkeit der Männer konnte der Kohärenzsinn negative Folgen für das Familienleben abfangen.

80 Prozent der Ehepaare waren sich in der Einschätzung ihres Kohärenzsinns weitgehend einig. Es zeigte sich aber, dass unterschiedliche Einschätzungen keine negativen Auswirkungen auf die familiäre Anpassung hatten, wenn etwa der Mann einen niedrigen und die Frau einen hohen Kohärenzsinn angab, da immerhin einer der Partner einen hohen Wert aufwies. Das Familienleben litt nur dann stark, wenn beide Partner einen niedrigen Kohärenzsinn angaben.

Was für den Einzelnen gilt, gilt also auch für Paare: Wer dem gemeinsamen Leben einen Sinn abgewinnen kann, der es also als verstehbar, gestaltbar und lohnend erlebt, kann seine Lebensqualität auch angesichts von Belastungen bewahren.

Neuere Studien haben den Einfluss des Kohärenzsinns auf Familien bestätigt. Paare mit hohem Kohärenzsinn können sich bei Problemen leichter anpassen und nach krisenhaften Zeiten schneller wieder zu einem Gleichgewicht finden. Die positive Einstellung hilft Familien überdies, Probleme zu lösen. Lebensübergänge, wie zum Beispiel das Ausscheiden eines Partners aus dem Berufsleben, wirken sich nicht negativ auf die Beziehung aus, wenn ein hoher Kohärenzsinn gegeben ist (Bender und Lösel 2003).

Zuversichtlicher Realismus

Was können Paare aus diesen Befunden lernen? Unsere Weltanschauung beeinflusst offenbar, wie gut wir unser gemeinsames Leben vor belastenden Ereignissen schützen können. Wie wir Ereignisse einordnen, ob wir ihnen einen Sinn geben und zielgerichtet auf sie reagieren können, federt Belastungen ab oder lässt sie hart auf unser Leben prallen. Der Kohärenzsinn ist zwar eine Mitgift unserer Lebensgeschichte, lässt sich aber auch verbessern. Menschen, die sich bewusst mit sich und ihrem Leben auseinandersetzen, zum Beispiel in einer Psychotherapie, geben danach einen höheren Kohärenzsinn an (Sack und Lamprecht 1998; Fäh 2000). Wer seinen Kohärenzsinn entwickeln will, kann in drei wesentliche Bereiche seiner Weltanschauung investieren.

Die Fähigkeit, Belastungen einzuordnen (***comprehensibility***) Menschen werden zwar depressiv, wenn sie die Gefahren des Lebens nicht verdrängen können, aber andererseits ist eine realistische Sicht auf das Leben gefragt, um gegen belastende Ereignisse gewappnet zu sein. Vorhersehbar ist, was in den vorangegangenen Abschnitten und Kapiteln beschrieben wurde: Der Alltag ist mit seinen täglichen Widrigkeiten ebenso eine Stressquelle für Paare, wie er Glücksmomente schenkt. Lebensveränderungen, wie das Zusammenziehen oder die Geburt eines Kindes, bringen das Leben voran, verlangen den Paaren jedoch zugleich eine Anpassungsleistung ab, die sie überfordern kann. Jedes Paar wird irgendwann mit schweren Erlebnissen wie Tod, Verlusten, Krankheit und ähnlichem konfrontiert. Auch eine Fremdverliebtheit, sexuelle Probleme, Phasen vermehrter Konflikte oder sich wandelnde Gefühle für den Partner gehören zu den normalen Ereignissen, von denen die meisten Paare einmal betroffen sind.

Somit gehören Belastungen genauso zum Leben wie die gemeinsamen Erfolge und das gemeinsame Glück. Die traditionelle Trauformel, die Treue „in guten wie in bösen Tagen“ verspricht, rechnet mit schweren Zeiten und bindet sie von Anfang an in den gemeinsamen Weg mit ein. Wer für Stress, belastende Ereignisse und Probleme ein Konzept hat, kann auch Unvorhergesehenes einordnen. Umgekehrt bricht für denjenigen schnell die Welt zusammen, dessen Weltbild nur Glück und Erfolge kennt.

Die Fähigkeit, Herausforderungen zu bewältigen (***manageability***) Auch diese Fähigkeit ist uns bereits auf verschiedene Weisen in diesem Buch begegnet – in Gestalt der Emotionsbewältigung, der gemeinsamen Stressbewältigung, gemeinsamer Problemlösungen, der Bewältigung unvermeidlicher Paarprobleme. Eine pessimistische Einschätzung von Bewältigungsmöglichkeiten wirkt häufig im Sinne einer sich selbst erfüllenden Prophezeiung. Wer nicht an seine Fähigkeit glaubt, Probleme zu bewältigen, wird sie nicht aktiv angehen oder nach anfänglichen Schwierigkeiten aufgeben und damit den Beweis führen, dass nichts zu ändern ist. Umgekehrt stärkt jede gut bewältigte Krise die Paarbeziehung und baut das Vertrauen auf, auch mit künftigen Herausforderungen fertig zu werden.

Die Fähigkeit, Problemen einen Sinn abzugewinnen (*meaningfulness*) Wenn Paare eine schwere Situation bewältigt haben, denken sie oft über den Sinn ihrer Erlebnisse nach. Manche Paare schöpfen dabei aus dem Sinnangebot einer Weltanschauung, die sie mit anderen teilen (Sinnobjektivismus), andere suchen sich ihren Sinn selbst (Sinnkonstruktivismus; Noyon und Heidenreich 2012). Paare, die aus ihrem Glauben Sinn beziehen, finden Antworten wie diese:

- „Unsere Krise hat uns Gott wieder näher gebracht. Wir haben gelernt, dass wir einander überfordern, wenn wir vom anderen unsere persönliche Erfüllung erwarten."
- „Ich habe Demut gelernt. Ich war so überheblich, dass ich dachte, ich käme mit allem klar, und habe das auch von meiner Frau erwartet."

Partner, die individuell einen Sinn finden, drücken es so aus:

- „Durch die Krankheit ist uns bewusst geworden, was uns wirklich wichtig ist, nämlich unsere Familie und unsere Freunde."
- „Als er von Trennung gesprochen hat, habe ich erst gemerkt, wie tief ich ihn liebe. Deshalb bin ich auch dankbar für die schweren Monate, die hinter uns liegen."

Die Sinnfrage ist für Paare in zweifacher Hinsicht von Bedeutung. Wenn sie den Herausforderungen des Lebens einen Sinn geben können, erhöhen sie ihre Widerstandskraft gegenüber Belastungen. Andererseits hilft eine Sinnorientierung, das gemeinsame Leben zu entfalten und sich in befriedigender Weise in das gemeinsame Umfeld einzubringen.

Drei Wege, einen Sinn zu finden

Wenn Psychologen heute über Sinn nachdenken, beziehen sie sich häufig auf Viktor Frankl, den Vater der sinnorientierten Psychotherapie. Der Wiener Professor für Neurologie und Psychiatrie, dessen Leben fast das ganze 20.

Jahrhundert umfasste, wurde schnell international bekannt. Er sah im Leben den Anruf an den Menschen, seine Möglichkeiten zu ergreifen und positiv zu verwirklichen: „Denn sobald wir uns in das Wesen menschlicher Verantwortlichkeit vertiefen, erschauern wir: es ist etwas Furchtbares um die Verantwortung des Menschen – doch zugleich etwas Herrliches! Furchtbar ist es: zu wissen, dass ich in jedem Augenblick die Verantwortung trage für den nächsten; dass jede Entscheidung, die kleinste wie die größte, eine Entscheidung ist ‚für alle Ewigkeit'; dass ich in jedem Augenblick eine Möglichkeit, die Möglichkeit eben des einen Augenblicks, verwirkliche oder verwirke. Nun birgt jeder einzelne Augenblick Tausende von Möglichkeiten, ich aber kann nur eine einzige wählen, um sie zu verwirklichen. Alle andern aber habe ich damit auch schon gleichsam verdammt, zum Nie-sein verurteilt, und auch dies ‚für alle Ewigkeit'! Doch herrlich ist es: zu wissen, dass die Zukunft, meine eigene und mit ihr die Zukunft der Dinge, der Menschen um mich, irgendwie – wenn auch in noch so geringem Maße – abhängig ist von meiner Entscheidung in jedem Augenblick. Was ich durch sie verwirkliche, was ich durch sie ‚in die Welt schaffe', das rette ich in die Wirklichkeit hinein und bewahre es so vor der Vergänglichkeit" (Frankl 2007, S. 77).

Die Suche nach Sinn verglich Frankl mit einem Schachspiel. Würde man einen Schachweltmeister fragen, was denn der beste Zug im Schachspiel sei, müsste dieser antworten, dass eine so allgemeine Frage nicht weiterführe. Je nach Spielsituation oder Spieler sei ein ganz anderer Zug der beste. Ein Spieler könne nämlich nur einbringen, was er an Kenntnissen und Erfahrungen zur Verfügung habe, und auf dieser Grundlage den besten Zug wählen. Auf der Suche nach dem absolut besten Zug müsse ein Spieler verzweifeln und das Spiel verlieren, schon weil er die zulässige Bedenkzeit überschreiten würde. Sinn bedeutet für Frankl, abhängig von der Situation und den eigenen Möglichkeiten das Beste zu tun. Er nennt drei Wertkategorien, die einer sinnvollen Lebensgestaltung zugrunde liegen:

Schöpferische Werte Sie entstehen, wo jemand an dem Platz, an den er gestellt ist, Gutes bewirkt – in seinem Beruf, für seine Familie und für sein persönliches Umfeld. Menschen setzen ihre Arbeitskraft, ihren Intellekt und ihre Kreativität ein, um den Aufgaben und Notwendigkeiten ihrer jeweiligen Lebenssituation gerecht zu werden.

Erlebniswerte Ein Naturerlebnis, ein Kunstgenuss oder Momente der Liebe können so überwältigend sein, dass sich das Leben schon um dieses Augenblicks willen gelohnt hat: „Denn wenn es sich auch nur um einen Augenblick handelt – schon an der Größe eines Augenblicks lässt sich die Größe eines Lebens messen: die Höhe einer Bergkette wird ja auch nicht nach der Höhe irgendeiner Talsohle angegeben, sondern ausschließlich nach der Höhe des höchsten Berggipfels. So entscheiden aber auch im Leben über dessen Sinnhaftigkeit die Gipfelpunkte, und ein einziger Augenblick kann rückwirkend dem ganzen Leben Sinn geben" (Frankl 2007, S. 91).

Einstellungswerte Frankl weigerte sich, den Sinn so eng zu fassen, dass er Menschen ausschließt, die weder schöpferisch tätig sein können noch genießend am Leben teilnehmen – die Leidenden, Kranken und Sterbenden. Die Art und Weise, wie sich ein Mensch zu seinem Leid und Schicksal stellt, kann seinem Leben einen letzten Sinn geben: Würde, Tapferkeit, Liebe oder Geduld. Aus dem Mund jedes anderen könnte sich das wie ein billiger Trost anhören, realitätsfremd und überfordernd. Aber als Jude, der mehrere Monate in Konzentrationslagern verbrachte und dort sowohl seine Eltern als auch seine Ehefrau verlor, gewinnt Frankl eine besondere Glaubwürdigkeit, wenn es um den Sinn im Angesicht des Leidens geht.

Schöpferische Werte, Erlebniswerte, aber auch Einstellungswerte angesichts eines unveränderlichen Schicksals können ebenso Paaren, die über ihr Leben nachdenken, eine Orientierung geben. Gemeinsame Werte helfen ihnen, einem Anpassungsdruck standzuhalten und zugleich eine bereichernde Beziehung zu ihrer Umwelt zu schaffen. Der nächste Abschnitt beschreibt, in welchen Lebensfeldern sich das konkret verwirklichen lässt.

Box 7.3 Schlüsselkompetenz Gemeinsinn

Wie können wir eine positive Lebenseinstellung finden?

Wir eignen uns eine Weltanschauung an,

- in der auch Krisen, Probleme und Leid einen Platz haben
- die auf Herausforderungen mit Optimismus und Einsatzbereitschaft reagiert
- die auch in Schwerem einen Sinn und Chancen erkennen kann.

Wir bauen Erlebniswerte, schöpferische Werte und Einstellungswerte auf, die unser Leben existenziell tragen.

Probleme	Lösung
Mein ganzes Leben fühlt sich sinnlos an, nichts gibt mir mehr Halt.	In einer Krise überfordert es uns, nach Sinn und Werten zu suchen. In dieser Zeit sollte man sich von anderen tragen lassen, die einen existenziellen Halt im Leben haben. Eine frisch überstandene Krise ist dann aber ein sehr guter Zeitpunkt, um sein Lebensfundament zu stärken.

7.4 Auf dem Weg zum Gemeinsinn

71 Prozent der Deutschen sind in Vereinen, Organisationen und öffentlichen Einrichtungen aktiv. Das fand der Freiwilligensurvey 2009 heraus, den das Bundesministerium für Familie, Senioren, Frauen und Jugend in Auftrag gegeben hatte. Etwa die Hälfte der Aktiven, 36 Prozent, übernehmen in der Organisation, der sie angehören, auch ehrenamtliche Aufgaben. 61 Prozent der Engagierten wollen die Gesellschaft mitgestalten, 60 Prozent wollen mit Menschen zusammenkommen und 27 Prozent wollen lernen und sich neue Fähigkeiten aneignen. Damit nimmt der überwiegende Teil der Deutschen ab 14 Jahren am organisierten gesellschaftlichen Leben teil; ein gutes Drittel engagiert sich ehrenamtlich. Das betrifft natürlich auch Paare, die gemeinsam oder jeder für sich am gesellschaftlichen Leben teilnehmen. Die betreffenden Betätigungsfelder reichen von Sportvereinen und kulturellen Organisationen über politische, soziale und kirchliche Einrichtungen bis hin zu Organisationen wie der Freiwilligen Feuerwehr oder Naturschutzvereinen.

Was zieht Paare, die ihr Leben mit Beruf und privater Zweisamkeit ausfüllen könnten, ins öffentliche Leben? Ein Blick auf die Sinntraditionen, die unsere Gesellschaft geformt haben, offenbart, warum wir uns engagieren und wie wir in einen bereichernden Austausch mit unserem Umfeld finden. Auch wenn wir längst auf dem Weg in eine pluralistische Gesellschaft sind, prägen unsere Gesellschaft heute nach wie vor drei Sinntraditionen: die griechisch-römische, die jüdisch-christliche und die Sinntradition von Naturwissenschaft und Aufklärung.

Die griechisch-römische Sinntradition

Die griechische und römische Antike als Wiege unserer Kultur zu bezeichnen, ist sicher nicht übertrieben. Wir denken kaum einen Gedanken, der nicht schon einmal von antiken Denkern gedacht worden ist, und fast alle Regeln für unser Zusammenleben haben antike Vorbilder.

Die griechische Antike wirkt insbesondere durch ihre Philosophie und ihre Demokratie nach. Wenn wir heute von den alten Griechen sprechen, meinen wir vor allem das gesellschaftliche Leben, das sich im Stadtstaat Athen entfaltete. Seine Bürger, freie Männer, haben politische Mitbestimmung in einer Konsequenz umgesetzt, die heute unvorstellbar wäre. Die politischen Ämter, selbst die höchsten, wurden zu manchen Zeiten per Los vergeben; gewählt wurde nur der Stratege, der die Flotte und das Heer führte. Die Volksversammlung tagte vierzigmal im Jahr – ganztägig, versteht sich – und diskutierte ausgiebig über das Wohl der Stadt. Jeder dritte Bürger bekleidete ein politisches Amt, das jährlich wechselte, sodass jeder früher oder später das Gemeinwesen mitgestalten konnte. Dementsprechend galten politisch Desinteressierte als schlechte Bürger. Das Gemeinwohl wog so schwer, dass Wohlhabende in der Angst lebten, von Sondersteuern ruiniert zu werden. Diese wurden von Vermögenden erhoben, wenn es Theateraufführungen auszurichten oder ein Kriegsschiff zu bauen galt.

Leicht sind die Elemente zu erkennen, die auch heute die Demokratie erstrebenswert machen: Gleichberechtigung, politische Mitbestimmung, der Vorrang des Gemeinwohls vor dem Macht- und Gewinnstreben Einzelner.

Das gesellschaftliche Klima der griechischen Stadtstaaten führte zu einer einmaligen kulturellen Blüte. Die Redekunst diente zur Erziehung der Bürger und als Mittel der politischen Debatte. In riesigen Theatern, die beinahe die ganze Stadt fassten, traten Dichter im Wettbewerb gegeneinander an. Tragödien und Komödien berührten die Zuschauer und reinigten sie von schlechten Gefühlen. Weil die griechische Philosophie hinter den Erscheinungsformen des Lebens eine ideale Idee vermutete, versuchte die Kunst, das Ideale auszudrücken. So zeigten Skulpturen den idealen Körper in Ruhe und in Bewegung. In der heutigen Ästhetik und im heutigen Kunstverständnis werden diese Grundlagen immer wieder aufgegriffen.

Als später die Römer immer mehr griechische Gebiete eroberten, verleibten sie sich auch die griechische Kultur ein. In der Rhetorik, Kunst und Philosophie folgten die Römer ehrfürchtig den griechischen Vorbildern. Nur das Verhältnis des Einzelnen zum Staat definierten die Römer anders. Der Bürger diente dem Staat und wurde dafür belohnt mit Brot und Spielen, Wohlstand, Ordnung und manchmal sogar Frieden. Dieses Verständnis fand seine logische Konsequenz im Kaisertum, das für ein halbes Jahrtausend zur bestimmenden Herrschaftsform wurde. Der Staat übernahm seine Verantwortung, indem er ein Rechtssystem schuf, dessen Grundsätze heute in unseren Gesetzen stehen: im Zweifel für den Angeklagten, ohne Gesetz keine Strafe, auch die Gegenseite ist zu hören, die Beweislast liegt beim Kläger.

Darüber hinaus vollbrachte der römische Staat Meisterleistungen der Logistik – etwa im Straßenbau, in der Städteplanung, in der Verwaltung eines riesigen Reiches. Die Römer erkannten beispielsweise die Bedeutung von frischem Wasser für die Gesundheit und Hygiene. Damit versorgten sie Dörfer und Städte selbst dann, wenn dafür kilometerlange Aquädukte zu bauen waren. Wegen seiner Leistungen in der Staatsorganisation gilt das römische Reich als Vorbild für die europäischen Staaten.

Heutige gesellschaftliche Teilhabe und persönliches Engagement schöpft in vielem aus der griechisch-römischen Sinntradition:

- das Wahrnehmen von Demokratie und politischer Mitbestimmung in Gewerkschaften, Verbänden und Kommunalpolitik; politische Informiertheit und Diskussion am Stammtisch und in öffentlichen Veranstaltungen
- Kunstgenuss, die Förderung von Kunst
- sich von Philosophie anregen lassen und sich selbst Gedanken machen, um sich weiterzuentwickeln und zu erfassen, was dem Gemeinwohl dient
- Engagement für Rechtsstaatlichkeit und gerechte Gesetze
- genießen von Kriminalliteratur wie der von Ferdinand von Schirach, die rechtsstaatliche Fragen thematisiert; Besuch öffentlicher Gerichtsverhandlungen; Informiertheit über politisch und sozial bedeutsame Gerichtsverfahren
- sich den logistischen Herausforderungen einer komplexen Gesellschaft stellen: Wie leitet man Verkehr am besten durch eine Stadt und Region? Mit welchen Strukturen kann man Bedürftige am besten versorgen? Wie macht man heute am besten Wissen zugänglich? Logistischer Weitblick lässt Kommunen blühen oder welken, bringt Ressourcen und Menschen zusammen oder schneidet sie voneinander ab.

Während die Griechen das Schöne und Wahre verehrten, die Römer Autorität und praktischen Nutzen betonten, bewegen die jüdisch-christliche Tradition Gewissensfragen und Fragen der Menschlichkeit.

Die jüdisch-christliche Sinntradition

Von der jüdischen Tradition leben heute vor allem noch ihre großen Geschichten: Schöpfung und Paradiesvertreibung, Brudermord und Sintflut, Abrahams Ruf in ein fremdes Land, Moses Auszug aus Ägypten, die Einnahme des verheißenen Landes. Der Gott Israels folgt unvollkommenen Menschen auf einem Weg von Abirrung und Neuanfang, Versklavung und Befreiung, Gottesferne und Gotteserfahrung. Die Geschichten, die sich auf diesem Weg ereignet haben, sind tausendfach eingegangen in unsere Literatur, Kunst, Musik, Filme und Redensarten. Die europäische Kultur hat auf diese Weise ein Gottesbild mit menschlichen Zügen geerbt, die Vorstellung eines Gottes, der zürnt und liebt, Böses bestraft und Gutes belohnt, mit dem man verhandeln kann und der auch ungebeten in das Leben von Menschen eintritt. Heimliche Gebete und Stoßgebete im Alltag, das „Gott sei Dank" richten sich an einen Gott mit menschlichem Gesicht. Fremd sind uns dagegen das mosaische Gesetz, das mit seinen Speisegeboten, Gottesdienstvorschriften, einer archaischen Justiz und Sozialordnung das gesellschaftliche Leben ordnet. Das orthodoxe Judentum erschließt sich dem modernen Menschen kaum. Es bliebe ohne Einfluss, hätten seine Vorstellungen und Gebote nicht in den christlichen Glauben Eingang gefunden, wo sie in veränderter Form bewahrt werden. Viel näher ist uns die prophetische Tradition des jüdischen Glaubens. Propheten haben sich sozialen Fehlentwicklungen im Namen Gottes entgegengestellt: Wo Lieblosigkeit und schreiende Ungerechtigkeiten herrschen, lehnt Gott auch den heuchlerischen Gottesdienst ab.

Als Ende seiner wechselhaften Geschichte ersehnt der jüdische Glaube den „Messias", einen Gesandten Gottes, der Gerechtigkeit und einen Einklang mit Gott herstellt. Diese Messiasverheißung der jüdisch-prophetischen Tradition bezieht der christliche Glaube auf Jesus von Nazareth, auch wenn dessen Wirken in vielen Punkten von der jüdischen Erwartung abwich. Statt die jüdischen Gebote politisch durchzusetzen, radikalisierte er sie. Er steigerte die Nächstenliebe zu Feindesliebe, das Almosen zu einem selbstgefährdenden Einsatz der ganzen Person, die Gottesfurcht zu einem kindlichen Gottvertrauen, die Maßregelung des Sünders zu seiner bedingungslosen Annahme. Keine der verfassten Kirchen hat es je lange geschafft, ihrem Gründer auf einem so radikalen Weg zu folgen. Kirchen verfielen häufig in einen Fundamentalismus, der das Gute mit Gewissenszwang oder Gewalt durchsetzen wollte, oder in eine vereinsartige Pflege der eigenen Tradition, der die Kraft fehlte, Menschen zu verändern. Als „Identität-Relevanz-Dilemma" bezeichnete der evangelische Theologe Jürgen Moltmann im Hinblick darauf das Problem der Kirchen, entweder im Kampf um Einfluss die eigene Identität preiszugeben oder im Kreisen um die eigenen Ideale bedeutungslos zu werden (Moltmann 1987). So hat sich der christliche Glaube oft am Rande der Kirchen abgespielt, zeitweise im Mönchtum, in Erneuerungsbewegungen oder sozial ausgerichteten Bewegungen, die oft in Spannung zu ihren Kirchen standen. Dennoch haben die Blütezeiten christlichen Glaubens tiefe Spuren in unserer Gesellschaft hinterlassen:

- Aufbrüche in der Armenfürsorge haben sich als karitative und diakonische Einrichtungen institutionalisiert, die in jeder Stadt präsent sind und viele Menschen in Ehrenämter einbinden.
- Die Klostertradition zieht heute zunehmend Menschen an. Vom Büroangestellten bis zum Manager suchen Menschen Angebote zur klösterlichen Einkehr auf. Die radikale Lebensform von Orden übt eine Faszination aus, Bücher von Ordensleuten schaffen es auf die Bestsellerlisten, wie die des Benediktinerpaters Anselm Grün.
- Persönlichkeiten, die eine glaubwürdige Jesusnachfolge gelebt haben, sind als Leit- und Vorbilder in der gesellschaftlichen Diskussion gegenwärtig. Eine Biografie Dietrich Bonhoeffers, eines Theologen im aktiven Widerstand gegen die NS-Diktatur, gelangte für einige Wochen in die Bestsellerliste der New York Times. Die theologisch wie politisch unbequeme Mut-

ter Teresa ist ein Symbol für Nächstenliebe geworden. Die amerikanische Arbeiteraktivistin Dorothy Day, die zeitlebens in Spannung zu ihrer Kirche stand, wird von der katholischen Kirche möglicherweise heiliggesprochen.

Aber nicht nur Jesu Radikalisierung des Lebensstils und des Gottvertrauens hat eine Wirkungsgeschichte nach sich gezogen. Seine Kreuzigung und die Berichte von seiner Auferstehung erforderten eine Deutung. Nach dem jüdischen Deutungsschema konnte ein früher Tod nur eine Strafe und Verwerfung durch Gott bedeuten. Die christliche Deutung greift dieses Schema auf, stellt es aber in einen neuen Zusammenhang: Den Tod, den der gottferne Mensch erleiden muss, nimmt Jesus auf sich, um auch diejenigen in eine intakte Gottesbeziehung zu ziehen, die moralisch oder im Glauben scheitern. In seiner Auferstehung erscheint Jesus nicht mehr nur als Glaubenslehrer, sondern als ein Kommen Gottes in menschlicher Gestalt. Die christliche Verkündigung sieht darin das Ende der Schuldfrage und den Anfang einer heilen Gottesbeziehung, deren Vorleistungen bereits erfüllt sind.

Zwar gibt es in der Kirchengeschichte Rückfälle in Moralismus, Leistungsfrömmigkeit und ausgrenzende Religiosität, aber der Kern der christlichen Auffassung ist nie ganz verloren gegangen:

- Wo heute Randgruppenarbeit stattfindet – im Gefängnis, in Asylantenheimen, im Drogen- und Prostituiertenmilieu –, ist sie in aller Regel christlich motiviert.
- Initiativen wie erlassjahr.de, zu der sich etwa 700 kirchliche und entwicklungspolitische Organisationen zusammengeschlossen haben, kämpfen für Entschuldung und gegen Armut. Sie knüpfen an die jüdische Tradition des Schuldenerlasses an und treten für eine Menschlichkeit ein, die die Grenzen von Wirtschaftsräumen, Nationen und Ethnien überschreitet.
- In aufgeschlossenen Kirchengemeinden finden auch schwierige Menschen eine Heimat, die andernorts ausgegrenzt werden.

Paare können aus der jüdisch-christlichen Tradition viele Sinnangebote schöpfen:

- sich für soziale Gerechtigkeit engagieren
- sich für Menschen engagieren, die zu keinen moralischen, wirtschaftlichen und zwischenmenschlichen Leistungen mehr fähig sind
- sich gemeinsam von den Schuldgefühlen befreien, die eine rigide religiöse Erziehung erzeugt hat, nach lebensbejahenden Formen des Glaubens suchen
- sich versöhnte familiäre, freundschaftliche und nachbarschaftliche Beziehungen zum Ziel machen und miteinander die Kraft aufbringen, die für klärende Auseinandersetzungen, Vergebung und Toleranz erforderlich ist

- Leid und Krisen zum Anlass nehmen, das eigene Verhältnis zum Leben und zum Schöpfer zu ordnen
- das eigene Dasein als Auftrag verstehen, der entdeckt, angenommen und ausgeführt sein will (vergleiche die vorangegangenen Überlegungen Viktor Frankls)

Die jüdisch-christliche Sinntradition ist nicht ohne transzendente Kategorien zu verstehen. Die Sinntradition von Naturwissenschaft und Aufklärung konzentriert sich dagegen ganz auf das Diesseits.

Die Sinntradition von Naturwissenschaft und Aufklärung

Naturwissenschaft und Aufklärung sind die großen Befreiungsbewegungen der Menschheit. Die Naturwissenschaft entfesselte den technischen Fortschritt im Kampf gegen Hunger, Krankheit und Naturgewalten. Die Aufklärung entfesselte den Geist im Kampf gegen Unwissenheit, Unfreiheit und menschenunwürdiges Leben. Die Naturwissenschaft geriet in Konflikt mit der Kirche, die im Wissen eine Bedrohung für den Glauben sah. Die Aufklärung machte sich die Staatsgewalt zum Gegner, die im unmündigen Menschen den besseren Bürger sah. Auch aus der Tradition von Naturwissenschaft und Aufklärung schöpfen heute viele Menschen ihre Teilhabe an der Gesellschaft und ihr Engagement.

Triebfeder für die naturwissenschaftliche Forschung war einerseits die Neugier, andererseits die Hoffnung, menschliches Leiden zu lindern. Oft entdeckte die Neugier Naturphänomene, die sich später als ausgesprochen nützlich erwiesen. Die Erforschung des Luftdrucks führte zur mechanischen Entwicklung der Dampfmaschine, der James Watt Ende des 18. Jahrhunderts zum Durchbruch verhalf. Sie setzte die industrielle Revolution in Gang, die für die Menschen zunächst unsägliche Arbeitsbedingungen bedeutete, allmählich aber die Lebensbedingungen der Bevölkerungsmehrheit erleichterte. Dank der Entwickung der Mikrobiologie entdeckte Robert Koch Ende des 19. Jahrhunderts die Erreger von Milzbrand, Tuberkulose und Cholera. Hierdurch ließ sich die Ausbreitung dieser Krankheiten eindämmen, bis der schottische Bakteriologe Alexander Fleming 1928 das Penicillin entdeckte.

Eine beunruhigende Nebenwirkung der Naturwissenschaft ist, dass sie unser Weltbild oft auf den Kopf stellt. Der Mensch ist lieber der Mittelpunkt des Universums als die unbedeutende Besiedlung eines winzigen Planeten in einem Sonnensystem unter vielen. Seit Bruno, Kopernikus und Galilei werden wir im Verhältnis zum Kosmos immer kleiner. Wir sind auch lieber Herr über unsere Entscheidungen als Spielball unbewusster Prozesse, mit denen wir uns seit Freud und den modernen Neurowissenschaften auseinandersetzen müssen. Und spätestens seit dem 20. Jahrhundert stellt sich die Frage, welche Technologien verantwortbar sind. In welchem Umfang sollen wir die Kernkraft nutzen? Welche Qualität braucht ein Embryo, um ein Recht auf Leben zu haben? Wie früh sollen Menschen wissen, welche Krankheiten sie in sich tragen?

Viele Sinnangebote unserer Gesellschaft haben einen naturwissenschaftlichen Hintergrund:

- Erst die Massenbegeisterung für neue Technologien gibt diesen auch eine wirtschaftliche Grundlage. Das Internet zum Beispiel konnte seinen Einfluss nur gewinnen, weil sich viele Menschen auf diese neue Technologie einließen. Jeder neue Nutzer unterstützte die Verbreitung eines Mediums, das den Zugang zu Wissen revolutioniert und eine Waffe geworden ist, die sogar Unterdrückung und Menschenrechtsverletzungen eindämmen kann. Käufer und Nutzer bestimmen, welche Technologien sich weiterentwickeln.
- Kleine Spender und große Spender wie Bill Gates investieren strategisch in die Forschung, zum Beispiel in den medizinischen Fortschritt.
- Die Naturwissenschaft ist so faszinierend, dass sie einen bedeutsamen Erlebniswert für die Menschen darstellt. Zeitschriften, Filme, naturwissenschaftliche und technische Museen lassen Leser und Betrachter in eine Welt eintauchen, die fesselt und bewegt.
- Mit zunehmenden Möglichkeiten der Erkenntnis und technologischer Eingriffe in das Leben brauchen wir Menschen, die zu der Frage, was ethisch vertretbar ist und was nicht, Stellung beziehen. Viele Personen informieren sich, mischen sich in die Debatte ein und gewinnen aus ihrer ethischen Überzeugung einen politischen Standpunkt.

Während die Naturwissenschaft zu einer Autorität wurde – im 20. Jahrhundert zur maßgebenden Autorität in der westlichen Welt –, hat die Aufklärung einen antiautoritären Kern. Sie rückt Staatsgewalt, Tradition und offizielle Lehrmeinungen dort beiseite, wo diese der Erkenntnis den Blick verdunkeln. Die geistige Freiheit wird zur Wegbereiterin für die politische und persönliche Selbstbestimmung des Einzelnen, der sich aus der „selbstverschuldeten Unmündigkeit" (Kant) befreit.

Die Aufklärung ist eine schillernde Bewegung, die sich seit dem 17. Jahrhundert durch verschiedene Epochen zieht, in Paris und London Zentren fand, in Deutschland aber polyzentrisch, in den Residenz- und Universitätsstädten, auftrat. Gedanken der Aufklärung wurden an so unterschiedlichen Orten gepflegt wie in Kaffeehäusern und Lesegesellschaften auf der einen

Seite und Geheimbünden, wie den Freimaurern und Illuminaten, auf der anderen Seite. Die größte Durchschlagskraft gewann die Aufklärung im zentralistisch organisierten Frankreich, wo sie die Religion am konsequentesten aus dem öffentlichen Leben vertrieb.

Auch wenn man die Aufklärung unmöglich auf eine einheitliche Formel bringen kann, gingen von ihr Impulse aus, die bis heute bestimmend sind: die Mündigkeit eines denkenden und mitbestimmenden Bürgers, religiöse Toleranz, die Forderung an Staatsgewalt und Religion, sich gegenüber der Vernunft zu rechtfertigen, sowie die ganz praktische Aufklärung im Agrarbereich, in medizinischen und Hygienefragen. Letztere sind heute für jede Entwicklungshilfe unerlässlich.

In der Tradition der Aufklärung lässt sich ebenfalls eine sinnstiftende Teilhabe an der Gesellschaft finden:

- in einem aufgeklärten Widerstand gegen alles, was in der Umgangssprache „Volksverdummung" heißt:
  - die Gesundheitsindustrie, die ungezählte Produkte bewirbt, deren Wirkung nicht belegt ist
  - Politiker, die offenkundige Probleme herunterspielen und Versprechungen machen, die weder finanzierbar noch politisch durchsetzbar sind
  - Werbung und Meinungsmacher mit ihren materialistischen Glücksversprechen, die von der Glücksforschung längst widerlegt sind und auch dem gesunden Menschenverstand zuwiderlaufen
- in einer gründlichen Informiertheit, die mündige Positionen zu unterschiedlichen Themen voraussetzen
- in einer Mündigkeit bei Kauf- und Wahlentscheidungen, in der sich eine aufgeklärte Haltung widerspiegelt
- in einem Engagement für Aufklärung und Aufarbeitung, wie sie heute noch große Firmen und auch Kliniken leisten, die endlich den Teil ihrer Archive aus der Zeit vor 1945 zugänglich machen. Auch in anderen Bereichen mit Aufklärungsbedarf ist es oft erst das öffentliche Interesse, das bislang verschlossene Archive öffnet.

In ihrer jeweils eigenen Weise schaffen die drei großen Sinntraditionen ein Fundament für den Kohärenzsinn: eine Weltanschauung, die Lebensereignisse verstehbar macht, die Handlungs- und Bewältigungsmöglichkeiten bereitstellt und dem eigenen Einsatz einen Sinn gibt. Passende Sinnangebote geben einem Paar die moralische Stärke, die es zur Bewältigung schwieriger Situationen braucht. Sie führen zum Pol des Gemeinsinns, wo die Zweisamkeit eines Paares einen stützenden Rahmen findet und die Erfahrung möglich wird, gemeinsam eine Bedeutung zu haben und sich in lohnender Weise zu betätigen. Auch wenn ein Paar genauer betrachtet, was es eigentlich mit seinen Freunden verbindet, wird es Gemeinsamkeiten entdecken, die der einen oder anderen Sinntradition zuzuordnen sind.

Box 7.4 Schlüsselkompetenz Gemeinsinn

Wie finden wir unsere Bedeutung für die Allgemeinheit?

- Wir entfalten unser Anteilnehmen und Engagement im gesellschaftlichen Leben besonders in den Bereichen, die positiv auf unser Leben zu zweit rückwirken.
- In der Fülle von Sinnangeboten suchen wir nach Möglichkeiten, einen positiven Beitrag für unser Umfeld oder das Gemeinwohl zu leisten.
- Wenn uns unsere Neigungen zu verschiedenartigem Engagement führen, unterstützen wir einander mit Wertschätzung, Interesse und Freisetzung.

Probleme	Lösung
Ich bin so enttäuscht (von der Politik, meinem Verein, meiner Kirche), dass ich mich nicht mehr identifizieren und engagieren kann.	Geben Sie Menschen nicht die Macht, Ihre Ideale zu zerstören. Suchen Sie sich Bereiche, in denen Sie sich mit glaubwürdigen Menschen zusammentun können.

7.5 Die Dialektik: eigensinnig für andere da sein

Eigensinn macht Probleme, wenn er Menschen enttäuscht, verärgert oder auf Distanz bringt; Gemeinsinn macht Probleme, wenn er ein Paar dazu verleitet, anderen zuliebe gegen die eigenen Überzeugungen und Wünsche zu handeln. Diese Spannung überwindet ein dialektischer Schritt, der Eigensinn und Gemeinsinn auf einer höheren Ebene zusammenbringt. Diese Ebene haben Menschen erreicht, die eigensinnig für andere da sind. Wir bewundern Menschen, die sich in eigenwilliger Weise eingesetzt haben, wie Mutter Teresa, Mahatma Gandhi, Martin Luther King oder Nelson Mandela. Solche Persönlichkeiten haben häufig entgegen den Erwartungen ihres Umfeldes gehandelt, letztlich aber die Herzen von Menschen gewonnen. Ihre positiven Ziele haben ihren Eigensinn legitimiert, und ihr Eigensinn hat ihren Einsatz für andere fruchtbarer gemacht, als er es in angepasster Form gewesen wäre.

Den dialektischen Schritt für die Lebensgestaltung hat unter anderem der Schweizer Psychiatrieprofessor und Paartherapeut Jürg Willi ausgearbeitet. In seinem Konzept der Koevolution beschreibt er, wie sich Menschen und ihre Umwelt gemeinsam entwickeln und was erforderlich ist, damit diese

Entwicklung positiv verläuft: „Man kann den Gesunden definieren als jenen Neurotiker, dem es gelingt, seine Umgebung so zu konstellieren, dass er von ihr gesund erhalten wird" (Willi 2007, S. 161). Wie alle dialektischen Gedanken klingt das zunächst paradox. Seelisch schwach wirken wir, wo unser Umfeld unsere wunden Punkte reizt und unsere Stärken nicht offenbar werden. Seelisch stark wirken wir, wo unsere Umwelt unsere wunden Punkte schont und wir unsere Stärken ausspielen können. Daher entscheiden die Wahl und die Gestaltung unseres Umfeldes, ob unsere wertvollsten, produktivsten Seiten zum Zug kommen. Wenn dies gelingt, verbindet sich die Selbstverwirklichung mit dem größten Nutzen für das persönliche Umfeld. Nach Willi gilt das sowohl für einzelne Menschen als auch für Paare und Familien.

Wie es aussehen kann, wenn Paare ihren eigenen Lebensstil gemeinschaftsbezogen entfalten, möchte ich für die Bereiche von Kindererziehung, Beruf, Familientraditionen und sozialem Umfeld zeigen.

Kinder erziehen: authentisch statt perfekt Auch von Kindern geht ein erheblicher Anpassungsdruck aus – nicht etwa, weil sie ihn hervorrufen könnten, sondern weil sie uns so sehr am Herzen liegen, dass Erwartungen aus der Herkunftsfamilie, aus der Gesellschaft und dem sozialen Umfeld wirksam werden. Kein Elternpaar wird jedoch alles erfüllen können, was perfekte Eltern leisten müssten: Nestwärme und Geborgenheit schenken, bilden und für ein Leben in einer Informationsgesellschaft vorbereiten, unvergessliche Ausflüge und Familienerlebnisse organisieren, eine demokratische Familien- und Konfliktkultur einüben … die Aufzählung ließe sich beliebig verlängern. Eltern, die versuchen, allen Erwartungen gerecht zu werden, zahlen mit einem Familienklima der Anstrengung und Anspannung.

Viel besser ergeht es Eltern, die den Mut haben, zu sich zu stehen und das in der Familie zu verwirklichen, was ihnen wirklich wichtig ist. Ist es egoistisch von Eltern, wenn sie sich den Traum einer großen Familie verwirklichen, auch wenn dann jedes Kind etwas weniger Aufmerksamkeit, Förderung und Spielzeug bekommt? Natürlich nicht: Eltern geben auf diese Weise das Beste, was sie ihren Kindern weitergeben können. Natürlich werden Kinder irgendwann auf die Unvollkommenheiten in ihrem Familienleben aufmerksam, und möglicherweise konfrontieren sie ihre Eltern damit. Eltern, die ihren Lebensweg bewusst und mit Blick auf die ganze Familie eingeschlagen haben, werden ihren Kindern jedoch vermitteln können, warum ihr Weg derjenige war, auf dem sie ihnen am meisten von sich weitergeben konnten.

Ein guter Mitarbeiter sein: Rückgrat statt Biegsamkeit Die Flexibilität, die von Mitarbeitern gefordert wird, ist ein entlarvendes Wort, weil es von einem lateinischen Verb abgeleitet ist, das „biegen" und „beugen" bedeutet. Wertschätzung erfahren aber oft nicht diejenigen Mitarbeiter, die sich verbiegen, unkritisch sind und selbst das noch erledigen, was den Rahmen sprengt. Die Burn-out-Literatur ist voller Fallbeispiele von Menschen, die nach einem Zusammenbruch feststellen: „Nicht einmal Anerkennung habe ich für meine Mühen gefunden." Die hingegen bekommen Menschen, die man etwa als „Rückgrat der Firma" bezeichnet, Menschen also, die gerade nicht unbegrenzt biegsam sind.

In einer Pressemitteilung vom 4. 7. 2012 warnt das Bundesarbeitsministerium vor Stress am Arbeitsplatz. Psychische Beschwerden seien heute zu elf Prozent für Fehltage am Arbeitsplatz verantwortlich; 1980 seien es noch zwei Prozent gewesen. An Frühverrentungen seien psychische Störungen sogar zu 38 Prozent beteiligt. Aus dieser Perspektive ist ein kluger Widerstand gegen eine überhöhte Arbeitsbelastung wohl als gemeinnützig anzusehen. Auf Dauer ist der bessere Mitarbeiter derjenige, dessen beruflicher Einsatz Maß und Ziel kennt, der unbequem ist, wo Tätigkeiten dem gesunden Menschenverstand und den Regeln der Fairness widersprechen. Schlechte Unternehmen lassen sich erst korrigieren, wenn sie durch Skandale, Imageverluste und Umsatzeinbußen dazu gezwungen werden. Erfolgreicher sind Unternehmen, die von innen heraus zu Korrektur und Neuausrichtung finden. Und die kommt von Mitarbeitern, die ein gutes Maß an Unangepasstheit einbringen. Ein berufliches Selbstverständnis auf dieser Ebene ist einerseits besser mit einem erfüllten Privatleben vereinbar und schenkt andererseits Unternehmen Mitarbeiter, die auf Dauer wertvoller sind als angepasste Menschen.

Familientradition: modernisieren statt konservieren Die meisten Eltern wünschen sich, dass es ihre Kinder in irgendeiner Hinsicht besser haben als sie selbst. Daraus erwächst aber auch die Erwartung, dass die erwachsenen Kinder das Bessere in ihrem Leben verwirklichen und pflegen. Das schränkt die Kinder entweder in ihrer Lebensgestaltung ein oder führt sie in Konflikt mit ihrer Herkunftsfamilie. Oft lässt sich dieser Konflikt dialektisch überwinden, weil ein alter Wert oft nur auf neuen Wegen bewahrt werden kann. Nehmen wir an, die Herkunftsfamilie eines Partners hat mit großer Sparsamkeit einen Wohlstand erarbeitet, den sie großzügig mit der nächsten Generation teilt. Wenn nun dieser Partner Gegenstände entsorgt, schmerzt es seine Eltern, weil man manche vielleicht noch brauchen und sich eine spätere Neuanschaffung ersparen könnte. Zu diesem Thema hat es bei Besuchen schon häufiger Diskussionen gegeben. Tatsächlich war das Sammeln für die Eltern ein Weg der Sparsamkeit. Im Gegensatz zu ihnen wird ihr Sohn aber im Laufe seines Lebens mehrfach umziehen müssen. Ein großer Hausrat wäre für ihn keine Ersparnis, sondern ein ungünstiger Kostenfaktor für Umzüge und den Wohnraum in teuren Städten. Dass sein Bruch mit der Familientradition den Wert der Sparsamkeit wahrt, wäre den Eltern durchaus zu vermitteln. Auch in der Kindererziehung, in Gesundheitsfragen oder dem Umgang mit Risiken wahrt ein scheinbar eigensinniges Verhalten der nächsten Generation die Familientradition oft besser, als es ihre bloße Nachahmung könnte.

Das soziale Umfeld: ergänzen statt mitlaufen Der Anpassungsdruck des sozialen Umfeldes beruht auf zwei gruppenpsychologischen Vorgängen. Erstens muss jede Gruppe dafür sorgen, dass ihre Mitglieder jene Spielregeln befolgen, die eine Gruppe am Leben erhalten und ihre Ziele voranbringen. So lebt ein Verein vom Engagement seiner Mitglieder; daher muss er die Engagierten belohnen und die Unengagierten spüren lassen, dass sie etwas schuldig bleiben. Manchmal ist dies formal geregelt, etwa wenn die Vereinssatzung den Mitgliedern ehrenamtliche Arbeitsstunden auferlegt, doch häufiger sind es informelle Prozesse, die Abweichler auf Kurs bringen – Appelle, Bemerkungen, ausgrenzendes Verhalten.

Zweitens brauchen Gruppen eine Abgrenzung nach außen, was Sicherheit, Zugehörigkeitsgefühl und soziale Identität vermittelt. Manchmal erfolgt die Abgrenzung über Statussymbole, manchmal durch gruppenkonformes Verhalten im Hinblick auf Interessen, Konsumgewohnheiten, Sprache und Umgangsformen. Eine Schicht von Besserverdienenden schützt sich durch Abgrenzung vor Menschen anderer sozialer Schichten. Von ihnen zieht man sich beispielsweise in der ersten Klasse zurück, in teuren Cafés und Restaurants. Seinesgleichen erkennt man auch in einer fremden Stadt am Verhalten und an Statusmerkmalen. Ähnliche Mechanismen finden sich in intellektuellen, ökologischen, alternativen oder religiösen Gruppen.

In jeder Gruppe gibt es ein idealtypisches Mitglied, und je näher man diesem Typ kommt, desto größer ist die spontane Wertschätzung und desto seltener kommt es zu Konflikten mit der Gruppe. Es gibt aber auch noch eine höhere Ebene akzeptierter Gruppenzugehörigkeit – die des Abweichlers, der eine Gruppe positiv ergänzt. Der erste grüne Ministerpräsident Winfried Kretschmann ist als Katholik und ausgleichend agierender Politiker wohl nicht der typische Grüne, bringt seine Eigenarten jedoch als positive Ergänzung und zum Nutzen seiner Partei ein. Damit gewinnt er auch die Mehrheit seiner Parteigenossen. In den meisten Gruppen finden sich geachtete Abweichler, deren Anderssein als Bereicherung erlebt wird. Sie leben ihre besondere Art nicht als Opposition, sondern stellen sie in den Dienst einer Gruppe. Menschen, die ihr Anderssein positiv leben, identifizieren sich mit den Zielen ihrer Gruppe, wählen aber andere Wege, um diese Ziele zu erreichen. Zuweilen müssen Partner zu dieser Ebene konstruktiven Andersseins finden, damit ihnen ihre soziale Zugehörigkeit nicht das raubt, was ihnen für ihre persönliche Lebensgestaltung wichtig ist.

Ein ganz eigenes Leben zu gestalten und zugleich in einen bereichernden Austausch mit dem eigenen Umfeld zu treten, kann für ein Paar eine aufregende Entdeckungsreise bedeuten. Aus der Beziehung gewinnen Partner die Kraft, sich den Herausforderungen im Umfeld zu stellen. Aus diesem beziehen Paare die Zugehörigkeit, die ihrer Liebe einen tragenden Rahmen gibt, Impulse, die für Gesprächsstoff sorgen, und schließlich die befriedigende Erfahrung, ein gutes Team zu sein.

Literatur

Antonovsky A, Sourani T (1988) Family Sense of Coherence and Family Adaptation. Journal of Marriage and Family, Vol. 50, No. 1 (Feb. 1988), 79–92

Bender D, Lösel F (2003) Kohärenzsinn und andere Persönlichkeitsmerkmale als protektive Faktoren der Ehequalität. In: Grau I, Bierhoff H-W (Hrsg.) Sozialpsychologie der Partnerschaft, 405–428, Springer Verlag, Berlin/Heidelberg

Bodenmann G (2000a) Das Freiburger Streßpräventionstraining für Paare. In: Kaiser (Hrsg.) Partnerschaft und Paartherapie, 293–304, Hogrefe Verlag, Göttingen

Bodenmann G (2000b) Streß, kritische Lebensereignisse und Partnerschaft. In: Kaiser (Hrsg.) Partnerschaft und Paartherapie, 219–238, Hogrefe Verlag, Göttingen

Bodenmann G (2003) Die Bedeutung von Stress für die Partnerschaft. In: Grau I, Bierhoff H-W (Hrsg.) Sozialpsychologie der Partnerschaft, 481–504, Springer Verlag, Berlin/Heidelberg

Bodenmann G (2007) Stress und Partnerschaft. Gemeinsam den Alltag bewältigen. Verlag Hans Huber, Bern

Fäh M (2000) Verbessert Psychotherapie die Moral? Inwiefern können grundlegende gesundheitsrelevante Lebensbewältigungseinstellungen durch psychologische Interventionen erworben bzw. verbessert werden? In: Wydler H (Hrsg.) Salutogenese und Kohärenzgefühl. Grundlagen, Empirie und Praxis eines gesundheitswissenschaftlichen Konzepts, 149–160, Juventa Verlag, Weinheim/München

Frankl VE (2007) Ärztliche Seelsorge. Grundlagen der Logotherapie und Existenzanalyse. Deutscher Taschenbuch Verlag, München

Frey D, Bierhoff HW (2011) Sozialpsychologie – Interaktion und Gruppe. Hogrefe, Göttingen

Mentzos (1999) Neurotische Konfliktverarbeitung. Einführung in die psychoanalytische Neurosenlehre unter Berücksichtigung neuer Perspektiven. Fischer Taschenbuch Verlag, Frankfurt am Main

Moltmann J (1987) Der gekreuzigte Gott. Das Kreuz Christi als Grund und Kritik christlicher Theologie. Chr. Kaiser Verlag, München

Noyon A, Heidenreich T (2012) Existenzielle Perspektiven in Psychotherapie und Beratung. Beltz Verlag, Weinheim

Sack M, Lamprecht F (1998) Forschungsaspekte zum „Sense of Coherence“. In: Schüffel W (Hrsg.) Handbuch der Salutogenese. 326–337, Ullstein Medical, Wiesbaden

Schindler L, Hahlweg K, Revenstorf D (2006) Partnerschaftsprobleme: Diagnose und Therapie. Therapiemanual. Springer Medizin Verlag, Heidelberg

Sebanz N (2006) Eins und eins macht mehr als zwei. Gehirn & Geist 7–8 (2006) 22–27

Willi J (2007) Die Kunst gemeinsamen Wachsens. Verlag Herder, Freiburg im Breisgau

8 Nachwort

Ein gutes Sachbuch schärft den Blick für die Grenzen, die zwischen dem Veränderbaren und Unveränderbaren verlaufen. Wer zum Beispiel ein Buch über Aufmerksamkeitsstörungen von Kindern liest, sieht danach in zweifacher Hinsicht klarer. Betroffene Leser müssen nicht mehr gegen etwas ankämpfen, das nicht veränderbar ist, und können zwecklose Versuche aufgeben, ihr verträumtes Kind zu disziplinieren. Zugleich entdecken sie Möglichkeiten der Einflussnahme – zum Beispiel, dass eine strukturierte Arbeitsumgebung einiges erleichtert.

Auch wenn das Thema Liebe komplexer ist als andere Themen, hoffe ich, dass Sie Anhaltspunkte gefunden haben, um das Mögliche vom Unmöglichen zu trennen. Die Anonymen Alkoholiker haben sich ein Gelassenheitsgebet zu eigen gemacht, das dem amerikanischen Theologen Reinhold Niebuhr zugeschrieben wird: „Gott gebe mir die Gelassenheit, Dinge hinzunehmen, die ich nicht ändern kann, den Mut, Dinge zu ändern, die ich ändern kann, und die Weisheit, das eine vom anderen zu unterscheiden." Für Alkoholiker kann diese Unterscheidung lebensrettend sein – für Partnerschaften in schweren Krisen auch. Doch selbst in alltäglichen Situationen kann sie Paare von verschlossenen Türen weg und zu offenen Türen hinführen, hinter denen sich neue, weite Räume offenbaren. Formal lässt sich das in einer 4-Felder-Tafel darstellen (Tab. 8.1).

Zutreffend positive Einschätzungen (Quadrant I in der Abbildung) halten für veränderbar, was tatsächlich zu ändern ist. Das motiviert dazu, Probleme zu lösen und die Entfaltungsmöglichkeiten der Liebe zu nutzen. Zutreffend negative Einschätzungen (IV) sehen realistisch, was nicht zu ändern ist. Sie lenken die Energie in die richtige Richtung: Statt für etwas Unerreichbares zu kämpfen, fließt die Energie in Verstehen und Akzeptanz, zuweilen auch in einen Prozess von Verschmerzen und Betrauern, auf jeden Fall aber in die Wertschätzung anderer Bereiche, die schön sind. Falsch positive Einschätzungen (II) halten etwas fälschlich für veränderbar. Sie führen in unlösbare Konflikte und sich wiederholende Enttäuschungen. Falsch negative Einschätzungen (III) halten für unveränderbar, was durchaus zu verbessern wäre.

Tab. 8.1 Die Einschätzung von Veränderbarkeit

	Die Situation ist veränderbar	**Die Situation ist nicht veränderbar**
Ein Paar hält eine Situation für veränderbar	I: positive Veränderungen	II: unlösbare Konflikte
Ein Paar hält eine Situation für nicht veränderbar	III: verpasste Chancen	IV: Möglichkeit der Akzeptanz

Hier liegt das Wachstumspotenzial von Partnerschaften. Wegen dieser vier unterschiedlichen Möglichkeiten haben Sie in den einzelnen Kapiteln immer beides nebeneinander gefunden: Veränderungsstrategien und Akzeptanzstrategien.

Es gibt einige wenige Faktoren in einer Paarbeziehung, die sich nicht ändern lassen: grundlegende Charakterzüge und Temperamentseigenschaften der Partner – diese sind genetisch und lebensgeschichtlich bedingt; die Tatsache, ob sich eine gute Paarbeziehung automatisch einstellt oder gemeinsames Lernen erfordert – dies ist einerseits die Folge früher Bindungserfahrungen und andererseits Folge der Partnerwahl; die jeweils individuelle sowie die gemeinsame Lebensgeschichte der Partner – deren Weichenstellungen lassen sich in vielen Punkten nicht mehr rückgängig machen. Von solchen Konstanten abgesehen, ist das gemeinsame Leben jedoch voller Entfaltungsmöglichkeiten, die ein Paar ergreifen kann.

Die Grenze zwischen dem Möglichen und dem Unmöglichen verläuft, je nach persönlicher Geschichte und persönlichen Voraussetzungen, bei jedem Paar etwas anders. Manchmal muss ein Paar ein wenig ausprobieren, um festzustellen, wo genau diese Grenze verläuft. Unterstützung aus dem persönlichen Umfeld oder professionelle Hilfe können sie entscheidend verschieben. Das zu verdeutlichen, war mir ein großes Anliegen, es kann ein Paar im Blick auf die Zukunft sehr entlasten, nicht immer alles alleine bewältigen zu müssen.

Wenn Sie Freude an der Idee der Dialektik gefunden haben, können Sie diese Denkfigur auch auf das Spannungsfeld von Akzeptanz und Veränderung übertragen. Eine Partnerschaft entfaltet sich umso besser, je freier sich ein Paar zwischen den Polen von Akzeptanz und Veränderung bewegen darf. Wird es eng, kann ein dialektischer Schritt neue Spielräume öffnen, indem ein Partner durch Akzeptanz eine Veränderung ermöglicht. Manchmal verändert sich der andere erst, wenn sein Partner von Änderungsversuchen ablässt und zu einer Annahme findet. Sexuelle Funktionsstörungen bessern sich oft erst dann, wenn sich ein Paar entspannt und hinnehmen kann, dass etwas nicht wunschgemäß funktioniert. Ein Mann übernimmt mitunter erst dann eine starke Rolle, wenn seine Frau sein Wesen akzeptiert und ihm keine Schwäche mehr vorwirft. So paradox es klingt: Manchmal ist Akzeptanz die beste, oft sogar einzige Veränderungsstrategie.

Oft ist es der Zeitgeist, der unsere Erwartungen an die Liebe auf die falschen Felder führt. Liebe gelingt, wo Paare ein realistisches Bild von ihr haben. Die in der Einleitung aufgeführte Studie, die arrangierten Ehen nach einigen Jahren mehr Glück attestiert als den frei gewählten, steht unserem Zeitgeist entgegen. An drei Punkten kommen Paare weiter, wenn sie die Liebe etwas anders sehen, als die gegenwärtig verbreiteten Vorstellungen es ihnen nahe legen.

Unser gewohntes Bild von der Liebe übersteigert erstens die Erwartungen an das Glück, das in der Liebe zu finden ist. Eine Liebesbeziehung macht nur für eine begrenzte Zeit glücklich, während der Zeit der Verliebtheit. Später macht die Liebe ebenso wenig glücklich wie die Gesundheit. Sie ist jedoch eine wunderbare Ausgangslage, von der aus Paare zu den unterschiedlichsten Glückserfahrungen aufbrechen können. Wie auch ein gesunder Mensch seinen Körper in Bewegung setzen, das Leben entdecken und etwas Schönes erst einmal aufbauen muss, so müssen Liebende ebenfalls ihr gemeinsames Leben gestalten, um immer wieder neu Glück zu finden.

Zweitens wissen wir heute zwar, wie schnell Liebesbeziehungen scheitern, doch bezüglich der Ursachen herrscht Unkenntnis. Beziehungen scheitern nicht, weil Partner „nicht zusammenpassen", weil sie sich „auseinanderleben" oder weil einer erst nach einer Weile „sein wahres Gesicht" zeigt. Beziehungen scheitern auch nicht, weil „irgendwann keine Liebe mehr da ist", ein Paar „sexuell nicht gut harmoniert" oder einer in einer anderen Person „seine große Liebe" findet. Solche Begründungen, mit denen sich Menschen das Ende ihrer Beziehung erklären, verwechseln die Symptome mit den Ursachen. Die Gründe für das Scheitern von Beziehungen liegen vor allem in frühen Bindungserfahrungen und emotionalen Prägungen, die in Paarbeziehungen hineinspielen und die unter Stress zu negativer Kommunikation und zu Zwangsprozessen führen. Auf dieser Ebene kann man vorbeugen und auch Veränderungen herbeiführen; dann verschwinden auch die Symptome einer Beziehungsstörung.

Drittens sind wir heute in einem Schwarz-Weiß-Denken gefangen, was unseren Einfluss auf die Liebe angeht. Auf der einen Seite werden Patentrezepte angeboten, die uns einen Zugang zum Liebesglück versprechen: schlank, attraktiv und sexy sein; sich selbst lieben; in die Geheimnisse von Frauen und Männern eindringen. Treten aber ernsthafte Probleme in einer Paarbeziehung auf, treffen wir schnell auf eine pessimistische Haltung. Ich begegne immer wieder Paaren, die eine Paarberatung aufgesucht haben und nach wenigen Sitzungen mit der Möglichkeit einer Trennung konfrontiert wurden. In der Fachliteratur werden Trennungsempfehlungen kritisch gesehen (Reimer 2000; Willi 2007). Dass man sie trotzdem ausspricht, scheint mir ebenfalls an unserem Zeitgeist zu liegen. Auch in ihrem Umfeld stoßen Paare, die durch eine ernste Krise gehen, schnell auf Menschen, die den Partner und die Beziehung infrage stellen. Wenn es ernst wird, verlieren Menschen schnell den Glauben an die Liebe.

Die Wirklichkeit sprengt ein Schwarz-Weiß-Schema. Dauerhafte Liebe lässt sich weder auf einfache Weise herstellen, noch ist es ein Schicksal, das den einen überkommt und am anderen vorbeigeht. Auf vieles, was eine glückliche Paarbeziehung trägt, haben wir Einfluss – auf die Kommunikation, auf den Ausdruck von Gefühlen, auf die Art und Weise, wie sich Bindungen und Intimität entfalten, wie sich Geben und Nehmen und eine fruchtbare Einbindung in ein persönliches Umfeld entwickeln. Einige Menschen hat ihre Lebensgeschichte gut auf eine Paarbeziehung vorbereitet, andere müssen manches lernen, was ein Leben zu zweit erfordert. Doch selbst wer sich noch so viele Kompetenzen aneignet, kann sich mit Situationen konfrontiert sehen, die die Liebe auf eine ernsthafte Probe stellen. Häufig gibt es dann keine schnelle Lösung.

Wenn ein Paar jedoch Zeit und Lernbereitschaft investiert, finden sich Ansatzpunkte, um Probleme zu überwinden und blockierte Liebe wieder freizusetzen. Machtlos ist die Liebe nur bei unbehandelten psychischen oder Persönlichkeitsstörungen, die zu kriminellem oder ausbeuterischem Verhalten, andauerndem Rückzug, Gewalt und chronisch aggressivem Verhalten führen können. Machtlos ist die Liebe auch mitunter, wenn die Hilfe zu spät kommt und ein Partner in stiller Distanzierung bereits eine Trennung vollzogen oder eine neue Beziehung aufgenommen hat. In allen anderen Ausgangslagen finden sich Wege, auf denen ein Paar aus Konflikten herausfinden und die Gefühle füreinander erneuern kann.

Glücklicherweise kommen viele Paare nie an den Punkt, an dem sie ihre Beziehung infrage stellen. Dem kann man auch vorbeugen. Daher hoffe ich, dass Ihnen dieses Buch Mut macht, der Liebe die höchste Priorität einzuräumen – vor anderen Investitionen wie die in die Karriere, in ein Haus oder ein Ehrenamt. Ich kenne zahlreiche Menschen, die ihren übermäßigen Einsatz für den Job oder ein Eigenheim bereut haben, nachdem ihre Ehe zerbrochen ist. Nie jedoch habe ich mit jemandem gesprochen, der bereut hätte, zu viel schöne Zeit mit dem Partner genossen oder zu viel in die Liebe investiert zu haben.

Starke Partnerschaften und Familien sind die Keimzellen einer gesunden Gesellschaft. Wo Kinder und Erwachsene in brüchigen Beziehungen leben, geraten unser Schulsystem, unser Gesundheitswesen und unser Sozialstaat an seine Grenzen. Wo die Liebe tragfähig ist, da wachsen Kinder geborgen auf und bringen sich Menschen belastbar in ihren Beruf und ihr persönliches Umfeld ein. So schwierig ist das nicht. Dauerhafte Liebe lebt von den kleinen täglichen Investitionen und einem beherzten Handeln, wenn einmal ernste Probleme auftreten. Das ist die Summe der Paarpsychologie: Liebe lässt sich lernen.

Literatur

Reimer C (2000) Zur Problematik von Trennungsempfehlungen während psychotherapeutischer Behandlung. Psychotherapeut 45 (2000) 182–183

Willi J (2007) Die Kunst gemeinsamen Wachsens. Verlag Herder, Freiburg im Breisgau

Index

Printing: Ten Brink, Meppel, The Netherlands
Binding: Stürtz, Würzburg, Germany